KNAUR
BALANCE

Noémi Orvos-Tóth

Vererbte Familienwunden

Generationsübergreifende Muster erkennen und auflösen

Aus dem Englischen
von Horst Kappen

KNAUR
BALANCE

Die ungarische Originalausgabe erschien 2022
unter dem Titel »Örökölt sors« bei Jelenkor Kiadó.

Die Fallstudien im Buch basieren zwar alle auf Ereignissen aus dem Leben realer Menschen, aber es wurden Details verändert, um den Schutz der Klient*innen zu gewährleisten. Alle Geschichten in diesem Buch wurden mit Erlaubnis der Betroffenen aufgenommen.

Besuchen Sie uns im Internet:
www.knaur-balance.de

MIX
Papier | Fördert gute Waldnutzung
FSC® C083411

Deutsche Erstausgabe November 2024

Published by arrangement with Sárközy & Co.
Literary Agency, Budapest, Hungary, through
William Morris Endeavor Entertainment, LLC

Ein Imprint der Verlagsgruppe
Droemer Knaur GmbH & Co. KG
Maria-Luiko-Straße 54, 80636 München

Covergestaltung: Alexandra Dohse / www.grafikkiosk.de
Coverabbildung: Shutterstock.com
Satz und Layout: Adobe InDesign im Verlag
Druck und Bindung: CPI books GmbH, Leck
ISBN 978-3-426-29354-6

Kontaktadresse nach EU-Produktsicherheitsverordnung:
produktsicherheit@droemer-knaur.de

2 4 6 5 3

Inhalt

Einführung

Wenn ein*e Klient*in zu mir kommt und wir beginnen, über die Probleme zu sprechen, die sich aus wiederkehrenden negativen Lebensmustern ergeben, beschleicht mich meistens sehr schnell das Gefühl, dass wir nur dann weiterkommen, wenn wir zunächst in der Vergangenheit zurückgehen. Manchen Menschen mag dies seltsam oder gar unsinnig erscheinen. Ich erinnere mich noch gut an einen Mann, der vor einigen Jahren zu mir kam und der an seiner Armbanduhr herumspielte, während er mich misstrauisch beäugte. Sein besonderes Problem bestand darin, dass er immer wieder einen Krankenwagen rief oder seine Frau bat, ihn in die Notaufnahme zu bringen, weil er glaubte, einen Herzinfarkt zu haben. Jedes Mal beruhigte ihn der Arzt mit den Worten, dass es sich um »falschen Alarm« handele, und entließ ihn mit dem Rat, seinen Lebensstil zu ändern – weniger Salz, mehr Bewegung und dergleichen. Beim jüngsten dieser Vorfälle klopfte ihm der Arzt jedoch auf die Schulter und sagte: »Hören Sie, Ihr Herz ist vollkommen in Ordnung! Gehen Sie lieber mal zu einem Psychologen!«

So landete er bei mir und saß mir nun gegenüber, um herauszufinden, was die Ursache für seine Panikattacken sein könnte und ob sich dagegen etwas tun ließe. Doch bevor wir auch nur beginnen konnten, sprach er sich strikt dagegen aus, »in der Vergangenheit zu wühlen«. »Ich bin ein Optimist«, sagte er. »Ich schaue gerne nach vorne. Lassen Sie uns über die Zukunft reden!«

Ich stoße häufig auf ähnliche Vorbehalte, denn die meisten

Menschen sind der Meinung, dass es sinnlos wäre, sich mit der Vergangenheit zu befassen, da sie nicht mehr zu ändern sei. Dahinter steht die Überzeugung, dass alte Wunden nur geheilt werden können, wenn wir die Geschichte unseres Lebens bis zu diesem Zeitpunkt neu schreiben. Da dies unmöglich sei, lohne es sich nicht, die Vergangenheit aufzurühren. »Was geschehen ist, ist geschehen«, lautet der oft wiederholte, gut gemeinte Ratschlag. »Lass das Vergangene ruhen!« Doch das wäre ein Fehler.

Es ist richtig, dass wir Geschehenes nicht ungeschehen machen können; doch wenn wir es verstehen, kann uns das sehr dabei helfen, die Gegenwart und unsere Zukunft anders zu gestalten. Um Winston Churchill zu zitieren: »Je weiter man zurückblicken kann, desto weiter kann man vorausschauen.« Man muss sich mit der Vergangenheit beschäftigen, denn nur wenn man sie gründlich versteht, ist man für die Herausforderungen der Zukunft gewappnet. Natürlich ist es nicht immer einfach, die Zusammenhänge zu erkennen. Wer hier eher skeptisch ist, mag sich fragen, wie viel Ereignisse, die Jahrzehnte zurückliegen, mit unseren heutigen Leiden zu tun haben können. In den meisten Fällen lautet die Antwort jedoch »sehr viele«.

Manche Menschen sind nicht bereit, sich mit der Vergangenheit auseinanderzusetzen, weil sie glauben, dem Unbekannten, das dabei zum Vorschein kommt, nicht gewachsen zu sein – die berühmten Leichen im Keller, die auf einmal ans Tageslicht kommen. So hat sich zum Beispiel einer meiner Klienten vehement gegen eine Therapie in einem veränderten Bewusstseinszustand gewehrt – ich vermeide bewusst das Wort *Hypnose*, da es mit vielen falschen Vorstellungen verbunden ist –, weil er Angst vor »irgendetwas Monströsem in den Tiefen seines Unterbewusstseins« hatte. Letztlich hat ihn diese Befürchtung aber weit mehr Energie gekostet, als er für die Bewältigung möglicherweise auftauchender Gespenster hätte aufwenden müssen. Ein weiterer typischer Vorbehalt ergibt sich aus der Art und Weise, wie sich manche Menschen den Verlauf einer Therapie vorstellen. Viele glauben immer noch, die Hauptaufgabe von Psycholog*innen bestehe darin, zu beurteilen, wer für eine bestimmte Situation verantwortlich ist und wer die Schuld daran trägt – und da würde es ihnen nicht gefallen, wenn sich herausstellte, dass sie selbst die Schuldigen sind. Beispielsweise arbeitete ich vor Kurzem mit einem Paar, das die Therapiesitzung mit der Bitte begann, ich möge ihm zuhören, um festzustellen, wer von ihnen beiden auf dem Holzweg sei. Ich musste sie enttäuschen, denn als Psychologin sei es nicht meine Aufgabe, über richtig und falsch zu befinden, und außerdem würde ich ungern jemanden in dieser Weise abstempeln.

Anderen Menschen hingegen widerstrebt es, sich mit der Vergangenheit zu befassen, wenn das zugleich bedeutet, ihr Verhältnis zu ihren Angehörigen zu überdenken. Eine Frau erklärte zum Beispiel in unserer allerersten Sitzung, dass sie Vorbehalte gegen Psycholog*innen habe, weil diese immer die Mutter für alles verantwortlich machten, während ihre Mutter ein wunderbarer Mensch sei, auf den sie nichts kommen lasse. Die Loyalität gegenüber der Familie ist ein so mächtiges Motiv, dass sie uns nachhaltig daran hindern kann, zu sehen, was mit uns geschehen ist, und die Zusammenhänge in unserem Leben zu verstehen. Übrigens betrifft das nicht nur Laien. In einer Diskussionsrunde unter Angestellten im psychosozialen Bereich ging es einmal um die Verletzungen, die uns als Kindern durch unsere Eltern zugefügt wurden. Es war ein erschütternder Tag. Die nächste Sitzung begann in völliger Stille. Niemand wollte etwas sagen – bis schließlich jemand der Bestürzung darüber Ausdruck verlieh, die Eltern zuvor »an den Pranger gestellt« zu haben. Auch als Erwachsene kann es sich für uns noch wie ein Verrat anfühlen, wenn wir im Zusammenhang mit den Defiziten und Enttäuschungen in der Eltern-Kind-Beziehung den in der Kindheit erfahrenen Schmerz zur Sprache bringen.

Solche Bedenken sollten wir beiseiteschieben. Solange wir uns nicht mit der Vergangenheit befassen, können wir nur erahnen, wer wir in Wahrheit sind und warum wir gerade dieses Leben führen. Um uns selbst zu verstehen, um zu erkennen, warum wir nicht weiterkommen, um unseren Ängsten, Selbstzweifeln und Fehlschlägen auf den Grund zu gehen und eine Erklärung für sie zu finden oder um zu begreifen, warum wir das Drehbuch unserer unglücklichen Beziehungen ständig wiederholen, reicht es aber auch nicht aus, uns nur unsere eigene Lebensgeschichte anzusehen. Und bleibt dieses Erbe in den geheimen Winkeln des familiären Unbewussten verborgen, hindert es uns daran, ein freies Leben zu führen.

Daher ist es wichtig, sich als Teil eines umfassenden sozialen und familiären Netzwerks zu begreifen und zu erkennen, wie viele Fäden die Vergangenheit in unsere Gegenwart hineinspinnt. Was immer in der Vergangenheit unseren Ahnen widerfahren sein mag, kann sich noch Jahre oder gar Jahrzehnte später im Lebensalltag ihrer Nachkommen auswirken. Heutzutage ist dies nicht mehr bloß eine esoterische Vorstellung oder reine Glaubenssache, sondern eine bestürzende, durch wissenschaftliche Untersuchungen belegte Tatsache.

Dieses Buch lädt die Leser*innen daher zu einer generationenübergreifenden Reise der Selbsterkenntnis ein. Ich möchte Sie ermutigen, sich ein Herz zu fassen und die seit Langem verschütteten Geschichten Ihrer Familie zu erforschen, den zugewachsenen Pfaden zu folgen, Licht in die dunklen Ecken zu tragen und sich den Kräften zu stellen, die in Ihrem Leben am Werk sind. Ich bin davon überzeugt, dass sich keines Menschen Schicksal gänzlich verstehen lässt, wenn wir nicht diese generationenübergreifenden Einflüsse in Betracht ziehen, und dass wir, wenn wir die Geschichte unserer Vorfahren erforschen, darin den Schlüssel zu positiven Veränderungen in unserem Leben in Händen halten.

Am Ende jedes Kapitels habe ich einige Fragen zusammengestellt, deren Beantwortung uns helfen kann, unsere Selbstkenntnis zu vertiefen. Sie können uns näher an die verborgenen Schichten unseres Selbst heranführen und sowohl das Verhalten und die emotionalen Reaktionen unserer Eltern und Großeltern als auch ihre Entscheidungen verständlicher werden lassen.

Kapitel 1

Wie alles begann

Der Säugling wird stets mitgequält bei der Geburt.
Zwillingsschmerzen kann Demut lindern.

Attila József, *Es schmerzt*[1]

Das Drama des ungewollten Kindes

Aber du wurdest geboren
Und du bist weder blind noch dumm;
wenn du erst einmal hier bist,
Lass dich nicht aufhalten!

Péter Sziámi Müller, »*Wärst du ein Baby mit Weitblick gewesen*«[2]

Ich erinnere mich, dass ich als Kind oft die Lieder von Zsuzsa Koncz gehört habe. Wir sangen dabei mit, während sich die schwarze Schallplatte auf dem Plattenspieler drehte. »Mama, kérlek« (»Bitte, Mama«) war mein Lieblingslied: Ich bekomme immer noch eine Gänsehaut, wenn ich János Bródys brillante Texte höre. Große Künstler*innen – Dichter*innen, Schriftsteller*innen oder Lyriker*innen – wissen genauso viel über die menschliche Seele wie wir Psycholog*innen, wenn nicht sogar mehr, aber sie gehen die Dinge von einem anderen Blickwinkel aus an. So wird im Refrain des Liedes »Mama, kérlek« eine Grundfrage des Lebens in Worte gefasst:

Du weißt sehr gut, dass ich dich nicht darum gebeten habe.
Ich habe dich nicht um das Leben gebeten.
Und irgendwann bevor ich sterbe,
muss ich wissen, warum ich hier bin.

Warum sind wir hier? Zu welchem Zweck wurden wir geboren? Haben meine Eltern mich gewollt? In den 1980er-Jahren, als das Lied erschien, hatte ich noch keine Ahnung, wie oft ich in meiner späteren Arbeit als Psychologin nach Antworten auf diese Fragen suchen würde. Zu Beginn einer Therapie versuche ich in der Regel herauszufinden, was meine Klient*innen über die Ereignisse rund um ihre Zeugung wissen. Wer waren ihre Eltern? Wie sah ihre Partnerschaft aus? Was für ein Leben haben sie geführt? War es ein Wunschkind oder ein Versehen, ein Unfall? War es eine ungewollte Schwangerschaft, die immer eine große Belastung darstellt? Im Idealfall kommt ein Kind auf die Welt, weil es dem tiefen Wunsch zweier reifer Erwachsener entspricht, die einander lieben, emotional stabil sind und in gesicherten finanziellen Verhältnissen leben. Doch das Leben verwöhnt uns selten mit solchen idealen Szenarien.

Aber warum ist unsere eigene Zeugung ein so wichtiges Thema? Wie beeinflusst das, was ganz zu Beginn unseres Lebens geschieht, unsere Zukunft? Unsere Entwicklung findet im Zusammenspiel zwischen unseren Genen und der Umwelt statt, und die allererste Umwelt, mit der wir in Berührung kommen, ist der Körper unserer Mutter. Lange Zeit ging man davon aus, dass fötales Wachstum im Mutterleib allein auf körperlicher Ebene stattfindet. Erst in den vergangenen Jahrzehnten ist dank der modernen Säuglingsforschung und insbesondere aufgrund der Ultraschalltechnik als bildgebendes Verfahren deutlich geworden, dass im Mutterleib sehr wichtige Entwicklungsprozesse ablaufen, über die wir früher nur wenig wussten. Der Embryo ist aufmerksam, hört zu, reagiert und ist vor allem *lernfähig*. Obwohl sein Nervensystem noch nicht ausgereift ist, werden seine Erfahrungen bereits gespeichert. Der Körper der Mutter versorgt ihn nicht nur mit Nahrung, sondern gibt auch deren emotionale Verfassung an ihn weiter: Fühlt sich die Mutter gut, wird auch der Embryokörper von Glückshormonen überflutet; ist sie dagegen angespannt und nervös, wird auch er mit Stresshormonen überschüttet. Diese biochemischen Botschaften verwandeln sich in Gedächtnisinhalte, die in Form von körperlichen Empfindungen, elementaren Eindrücken und Erinnerungen auf zellularer Ebene gespeichert werden. Es ist also wichtig zu betonen, dass es sich hierbei nicht um bewusstseinsfähige Erinnerungen handelt, die sich in Worte fassen lassen, sondern um primäre Erfahrungen auf Zellebene.

Aufgrund ihrer Forschungen zum Einfluss, den der mütterliche Körper als primäre Umgebung auf den Embryo ausübt, stellt Vivette Glover, Professorin für Pränatalpsychologie am Imperial College London, ausdrücklich fest, dass die emotionale Verfassung der Mutter die Entwicklung des Nervensystems des Embryos beeinflusst. Steht die Mutter unter Stress, kann der erhöhte Cortisolspiegel zu strukturellen und funktionalen Veränderungen im Gehirn des Embryos führen, die vor allem in der als Hippocampus bezeichneten Region zu beobachten sind. Diese Region, die sich in beiden Gehirnhälften etwa auf der Höhe der Schläfen befindet und in der Form an ein Seepferdchen erinnert (lateinisch *hippocampus*), ist in erster Linie für Lernvorgänge und Gedächtnisleistungen sowie für die Steuerung von Emotionen und der Motivation zuständig. Untersuchungen von Glover und anderen haben gezeigt, dass Kinder von Müttern mit Depressionen und Angstzuständen aufgrund der andersartigen Entwicklung ihres Nervensystems mit größerer Wahrscheinlichkeit später selbst Symptome von Depressionen und Angstzuständen erkennen lassen; sie weisen eine höhere Anfälligkeit für Aufmerksamkeitsstörungen, Lernschwierigkeiten und kognitive Probleme auf. Möglicherweise kann der Stress, dem ein Mensch als Embryo ausgesetzt war, über sein ganzes weiteres Leben und Schicksal bestimmen.

Man könnte meinen, dass es nichts Neues unter der Sonne gibt – hat doch Aristoteles bereits vor mehr als zweitausend Jahren beschrieben, wofür die wissenschaftliche Forschung nun den Beweis erbringen konnte: Er warnte schwangere Frauen davor, sich Sorgen zu machen, da das sich im Mutterleib entwickelnde Kind vieles von ihren Stimmungen in sich aufnehme, nicht anders als eine Pflanze die Nährstoffe aus dem Erdboden, in dem sie wächst.

Einige Aspekte des Mutterwerdens gelten jedoch als Tabuthema, und oft wagen wir nicht, darüber zu sprechen, weil manche Menschen die ganze Wahrheit empörend oder gar erschreckend finden könnten. Der allgemeine Konsens lautet, dass jede normale Frau der Geburt ihres Kindes mit großer Freude entgegensieht. Fühlt oder äußert eine werdende Mutter etwas anderes – und sei es auch nur in einzelnen Momenten während bestimmter Phasen ihrer Schwangerschaft –, setzt sie sich der erbosten Missbilligung anderer aus, obwohl Ehrlichkeit auch in diesem Bereich wichtig wäre!

Der verstorbene ungarische Psychologe Péter Popper, der in meinen Augen einer der einsichtsvollsten Erforscher der menschlichen Seele war, hat sich dazu wie folgt geäußert:

> Ist es wahr, dass alle Eltern ihre Kinder lieben? Allein die Fragestellung kann schon für Entrüstung sorgen – dennoch ist das nicht unbedingt der Fall. Die psychologischen Praxen sind voll von zerbrochenen oder zerbrechenden Beziehungen, weil die Menschen pflichtschuldigst vorgeben, ihre Kinder zu jeder Zeit und unter allen Umständen zu lieben. Es ist ein gesellschaftlicher Zwang! Was für ein Ungeheuer von Mutter oder Vater müsste sein, wer das eigene Kind nicht liebt! Es ist jedoch durchaus möglich, sich um ein Kind zu kümmern und es gut zu behandeln (sei es aus Humanität, Güte oder Verantwortungsbewusstsein), auch wenn man das Kind nicht liebt, sondern die Situation akzeptiert, wie sie ist – als die Karten, die einem das Leben zugespielt hat.[3]

In internationalen Studien finden diese Worte Poppers ihre Bestätigung. Interviews zufolge reagieren 56 Prozent der Paare auf einen positiven Schwangerschaftstest mit Besorgnis. Natürlich legt sich in den meisten Fällen der anfängliche Schock, doch sind Schwangerschaften häufiger mit negativen Gefühlen verbunden, als wir vielleicht wahrhaben wollen. Einer amerikanischen Studie zufolge geht mehr als ein Drittel (!) aller Geburten auf eine ungewollte Schwangerschaft zurück, obwohl in den westlichen Gesellschaften Verhütungsmittel längst allgemein verfügbar sind. Doch auch in diesem Bereich besteht eine erhebliche Diskrepanz zwischen den wohlklingenden Grundsätzen und der Praxis. (Im Jahresbericht 2022 des UN-Bevölkerungsfonds ist im Zusammenhang mit ungewollten Schwangerschaften von einer regelrechten Versäumniskrise die Rede, die nicht nur die Einzelperson, sondern die Gesellschaft als Ganzes betrifft.)

Aber wie muss die Situation erst bis zu den 1960er-Jahren ausgesehen haben, als das Schwangerwerden eine Frage des Zufalls war? Man kann wohl davon ausgehen, dass vor dieser Zeit in jeder Generation eine beträchtliche Anzahl von Kindern auf die Welt gekommen ist, die von ihren Eltern nicht willkommen waren. Dabei erinnere ich mich an eine Klientin, deren Mutter ihr immer wieder vorwarf: »Wenn du nicht geboren worden wärst, wäre mein Leben anders verlaufen. Ich würde nicht in dieser verdammten Ehe mit deinem Vater versauern.« Es ist wohl kein Wunder, dass es für meine Klientin nicht leicht war, eine zufriedenstellende Partnerschaft einzugehen, da sie nicht daran glauben konnte, dass irgendjemand ihrer bedurfte oder ihr mit Liebe würde begegnen können.

Bereits 1929 befasste sich der renommierte ungarische Psychoanalytiker Sándor Ferenczi, ein Schüler Freuds, mit der Frage, wie sich die Zurückweisung durch die Mutter auf das Kind auswirkt. In seiner Studie »Das unwillkommene Kind und sein Todestrieb«[4] stellte Ferenczi die These auf, dass jedem Embryo ein selbstzerstörerischer Instinkt, der »Todestrieb«, innewohnt, wenngleich die mütterliche Liebe diese destruktive Kraft einzudämmen und zu besänftigen vermag. Wenn die Mutter ihrem Kind gegenüber liebevolle Gedanken hegt, verleiht sie seinem Dasein Wert und gibt ihm einen Sinn. Ist die Schwangerschaft für sie jedoch nicht mit freudigen Gefühlen verbunden und geht von ihr dauerhaft ein Signal der Ablehnung aus, wird es für das Kind ein schwieriger Start ins Leben sein. Der Todestrieb erhält dann kein Gegengewicht, und das kindliche Lebensgefühl ist von existenzieller Unsicherheit und Misstrauen geprägt. Später kann diese Situation eine Verbesserung erfahren, wenn es in der Umgebung des Kindes wenigstens eine weitere Person gibt, die dem Kind ein positives Bild von sich selbst vermittelt. Fehlt aber eine solche Bezugsperson, wird das Kind es später schwer haben, wirklich tiefe und harmonische Beziehungen einzugehen.

Ferenczi glaubte, dass sich unerwünschte Kinder langsamer entwickeln, dass sie eine überempfindliche und pessimistische Persönlichkeitsstruktur ausbilden und eher zu psychosomatischen Erkrankungen neigen. Er sah darin eine Manifestation des Todestriebes, eine unbewusste Tendenz zur Selbstzerstörung. Als Kind unerwünscht gewesen zu sein wirkt sich auch im Erwachsenenalter aus: Selbstmordgedanken und kriminelle Neigungen sind häufiger, und es hat den Anschein, als würde ein Mensch, dessen Existenz nicht erwünscht war, darauf aus sein, sich selbst zu schaden, um so die elterliche Erwartung zu erfüllen. Wie gesagt, stammt diese Studie aus dem Jahr 1929. Seit fast einem Jahrhundert befasst sich somit die psychologische Forschung mit den Folgen, die es haben kann, wenn die Leben spendende Kraft der Liebe in der allerersten Beziehung unseres Lebens fehlt.

In ihrem Buch *Ungewollte Kinder*[5] schreiben Helga Häsing und Ludwig Janus, dass sich der Embryo während einer gewollten Schwangerschaft in einem »glückseligen Urzustand« entwickele, wohingegen das Kind im Fall der Ablehnung durch die Mutter dazu neige, ein tief sitzendes, archaisches Schuldbewusstsein zu entwickeln. Es werde unbewusst von dem Gefühl beherrscht, permanent etwas falsch zu machen, und daher versuchen, sich selbst auszulöschen. In seinem Buch *Die Regenbogenfarben des Bewusstseins*[6] spricht Andrew Feldmár über seine Erfahrungen bei der Arbeit mit jungen Patient*innen, die mehrere Suizidversuche hinter sich hatten. Dabei fiel ihm auf, dass es beim Zeitpunkt, zu dem sie versuchten, ihrem Leben ein Ende zu setzen, mehrfach eine auffallende Übereinstimmung gab. Bei der Analyse der biografischen Daten seiner Patient*innen stellte Feldmár fest, dass die Suizidversuche jeweils in dem Zeitraum stattfanden, der den ersten dreizehn Schwangerschaftswochen, dem sogenannten ersten Trimester, entspricht – dem Zeitraum, in dem ungewollte Schwangerschaften normalerweise abgebrochen werden. Er beschloss, sich bei den Müttern der betreffenden Patient*innen danach zu erkundigen, ob sie einen Abtreibungsversuch unternommen hatten: Wie sich herausstellte, hätten alle diese Mütter ihre Schwangerschaft gerne beendet. Auch wenn es sich hierbei um Einzelfälle handelt, geben sie doch zu denken. Wie ist dieses unheimliche Zusammentreffen zu erklären, wenn diese jungen Menschen keinerlei Kenntnis von diesen vergangenen Ereignissen hatten? Konnten sie sich irgendwie an die bedrohliche Erfahrung während ihrer Zeit als Fötus »erinnern«? Haben die Gefühle und Gedanken der Mutter sie über einen unsichtbaren Kommunikationskanal erreicht? Haben sie sich mit dem gegen sie gerichteten Akt der Aggression identifiziert und schließlich als Erwachsene versucht, ihn umzusetzen? Es ist denkbar – aber wie lässt sich dann das zeitliche Zusammentreffen erklären? Die bekannte französische Psychotherapeutin Anne Ancelin Schützenberger vermutet dahinter so etwas wie ein »Jahrestagssyndrom« –

ein Phänomen, bei dem Jahrestage einschneidender Ereignisse im Leben eines unserer Vorfahren (wie ein Unfall oder ein Todesfall) eine magnetische Kraft auf die Nachkommen ausüben und zu Wiederholungen dieser Art von Ereignissen führen können.

In den vergangenen Jahrzehnten wurde in mehreren Studien untersucht, was geschieht, wenn die früheste Bindung zwischen Mutter und Kind gestört ist. Die »Prager Studie«[7] von David, Matějček und Dytrych ist vielleicht die bekannteste unter ihnen. Die Autoren verfolgten den Lebensweg von 220 Kindern, die geboren wurden, obwohl ihre Mütter einen Schwangerschaftsabbruch beantragt hatten (und zwischen 1961 und 1963 zu diesem Zweck zweimal erfolglos vor der zuständigen Behörde erschienen waren), bis zum Alter von 35 Jahren. Den Autoren ging es darum zu verstehen, wie sich diese eindeutige und offene Ablehnung auf das spätere Leben der Kinder auswirken würde. Die Ergebnisse machen deutlich, welche Bedeutung der Art der Gefühle zukommt, die uns seit dem Tag unserer Zeugung entgegengebracht werden. Obwohl sich die unerwünschten Kinder in ihren intellektuellen Fähigkeiten (IQ) nicht von Gleichaltrigen unterschieden, blieben sie in mehrfacher Hinsicht hinter den Leistungen der Kinder aus der Kontrollgruppe, die während der Schwangerschaft erwünscht waren, zurück. Sie hinkten in ihren sozialen Fähigkeiten merklich hinterher, fügten sich nur schwer in die Gemeinschaft ein und waren in der Regel diejenigen, mit denen sich Gleichaltrige nur ungern anfreundeten – so als würde sich die mütterliche Ablehnung in ihren späteren Kontakten fortsetzen. Sowohl ihre Lehrer*innen als auch ihre Mütter zeigten sich mit ihrem Verhalten und ihren Bemühungen unzufrieden, sodass sie als »Problemkinder« abgestempelt wurden. Diese frühen Zuschreibungen prägen tief das Bild, das wir uns von uns selbst machen, und die negativen Bezeichnungen, die wir während unserer Kindheit gehört haben, können uns bis an unser Lebensende begleiten. Kinder, mit denen die Mütter ungewollt schwanger wurden, hatten häufiger Probleme, ihre Emotionen zu kontrollieren, und es fiel ihnen schwerer, ihr Temperament zu zügeln. Als Erwachsene wurden sie fast doppelt so häufig zu Alkoholiker*innen und fast dreimal so häufig straffällig wie die Mitglieder der Kontrollgruppe. Viele von ihnen hatten das Gefühl, vergeblich darum zu kämpfen, von anderen akzeptiert zu werden, und dass letztlich all ihre Bemühungen, etwas zu erreichen, zum Scheitern verurteilt seien. »Wenn mich nicht einmal meine Mutter geliebt hat, muss mit mir etwas nicht stimmen«: So ähnlich müssen sie gedacht haben. Wenn schon die Seele eines jungen Menschen von Gefühlen der Wertlosigkeit erfüllt ist, dann ist es kein Wunder, wenn er als Erwachsener in jede Beziehung mit Unsicherheit und Angst hineingeht oder es ablehnt, überhaupt einen Menschen an sich heranzulassen, um nicht noch mehr verletzt zu werden. Die Liebe wird für diese Menschen zu einer Fata Morgana: Entweder suchen sie verzweifelt danach oder sie machen sich gar nicht erst auf den Weg. Auf diese Weise wird es wohl nachvollziehbar, dass die ungewollten Kinder in der Prager Studie in ihrem Erwachsenenleben viele Enttäuschungen, Fehlschläge und Beziehungsabbrüche erlebten. Ihre ersten sexuellen Begegnungen (die im Allgemeinen auch für die Qualität künftiger Beziehungen ausschlaggebend sind) waren in der Regel oberflächlich, und auch ihre späteren Kontakte waren eher flüchtiger Natur oder von kurzer Dauer. Sie boten ihren Körper fast reflexartig für vorübergehende Zuwendung und die Illusion von Liebe an. Tiefe und dauerhafte Bindungen einzugehen war ihnen kaum möglich. In ihren Ehen fühlten sie sich oft unglücklich, und die Scheidungsrate war bei ihnen erhöht.

Der anfängliche Mangel an Liebe zieht sich als ein roter Faden durch unser Leben, der sich nur schwer daraus wieder entfernen lässt. Da wir damals nicht in dieser Welt willkommen waren, fällt es uns schwer zu glauben, jemals einen Platz in ihr zu finden, Wertschätzung und Anerkennung zu verdienen und echte menschliche Nähe erfahren zu können. Natürlich wird uns dieser Zusammenhang nur selten wirklich bewusst; stattdessen erleben wir, dass wir immer wieder scheitern, dass unsere Beziehungen in die Brüche gehen, dass wir die Hoffnung verlieren, dass uns nichts mehr zu begeistern vermag oder dass wir ein selbstzerstörerisches Leben führen.

Kürzlich fiel mir ein Obdachloser auf, der auf einer Bank in der Nähe meiner Wohnung saß. Er war am Morgen dort, wenn ich zur Arbeit ging, und am Abend, wenn ich nach Hause kam, hockte er dort noch immer und hörte friedlich seinem Radio zu. Eines Morgens, als ich ihn wieder an derselben Stelle antraf, sprach ich ihn an. Er erzählte mir, dass er seit 1994 auf der Straße lebe. Er hatte seine Arbeit verloren, als die Fabrik, in der er gearbeitet hatte, geschlossen wurde. Anstatt sich aber eine andere Arbeit zu suchen, gab er einfach auf, weil er nicht glaubte, dass es die Mühe wert sei oder dass, was immer er unternehme, zu einem positiven Ergebnis führen könne. Und wie sich schließlich herausstellte, war er ein unerwünschtes Kind gewesen. »Meine Eltern haben mich nie gewollt, für sie war ich nur eine Last«, meinte er mit einer Geste der Resignation.

Wenn es uns schwerfällt, die »Faulheit« und »fehlende Motivation« eines Menschen zu verstehen, lohnt es sich, einen Blick auf seinen bisherigen Lebensweg zu werfen. Wie oft haben ihn andere bereits aufgegeben, bevor er sich selbst aufgab?

Aber inwiefern wirkt sich die Tatsache, »unerwünscht« gewesen zu sein, sogar über mehrere Generationen hinweg aus? Laut Mark Wolynn, einem Experten für vererbte Familientraumata, gibt es in der Art, wie unsere Mutter von *ihrer* Mutter erzogen wurde, bestimmte Aspekte, die in unserer eigenen Erziehung wiederkehren. Die Sorgen, Probleme und

Leiden, mit denen unsere Großmutter mütterlicherseits in ihrer Kindheit belastet war, hatten Einfluss darauf, wie sie später unsere Mutter erzogen hat, was diese wiederum in ihrem Erziehungsstil an uns weitergegeben hat. Wenn wir das Trauma der Ablehnung nicht bewältigen, reichen wir es wie eine heiße Kartoffel an unsere Kinder und Kindeskinder weiter.

In einer Gruppensitzung spricht Ágota, eine sanftmütige, zurückhaltende Frau in den Fünfzigern, über ihre Mutlosigkeit und ihren Lebensüberdruss. Sie schleppe sich mühsam von einem Tag zum anderen und erwarte oder wünsche sich nichts mehr. Sie sagt, der ständige Versuch, fremden Erwartungen gerecht zu werden, habe sie erschöpft. Ihre Lebensfreude sei erloschen, und sie habe keine Hoffnung mehr für die Zukunft. »Das ist kein Leben mehr«, sagt sie, und wer sie sieht, kann daran nicht zweifeln. Auch in ihrem körperlichen Erscheinungsbild kommt diese Erschöpfung zum Ausdruck: Ihre Mundwinkel hängen herab, ihre Schultern fallen nach vorn, und in ihren Augen wird eine große Mattigkeit und Apathie sichtbar. Sie selbst verstehe nicht, warum es ihr so ergeht: Immerhin habe sie einen Mann, der sie liebt, eine Tochter, der es gut geht, ihre Arbeit, ein schönes Haus und einen hübschen Garten. Zumindest auf dem Papier hat sie alles, was sie braucht, um glücklich zu sein, doch ihre Seele kümmert das nicht.

In meiner Arbeit habe ich oft erlebt, dass Emotionen scheinbar grundlos und auf unerklärliche Weise hervorbrechen. Vergeblich suchen wir in unserer eigenen Lebensgeschichte nach den Gründen dafür: Und selbst wenn wir dabei fündig werden, haben wir das Gefühl, dass es irgendwie nicht das ganze Bild ist. In solchen Augenblicken empfiehlt es sich, ein wenig tiefer zu graben und zu unseren Vorfahren zurückzugehen. Ich beginne daher, mit Ágota auf einer generationsübergreifenden Ebene zu arbeiten. Sie erstellt ihren Familienstammbaum und forscht in Archiven und Kirchenbüchern nach vergilbten Dokumenten. In einem kirchlichen Geburtenregister stößt sie auf aufschlussreiche Informationen und findet neben dem Namen ihrer Mutter einen Vermerk: unehelich. Wie kann das sein? Davon hat sie nichts gewusst. Da sie nicht mehr am Leben ist, kann sie ihre Mutter nicht mehr danach fragen, aber Ágota gibt nicht auf. Sie erkundigt sich immer wieder in der Familie, bis sie schließlich von einem Familienmitglied die Geschichte erfährt, die sie hören möchte. Ihre Großeltern hatten sich als Teenager ineinander verliebt. Sie wurden von der Leidenschaft überwältigt, und da sie vermutlich wenig über Verhütung wussten, wurde das fünfzehnjährige Mädchen schwanger. Bekannt wurde das erst, als ihr Zustand nicht mehr zu übersehen war. Im Dorf kam es zu einem gewaltigen Skandal, und alle sprachen von dem gefallenen Mädchen, das seine Ehre verloren hatte. Ihre Eltern, die sehr streng und wohl wenig einfühlsam waren, demütigten sie zutiefst und drohten, sie zu verstoßen. Sie musste in die Stallungen ziehen und bekam kaum etwas zu essen. Das junge Paar stellte einen Antrag auf Eheschließung, in dem es sich um eine Ausnahmeregelung wegen seiner Minderjährigkeit bemühte, aber das Kind wurde geboren, bevor die Genehmigung eintraf. Dies war also der Grund für die Unehelichkeit.

Als sie dann heiraten durften, legitimierten sie damit das Kind, doch war damit nur der formalen Seite Genüge getan. Das Kind (also Ágotas Mutter), das ungewollt und zu früh zur Welt kam, blieb sein gesamtes weiteres Leben lang Ziel feindseliger Gefühle. Auf Schritt und Tritt wurde das Mädchen kritisiert, und es verging kaum ein Tag, an dem es nicht gescholten oder geschlagen wurde. (Wie entsprechende Studien zeigen, sind unerwünschte Kinder weit häufiger Misshandlungen in ihrer Familie ausgesetzt, die sie dann oftmals an ihre eigenen Kinder weitergeben: Mehrere Erhebungen zur Häufigkeit der sogenannten transgenerationalen Weitergabe haben bestätigt, dass etwa ein Drittel der geschlagenen Kinder selbst zu prügelnden Eltern wird.) Folglich wuchs Ágotas Mutter in einer traumatisierenden Umgebung auf und konnte diese Prägung nie abschütteln. Das Muster des Kindheitstraumas hat sich fortgesetzt: Das missbrauchte Mädchen wurde zur missbrauchenden Mutter. Und so wurde auch Ágota in ihrer Kindheit zum Opfer: Manchmal wurde sie durch Worte verletzt, manchmal mit einem Gürtel geschlagen. Wenn sie an diese Jahre zurückdenkt, kann sie sich nicht an viele schöne Momente erinnern. Sie sei nur damit beschäftigt gewesen, die an sie gerichteten Erwartungen zu erfüllen und ihre ständig wütende, gefühlskalte und abweisende Mutter zu besänftigen – mit wenig Erfolg. Schon als kleines Mädchen musste sie den gesamten Haushalt führen. Sie kümmerte sich um die Wäsche, putzte das Haus, fütterte die Tiere und kochte im Sommer Marmelade ein. Jeden Tag fürchtete sie sich davor, etwas falsch zu machen, irgendetwas, über das sich ihre Mutter aufregen würde. Schon damals beschloss sie, dass sie, sobald sie erwachsen war, weit wegziehen und alles daransetzen würde, um nicht so zu werden wie ihre Mutter.

Mehr oder weniger konnte Ágota ihr kindliches Gelöbnis erfüllen: Sie übersiedelte an das andere Ende des Landes und lernte einen ruhigen, klugen Mann kennen, dem sie von ihrer unglücklichen Kindheit erzählte. Er erkannte, dass es auf dem Grund der Seele der Frau, die er liebte, ein misshandeltes kleines Mädchen gab, das von Zeit zu Zeit der besonderen Zuwendung und eines großen Einfühlungsvermögens bedurfte. Nachdem dann ihr eigenes Kind geboren war, stellte Ágota fest, wie manchmal der Zorn in ihr aufstieg, wenn das Baby weinte. In diesen Momenten war es so, als ob der Geist ihrer Mutter von ihr Besitz ergriffen hätte. Sie fürchtete sich davor, eines Tages die Kontrolle zu verlieren und dem Kind etwas anzutun. Daher traf sie mit ihrem Mann die Vereinbarung, dass er ihr das Baby sofort wegnehmen solle, wenn er bei ihr Anzeichen großer Anspannung bemerken würde, damit sie ihm nichts anhaben könne. Dies war der »Trick«, zu dem sie griff, um das generationsübergreifende Muster nicht weiterzugeben und ihre eigene Tochter nicht zu dessen Opfer werden zu lassen. Die Maßnahme erwies sich als wirksam, und ihre Tochter wuchs in einer mehr oder weniger harmonischen Atmosphäre auf. Sie lebte und arbeitete nun seit einem Jahr im Ausland, und aufgrund der Entfernung konnten sie nur über Skype in Verbindung bleiben. Und hier zeigt sich nun etwas Interessantes: Ágotas Depressionen begannen mehr oder weniger, als ihr klar wurde, dass ihre Tochter nur noch als Besucherin nach Hause kommen würde. Obwohl sie sich sicher war, dass es ihrer Tochter gut ging, war sie durch ihren Verlust am Boden zerstört. »Auch sie braucht mich nicht!«, raunte ihr eine innere Stimme zu. »Erst wollte mich meine Mutter nicht, und jetzt will mich auch meine Tochter nicht!« Der Schmerz brach mit aller Wucht über sie herein und wich dann einem fühllosen Zustand der Desillusionierung und Resignation.

In der Therapiegruppe wenden wir uns ihren Kindheitserfahrungen zu und beginnen damit, das Trauma der Zurückweisung zu bearbeiten, das sie seither in sich trägt. In einem Rollenspiel stellen wir das innere Drama der Beziehung zu ihrer Mutter nach, und mithilfe der anderen Gruppenmitglieder versetzt sie sich noch einmal in die schrecklichen Szenen, die sie als kleines Mädchen durchlebt hat. Danach kann die Korrektur erfolgen. Akzeptanz, Zuspruch, liebevolle Zuwendung: Das ist es, wonach sie sich sehnt, und wir helfen ihr zu erfahren, was sie in ihrer Kindheit so schmerzlich vermisst hat.

Wir halten und umarmen sie, und nach und nach gelingt es

ihr, sich auf dieses ihr unbekannte Gefühl einzulassen. Als sie später über ihre Beziehung zu ihrer Mutter nachdenkt, kann sie auch sie auf einmal in einem anderen Licht sehen. Sie erkennt, dass sie in ihr immer nur die Mutter gesehen hat, die sie geboren hat, aber niemals das wehrlose Kind, das sie einmal gewesen ist und das auf grausame Weise behandelt wurde. Als sie den ganzen Schmerz, den ihre Mutter als Kind erfahren hat, erkennt und nachempfindet, beginnt Ágota zu weinen. Sie hat Mitleid mit dem kleinen Mädchen. Ihr ganzes Leben lang hat sie nach dem Faden gesucht, der sie mit ihrer Mutter verbinden könnte, und endlich hat sie ihn gefunden: Es ist die gemeinsame Erfahrung von Lieblosigkeit, Kränkung und Zurückweisung. Ihr Schmerz und ihre Wut weichen langsam dem Verständnis und schließlich der Vergebung. Ohne dass sie es selbst recht merkt, scheint in den darauffolgenden Wochen ihre Lebensfreude zurückzukehren, und sie wird wieder aktiver und lebendiger. Auch den Weggang ihrer Tochter kann sie nun mit anderen Augen sehen. Sie erkennt darin jetzt weniger eine Abkehr von ihr als vielmehr einen Schritt in die Unabhängigkeit, über den sie sich sogar freuen kann.

Ein weiterer bemerkenswerter Fall aus meiner Praxis ist der einer Frau in ihren Vierzigern. Ihre ständigen Panikattacken schienen sich im Laufe der Jahre immer weiter zu verschlimmern. Inzwischen hatte sich die Situation so zugespitzt, dass sie ihre letzte Geschäftsreise absagen musste, weil sie schon bei dem Gedanken, ein Flugzeug zu besteigen, mit Würgereiz zur Toilette rannte. Dennoch war ansonsten alles in bester Ordnung – zumindest sagte sie das. Sie hatte eine Karriere gemacht, von der die meisten Menschen nur träumen können. Sie lebte in einer Villa in Buda* und verbrachte ihren Urlaub

* Auf der westlichen Seite der Donau gelegener Stadtteil von Budapest.

an exotischen Orten. Das Verhältnis zu ihrem Mann konnte als gut bezeichnet werden, obwohl sie aufgrund ihrer Arbeit nicht viel Zeit füreinander hatten. Ihre Tochter studierte im Ausland. Sie sei nicht sentimental, habe keine Zeit zum Jammern und sei es gewohnt, die Zähne zusammenzubeißen, wenn sie etwas erreichen wolle. Stets hat sie sich selbst beweisen wollen, und seit ihrer Kindheit stand Leistung für sie an erster Stelle. Ihr Leben war genau durchgeplant, und alles hatte sie im Griff. Nur diese elenden Panikattacken machten ihr einen Strich durch die Rechnung. Es fing damit an, dass sie sich in großen Einkaufszentren seltsam angespannt fühlte. Später nahm sie, wann immer sie konnte, ein Taxi, weil sie jedes Mal eine unerklärliche Angst überkam, wenn sie selbst Auto fuhr. Das Atmen fiel ihr schwer, ihr wurde schwindelig, sie zitterte und kam ins Schwitzen. Um diese unangenehmen und belastenden Erfahrungen zu vermeiden, ging sie immer mehr Situationen in ihrem Lebensalltag aus dem Weg, auch wenn sie dadurch ihre Karriere in Gefahr brachte.

Vier Wochen später musste sie einen Flug antreten, da sie als Hauptrednerin auf einer internationalen Konferenz vorgesehen war, die sie auf keinen Fall versäumen durfte. Sie benötigte also dringend eine Technik, um ihre Anspannung in den Griff zu bekommen. Sie wollte nicht über ihre Vergangenheit und ihre Familie sprechen – dafür war keine Zeit. »Lassen Sie uns die Symptome in den Griff bekommen, das muss vorerst reichen«, sagte sie. Wir intensivierten unsere Arbeit und erstellten eine Hierarchie ihrer Ängste. Sie lernte, sich zu entspannen, und in diesem ruhigeren Zustand stellte sie sich vor, wie sie ihre Koffer packen und sich auf den Weg zum Flughafen machen würde. Jede Sitzung brachte uns dem angstbesetzten Moment des Abflugs näher. Die Reise verlief relativ gut, und ihre Ängste hielten sich in Grenzen. So weit, so gut, dachte sie, das Ziel war erreicht, und so verabschiedeten wir uns.

Drei Wochen später rief sie mich erneut an. Sie war unruhig und konnte sich nicht auf ihre Arbeit konzentrieren. Sie konnte sich nicht beruhigen und hatte wieder eine schwere Panikattacke gehabt. Sie konnte nicht sagen, warum sie sich so elend fühlte. Es war schwierig weiterzukommen, da ihre Aufmerksamkeit vor allem ihrem aktuellen Zustand galt und es ihr nicht gelang, sich von den Problemen des »Hier und Jetzt« zu lösen. In welche Richtung ich sie in unserem Gespräch auch führte, sie kam immer wieder auf ihre Symptome zurück. So ging das eine Weile fort, bis sie bei einer Gelegenheit damit herausplatzte, wie unglücklich ihr Vater über ihre Geburt gewesen sei. Sie war das vierte Kind, und die Schwangerschaft war ungeplant. Ihre Eltern hatten nicht mit einem weiteren Kind gerechnet, und ihr Vater konnte einfach nicht akzeptieren, dass alles noch einmal von vorne beginnen sollte. An ihre Kindheit hatte sie kaum Erinnerungen. Was sie aber nicht vergessen konnte, war, dass ihr Vater jedes Mal, wenn sie schulische Probleme hatte oder ein schlechtes Zeugnis mit nach Hause brachte, nur den Kopf schüttelte und sagte: »Wirklich sehr bedauerlich« – womit er meinte, wie bedauerlich es sei, dass sie geboren worden war. Um diese schmerzlichen Worte nie wieder hören zu müssen, setzte sie alles daran, ihre Fähigkeiten unter Beweis zu stellen. Sie studierte hart und trieb sich selbst ständig an, um zu beweisen, dass ihre Existenz nicht »bedauerlich« sei. Beide Eltern verlor sie früh, sodass keine*r von ihnen es noch erlebte, als sie in ihrem Beruf erfolgreich wurde. Viele Jahre lang war ihr Leben auf Leistung ausgerichtet, und ihre wiederkehrenden Panikattacken schrieb sie der Überarbeitung zu. Als ich sie fragte, wann sie ihre erste Panikattacke gehabt habe, konnte sie sich zunächst nicht mehr daran erinnern. Erst später fiel ihr wieder ein, dass es zu der Zeit war, als sie das Haus ihrer Eltern auf dem Lande verkaufte, das seit Jahren leer gestanden hatte. Bevor sie dem Käufer die Schlüssel übergab, verbrachte sie dort einen Tag damit, alte Sachen zusammenzupacken. Sie sagte, es sei wie eine Zeitreise gewesen. Sie stand in der Küche, so wie sie es vor langer Zeit getan hatte, als sie plötzlich wieder die Stimme ihres Vaters vernahm. Die schmerzlichen Erinnerungen überkamen sie mit Macht. Sie schluchzte laut, als wäre in ihr ein Damm gebrochen. All ihre Erfolge und Anstrengungen waren vergeblich gewesen: Sie war wirklich unerwünscht auf der Welt. Nachdem sie sich ausgeweint hatte, verbannte sie die schmerzlichen Gefühle wieder aus ihrem Kopf und tat so, als wäre nichts gewesen. Ein paar Tage später wurde sie zum ersten Mal krank. Der Notarzt beruhigte sie und sagte, sie werde nicht sterben, da sie »nur« eine Panikattacke und keinen Herzinfarkt gehabt habe. Seitdem waren die Anfälle häufiger und heftiger geworden und wurden zur Bedrohung für das, was ihr am wichtigsten im Leben ist: ihre Arbeit.

Ich hielt es für ratsam, wenn sie versuchen würde, ihre Einstellung zu den Panikattacken zu verändern und sie als zwar ungestüme, aber letztlich wohlmeinende Freunde zu betrachten, die ihr einen Anstoß gaben, wenn sie der Meinung waren, dass ihr Leben nicht in der richtigen Richtung verlief. Wenn sie hingegen versuche, den aufkommenden Schmerz, den sie seit ihrer Kindheit unterdrückt hatte, erneut zu verdrängen, würde sie von einer Panikattacke eines Besseren belehrt. Und solange sie sich weigere, auf sie zu hören, werde sie weiterhin von ihren Ängsten beherrscht.

Wie konnte sie sich also von ihren Ängsten befreien? Was musste sie dafür tun? Sie musste die Tatsache, nicht erwünscht gewesen zu sein, anerkennen, ihr Ausdruck verleihen und sie verarbeiten – und dann einsehen, wie viel sie unternommen hatte, um ihre Eltern von ihrem Daseinsrecht zu überzeugen. Ihr Leben lang hatte sie sich nach Anerkennung gesehnt und versucht, sich zu beweisen. Sie hatte ihre schmerzlichen Gefühle unterdrückt und versucht, durch ihren beruflichen

Erfolg einen Platz im Herzen ihrer Eltern zu gewinnen. Um die Panikattacken ein für alle Mal loszuwerden, brauchte sie nicht nur eine wirksame Technik: Sie musste auch ihren Gefühlen Raum geben und ein Gleichgewicht finden zwischen ihrem Verstand und ihren Emotionen. Wut, Enttäuschung, Scham, Angst vor Einsamkeit und der verzweifelte Wunsch, geliebt zu werden – all diese Gefühle brodelten in ihr, doch wagte sie es nicht, sich ihnen zu stellen. Sie war wütend auf ihre Eltern, weil sie sie zurückgewiesen hatten, sie war enttäuscht, weil nicht einmal die Menschen, denen sie ihr Leben verdankte, froh darüber waren, dass sie auf der Welt war, und sie verspürte Scham, weil sie glaubte, dass deshalb mit ihr etwas nicht stimmte. Als sie sich schließlich die Gefühle eingestand, die sie bis dahin verleugnet hatte, erkannte sie, wie sehr sie die Einsamkeit fürchtete und wie sehr sie sich danach sehnte, geliebt zu werden. Sie erkannte auch, dass sie sich in ihrer Beziehung zu ihrer eigenen Tochter und ihrem Ehemann distanziert und kühl verhielt und dass dies ihre Strategie war, sich vor weiteren Enttäuschungen zu schützen, falls sich herausstellen sollte, dass auch sie sie nicht liebten. Das Arbeiten bis in die Nacht hinein und das ständige Unterwegssein waren für sie weniger ein Vergnügen als vielmehr eine Art Schutz vor Nähe. Die Therapie bewirkte nicht nur eine Veränderung bei ihr selbst, sondern hatte auch Auswirkungen auf die Qualität ihrer Beziehungen. Sie führte ein langes Gespräch mit ihrer Tochter und ihrem Mann, die ihrerseits zum Ausdruck brachten, wie sehr es sie kränkte, dass sie ihre Karriere an erste Stelle setzte. Und so versuchte auch ihre Tochter, durch Leistung ihre Liebe zu gewinnen, wodurch sie unbewusst das familiäre Erbe weiterführte. Glücklicherweise trugen diese Gespräche erheblich dazu bei, den Anpassungs- und Leistungszwang der Tochter zu verringern.

Bei der generationenübergreifenden Selbsterfahrungsarbeit kann die Beantwortung der folgenden Fragen hilfreich sein:

- *Was wissen Sie über die Umstände Ihrer Zeugung?*
- *War die Schwangerschaft von beiden Elternteilen gewollt?*
- *Waren Sie ein Wunschkind?*
- *Wie haben Ihre Großeltern die Nachricht von Ihrer bevorstehenden Geburt aufgenommen?*
- *Wie haben Ihre anderen Verwandten reagiert?*
- *Hat jemand aus der Familie die Nachricht von Ihrer bevorstehenden Geburt mit Besorgnis oder Missfallen aufgenommen?*
- *Wie haben sich Ihre Verwandten auf Ihre Geburt vorbereitet?*
- *Erzählen Ihre Eltern oder andere Familienmitglieder Geschichten aus der Zeit vor Ihrer Geburt? (Zum Beispiel: »Als ich mit dir schwanger war, konnte ich Kürbissuppe nicht einmal ansehen, dafür war ich ganz wild auf Zitroneneis.«)*
- *Haben sie Ihnen irgendetwas darüber erzählt, wie Sie sich im Mutterleib verhalten haben? (Zum Beispiel: »Schon in meinem Bauch warst du immer sehr unruhig.«) Diese Geschichten verraten viel über das Bild, das sich Ihre Mutter schon vor Ihrer Geburt von Ihnen gemacht hat.*
- *Was wissen Sie über die Umstände Ihrer Geburt? Wo und wie hat sie stattgefunden? Wer war anwesend? Kursieren in der Familie Geschichten darüber?*
- *Kennen Sie Geschichten aus der Zeit, als Sie ein Baby oder ein Kleinkind waren?*
- *Hat die Familie Fotos, Gegenstände oder Erinnerungsstücke aus der Zeit aufbewahrt, als Sie ein Baby oder ein Kleinkind waren (Haarlocke, Babyschuhe, Kleidung, Spielzeug)?*

Leider ist es ein Junge/ein Mädchen!

Ich wollte einfach nur glücklich sein wie alle anderen,
das ist alles, und ich konnte es nicht. Ich war nur ich.
Ein unglückliches, altes, nutzloses Geschöpf auf der Suche nach einem Sinn,
warum ich überhaupt bin,
und warum ich ein Junge bin und nicht ein Mädchen.

György Petri, Einfach, liedhaft[8]

In gewisser Weise beginnt unser Leben schon lange vor der Zeugung. Allein schon wie sich die künftigen Eltern ihr weiteres Leben vorstellen, sagt viel über das Kommende aus, denn in ihren frühen Fantasien steckt auch eine ausdrückliche Erwartung an die Zukunft. »Ich werde zwei Töchter haben. Ich werde sie Isabella und Sonia nennen«, sagt ein Mädchen im Teenageralter voller Überzeugung. »Hier habe ich selbst schon als Junge Fußball gespielt, und eines Tages werde ich mit meinen Söhnen herkommen«, sagt ein junger Mann und zeigt mit Stolz auf das Spielfeld seines Fußballvereins. Aber was, wenn es anders kommt? Wenn anstatt des Mädchens, das man sich gewünscht hat, ein Junge geboren wird oder umgekehrt ein Mädchen anstelle des erhofften Jungen? Wie wirkt sich das auf das Leben des Kindes aus?

In einem seiner Vorträge spricht Péter Popper über sein eigenes Leben:

Meine Mutter wollte immer das Beste für mich. Sie hat mich gut behandelt und war wirklich eine vorbildliche Mutter. Aber ich konnte keine Nähe mit ihr zulassen. Manchmal sagte sie zu mir: »Komm schon, Pete, lass uns reden! Setz dich auf meinen Schoß, bis dein Vater nach Hause kommt!« Ich konnte es einfach nicht, und ich wusste nicht, warum. Irgendetwas funktionierte einfach nicht zwischen uns, gefühlsmäßig und von der Stimmung her. Ich war Ende dreißig, als meine Cousine aufgrund eines ärztlichen Fehlers eine Fehlgeburt hatte, und meine Mutter versuchte auf ihre Weise, sie zu trösten. Sie erzählte meiner Cousine, dass sie, seit sie ein kleines Mädchen gewesen war, für eine Sache gebetet hatte: dass sie keinen Jungen bekäme. Sie mochte keine Jungen. Und dann wurde ich geboren. Danach wollte sie nie wieder schwanger werden. In dem Moment, als meine Cousine mir das verriet, verstand ich das Vertrauensproblem in unserer Beziehung. Welch schrecklichen Ärger hatte ich dieser armen Mutter bereitet, die auf keinen Fall einen Jungen wollte! Von diesem Zeitpunkt an war jede Abneigung in mir verschwunden, und wir kamen bis zu ihrem Tod sehr gut miteinander aus. Ich bin unendlich dankbar für die Indiskretion meiner Cousine, denn bis dahin hatte ich immer nur das vage Gefühl gehabt, dass zwischen uns etwas nicht stimmt. Ich musste dieses Geheimnis kennen, um meine eigenen Gefühle zu verstehen und mir zu erklären, warum ich zu meiner Mutter keine Nähe herstellen konnte und es für mich auch später im Leben so wichtig blieb, gerade von Frauen akzeptiert zu werden.[9]

Diese Geschichte ist leider kein Einzelfall, und ein Kind, das nicht den Erwartungen der Eltern an sein Geschlecht entspricht, wird es niemals leicht haben.

Eine Frau in den Fünfzigern mit einem gequälten Gesichtsausdruck kommt zu mir in die Therapiestunde. Sie erzählt mir, wie trostlos ihr Leben sei. Sie hat keinen Partner, keine Kinder, sie lebt allein. Ihre Periode blieb in ihren Zwanzigern aus: Bei ihr wurde eine vorzeitige Eierstockinsuffizienz diagnostiziert. »Meine Weiblichkeit hatte sich erschöpft, auch wenn ich vorher nie sehr weiblich gewesen bin«, sagt sie mit einem bitteren Lächeln. Auf mein Nachfragen antwortet sie, dass ihr Vater sich einen Jungen gewünscht habe und niemals seine Enttäuschung über die Geburt eines Mädchens habe verwinden können. Immer wieder sagte er, dass Mädchen zu nichts nutze seien und dass sie nur Ärger machen würden. Wie viel besser es doch gewesen wäre, wenn sie einen Jungen gehabt hätten. Und demnach behandelte er sie auch: Vergeblich sehnte sie sich nach einem weiten Rock und schicken Tanzschuhen, durfte aber nur Hosen und Turnschuhe tragen. Auch der Wunsch nach einer Puppe war vergebens: Ihre Eltern kauften ihr nur Jungenspielzeug. Auch erlaubte ihr Vater ihr nicht, sich das Haar lang wachsen zu lassen. Alle zwei Wochen schnitt er es selbst auf einen Zentimeter Länge. Dazu stellte er einen abgenutzten kleinen Schemel in die Mitte der Küche, auf den sie sich vorgebeugt hocken musste, während ihr Vater die Arbeit erledigte. Man gab ihr den männlichen Spitznamen »Öcsi« – »Kumpel« –, den sie zunächst innerhalb der Familie trug und der später auch bei Klassen- und Spielkamerad*innen hängen blieb. Überall hielt man sie für einen Jungen, und sie traute sich nicht zu sagen (so gern sie es auch getan hätte): »He du: Ich bin ein Mädchen!« Wegen ihres »falschen« Geschlechts hatte sie das Gefühl, eine schwere Schuld auf sich geladen zu haben, die sie in keiner Weise korrigieren konnte. Und damit hatte sie recht: Denn trotz ihrer frühen Menopause war sie immer noch ein weibliches Wesen. Und gewiss gab es keinen Grund, sich wegen ihres Geschlechts schuldig zu fühlen. Ich schlage ihr vor, dass wir es mit der Imago-Therapie (vom lateinischen Wort für »Bild, Abbild, Inbild«) versuchen. Bei der Imago-Therapie verlieren die Reize der Außenwelt an Präsenz und es entsteht eine intensive innere Aufmerksamkeit. In einem meditativen, entspannten Zustand werden von den Klient*innen Bilder, Gefühle und Symbole aus dem Unterbewusstsein abgerufen. Häufig handelt es sich dabei um schmerzbetonte Prägungen aus früher Vergangenheit, die während des Verfahrens durch heilsame Bilder ersetzt werden. Mit der Zeit nimmt das Gehirn diese neuen Bilder als Realität an, wodurch traumatische Erlebnisse an Einfluss verlieren können.

Ich fordere sie auf, sich das Bild vom Haareschneiden ins Gedächtnis zu rufen, damit sich ihr Körper an das erinnert, was sie damals empfunden hat. Dann soll sie die Szene als Erwachsene betreten und das tun, wozu das kleine Mädchen noch nicht imstande war, nämlich für ihr damaliges Ich eintreten. Sie stellt sich vor, wie sie auf ihren Vater zugeht, seine Hand ergreift und dieser demütigenden Prozedur des Haareschneidens ein Ende bereitet. Sie sagt ihm, er solle aufhören, sein kleines Mädchen zu missbrauchen, denn das sei wie eine Verstümmelung und beraube sie eines wichtigen Aspekts ihrer Weiblichkeit. Dann wendet sie sich an sich selbst als kleines Mädchen, zieht es zu sich heran, umarmt und tröstet es. Sie bittet es, sich zu beruhigen und in Zukunft den Mut zu haben, zu protestieren, wenn mit ihm etwas geschieht, das es nicht will. Dieses sehr kraftvolle innere Bild ist das erste, was sie von der Grundhaltung »Ich bin schuldig, weil ich nicht als Junge geboren wurde« wegführt. Natürlich ist die Therapie damit noch längst nicht abgeschlossen. Dauerhafte und tiefgreifende Veränderungen sind nicht leicht zu erreichen. Je früher eine Traumatisierung erfolgt, desto länger dauert es in der Regel, bis die tief verschlüsselten inneren Muster, Haltungen und Überzeugungen aufgedeckt und überwunden sind.

Der Fall meiner Klientin ist keine Seltenheit, und es ist kaum vorstellbar, wie weitverbreitet diese Einstellung ist. So schätzt die UNO, dass weltweit 200 Millionen Mädchen »vermisst« werden – Mädchen, die von ihren Eltern aufgrund ihres Geschlechts verstoßen wurden. In vielen Kulturen, in denen Mädchen bei ihrer Verheiratung immer noch mit hohen Geldbeträgen ausgestattet werden, stellen sie eine erhebliche finanzielle Belastung für die Familien dar. »Heute 5000 Rupien zahlen, morgen 50000 Rupien sparen« – so werben einige indische Ärzte für ihre Dienste, indem sie darauf hinweisen, dass eine Abtreibung zwar teuer, aber immer noch günstiger sei als eine Hochzeitsmitgift. Obwohl die selektive Abtreibung gegen das Gesetz verstößt, entscheiden sich immer noch viele Paare für einen illegalen Schwangerschaftsabbruch, wenn der Embryo weiblich ist. (Dies hat auch verhängnisvolle soziale Folgen: In Indien zum Beispiel gibt es einen Überschuss an Männern im heiratsfähigen Alter, sodass viele kaum eine Chance haben, eine Frau zu finden. Vielerorts empfinden die Männer den Mangel an alleinstehenden jungen Frauen quasi als Aushungerung, was zunehmende soziale Spannungen und die Ausbreitung von Gewalt befürchten lässt.)

Man möchte meinen, dass dieses Problem unserem Kulturkreis fremd sei, aber leider ist dem nicht so: Es kommt überall auf der Welt vor. So hat vor einigen Jahren in Großbritannien die Veröffentlichung geheimer Interviewaufzeichnungen für großes Aufsehen gesorgt. Darin berichten Ärzte, wie viele Schwangerschaftsabbrüche sie vorgenommen haben, nur weil das Geschlecht des Embryos nicht den Wünschen der Eltern entsprach. Einige Krankenhäuser untersagten es daraufhin sogar, den Eltern das Geschlecht ihres Babys im ersten Trimester mitzuteilen (solange also ein Schwangerschaftsabbruch noch möglich war).

Auf die Frage, ob sie sich einen Jungen oder ein Mädchen

wünschen, antworten die meisten Menschen erst einmal mit: »Das ist mir egal, Hauptsache, es ist gesund.« Unterhält man sich mit ihnen jedoch ein wenig länger, kristallisieren sich alsbald Vorlieben heraus (»Eigentlich wollte ich immer ein Mädchen«, »Wenn mein Sohn auf die Welt kommt …« und so weiter). Hält man Augen und Ohren offen, wird der Einfluss des Umfelds bald deutlich. Betrachten wir uns dazu ein paar Beispiele. Ein Vater kündigt die Ankunft seiner dritten Tochter in der Firma an. »Ich beneide dich nicht, Kumpel«, sagen seine Freunde und klopfen ihm teilnahmsvoll auf die Schulter. Oder Männer ziehen sich gegenseitig auf: »Ein richtiger Mann zeugt als Erstes einen Stammhalter, dann kann ein Mädchen kommen.« Das ist eine typische Reaktion, die überall zu hören ist, unabhängig vom Bildungsniveau. Werden wir den Erwartungen unserer Eltern in dieser Hinsicht nicht gerecht, kann es passieren, dass wir für den Rest unseres Lebens mit unserer geschlechtlichen Identität im Konflikt sind.

Selbst der 2015 verstorbene bekannte ungarische Arzt und Genforscher Endre Czeizel wurde von Paaren mit Fragen danach überhäuft, wie sie das Geschlecht ihres zukünftigen Kindes beeinflussen können. Heute werden in Hunderten von Artikeln Methoden empfohlen, die die Chancen auf das gewünschte Geschlecht des Kindes erhöhen sollen. »Trinken Sie zwanzig Minuten vor dem Geschlechtsverkehr Kaffee und Sie bekommen einen Sohn«. »Reduzieren Sie Ihre Kalorienzufuhr und Sie bekommen eine Tochter«. Nicht zu vergessen die zahllosen Tipps bezüglich des richtigen Zeitpunkts der Zeugung und der verschiedenen Stellungen beim Geschlechtsverkehr. Warum gibt es so viele Artikel zu diesem Thema? Einfach deshalb, weil die Nachfrage danach so groß ist. In der westlichen Welt denken besorgte Eltern häufig, dass es für sie einfacher wäre, ein gutes Verhältnis zu ihrem Kind zu haben und auf sein Verhalten Einfluss zu nehmen, wenn es ihrem Wunschgeschlecht entspricht. »Jungen sind wild und aggressiv. Ich glaube nicht, dass ich dem gewachsen wäre«, sagt eine werdende Mutter – hier ist offenbar nicht das Geschlecht des Kindes das Problem, sondern das Gefühl der elterlichen Unzulänglichkeit. »Einem Jungen würde ich keine gute Mutter sein, aber einem Mädchen schon.« In der englischsprachigen Welt gibt es für diese Art Vorbehalte bereits eine eigene Bezeichnung: »gender disappointment«. Zahlreiche wissenschaftliche Artikel und Foren befassen sich mit dem Thema, während Fachleute versuchen, Eltern mit Psychotherapie, unterstützenden Gesprächen und Informationen dabei zu helfen, das Geschlecht ihrer Kinder zu akzeptieren.

In diesem Zusammenhang verdient ein therapeutischer Ansatz Erwähnung, der Mitte der 1990er-Jahre von zwei ungarischen Psychoanalytikern, Jenő Raffai und György Hidas, entwickelt wurde. Das Grundprinzip der Mutter-Kind-Bindungsanalyse besteht darin, die Bindung zwischen Mutter und Kind bereits pränatal, also im embryonalen Stadium zu festigen. Bei Babys, deren Mütter eine Bindungsanalyse durchlaufen haben, treten bei der Geburt weniger Komplikationen auf, und auch die zukünftige Mutter-Kind-Beziehung ist harmonischer. Raffai und seine Kollegen sind sich der großen Bedeutung bewusst, die es hat, sich auch auf gesamtgesellschaftlicher Ebene mit den frühesten Bindungserfahrungen im Leben eines Menschen zu befassen, denn alles, was in der Welt der Erwachsenen geschieht – wie wir in unseren Beziehungen und Freundschaften, am Arbeitsplatz oder auf der Straße miteinander umgehen –, hat in unserer Kindheit seine Wurzeln. Gleichzeitig werden diese frühen Einflüsse über mehrere Generationen hinweg weitergegeben, sodass sich die Erfahrungen, die unsere Kinder auf dieser Ebene machen, noch auf unsere Enkelkinder auswirken werden.

Fragen:

- *Hätte nach dem Wunsch Ihrer Familie aus Ihnen ein Junge oder ein Mädchen werden sollen?*
- *Welche Vorstellung verbindet Ihre Familie mit Ihrem Geschlecht?*
- *Haben Sie in Ihrer Familie jemals negative Kommentare darüber gehört, dass Sie ein Junge oder ein Mädchen sind?*
- *Wenn es Vorbehalte gegen Ihr Geschlecht gab: Wurden diese offen ausgesprochen oder wurden sie Ihnen auf nonverbalem Wege vermittelt?*
- *Durften Sie als Mädchen typisches Mädchenspielzeug beziehungsweise als Junge typisches Jungenspielzeug besitzen?*
- *Welche Kommentare oder abwertenden Bemerkungen haben Ihre Eltern über das jeweils andere Geschlecht gemacht?*
- *Wie zufrieden sind Sie mit Ihrem eigenen Geschlecht?*
- *Ist Ihnen jemals in den Sinn gekommen, dass Sie lieber mit einem anderen Geschlecht geboren worden wären?*

Das funktionalisierte Kind

Nichts hat einen stärkeren psychischen Einfluss auf die Kinder als das ungelebte Leben der Eltern.

C. G. Jung, Paracelsus – *Alchemie und die Psychologie des Unbewussten*

Eine 42-jährige Frau kommt zu mir in die Praxis. Sie ist alleinstehend, einsam und hatte bisher nur ein paar kurze Beziehungen in ihrem Leben. Sie ist schüchtern, introvertiert und kann nur schwer abschalten. Ihr Selbstvertrauen ist labil, und sie hat schon mehrere Beförderungen abgelehnt, weil sie sich die Aufgabe nicht zugetraut hat. Auch wenn sie es nicht ausdrücklich erwähnt, fällt mir auf, dass es sich bei diesen Stellenangeboten entweder um Positionen im Ausland handelte oder um solche, die regelmäßig mit längeren Geschäftsreisen verbunden gewesen wären. Auf den ersten Blick scheint die Frau, nennen wir sie Anna, ein autonomes Erwachsenenleben zu führen: Sie hat eine eigene Wohnung, kann für ihren Lebensunterhalt sorgen – und dennoch stimmt etwas nicht. Als wir ein wenig mehr ins Detail gehen und sie mir erzählt, wie sie ihren Tag gestaltet, stellt sich heraus, dass sie »das kleine Mädchen ihrer Eltern« geblieben ist. Sie verbringt den Großteil ihrer Freizeit mit ihren Eltern: Nach der Arbeit geht sie zu ihnen »nach Hause«, um mit ihnen zu Abend zu essen und fernzusehen, und verlässt sie erst spätabends, um in ihre eigene Wohnung zu gehen. An den Wochenenden macht sie

Ausflüge mit ihren Eltern oder besucht mit ihnen Verwandte; auch die Ferien verbringen sie gemeinsam. Was würde passieren, wenn sie diese enge Beziehung ein wenig lockern würde? Das kann sie sich nicht einmal vorstellen. Als wir über diese Möglichkeit sprechen, wird sie immer angespannter – aber auch neugierig. Am folgenden Wochenende versucht sie es. Sie sagt das sonntägliche Mittagessen ab und begründet dies mit einer Firmenveranstaltung. Doch ihre Mutter bemerkt die Veränderung in ihrer Stimme und glaubt ihr nicht. Am Sonntagnachmittag erhält sie einen verzweifelten Anruf von ihrer Mutter: Ihre Eltern haben sich heftig gestritten, ihr Vater ist davongelaufen, ihre Mutter weiß nicht, wohin. Anna setzt sich sofort ins Auto und macht sich auf den Weg, in ihren eigenen Worten, »als wäre es ein Rettungseinsatz, bei dem es um Leben und Tod geht«. »Um was zu retten?«, frage ich sie. Sie denkt lange nach, bevor sie antwortet: »Die Ehe meiner Eltern«, sagt sie mit leiser und brüchiger Stimme. Schmerzliche Erinnerungen und Gefühle kommen hoch. Etwas, das ihr Vater einmal zu ihr gesagt hat, kommt ihr in den Sinn: »Du warst unser letzter Versuch. Wärest du nicht geboren worden, dann wären deine Mutter und ich sicher nicht mehr zusammen.« Das war also ihre Aufgabe, die Rolle, die ihr von Geburt an zugedacht war: der Blitzableiter für ihre Eltern zu sein, die Retterin ihrer Beziehung. Natürlich war sie sich ihres Tuns nicht bewusst, aber sie beobachtete mit Argusaugen die Stimmung, die zwischen ihnen herrschte. Sie glättete die Wogen, lenkte die Aufmerksamkeit von Konflikten ab und wurde so zum Kitt für die Ehe ihrer Eltern.

Jetzt, mit über vierzig, ist es noch immer ihre Lebensaufgabe – und offenbar erkennt sie nicht den Zusammenhang mit ihrem Singledasein. »Was würde denn mit Ihren Eltern passieren, wenn Sie nicht allein wären?«, frage ich sie und kann ihr ansehen, wie sie sorgfältig darüber nachdenkt. Sie versucht, eine Erklärung für ihre Situation zu finden – aber vor allem versucht sie, sich selbst mit scheinbar rationalen Gründen zu überzeugen: Ihre Eltern würden bald pflegebedürftig sein, und sie sei die Einzige, auf die sie sich verlassen können. Und wieder kommt sie zu dem Schluss, dass sie dieses Leben weiterführen muss, dass sie nichts von der Pflicht entbinden kann, an der Seite ihrer Eltern zu sein.

Als ich ihr sage, dass sie weniger an ihrer Seite als in ihrer Mitte zu stehen scheint, ist sie überrascht und versteht den Unterschied nicht. Um ihr zu einem besseren Verständnis der Situation zu verhelfen, fordere ich sie auf, drei Stühle im Raum zu platzieren, die sie und ihre Eltern symbolisieren. Ich bitte sie, die Stühle so aufzustellen, wie sie und ihre Eltern jetzt zueinander stehen. Sie platziert die drei Stühle nahe beieinander und ihren in der Mitte. Sie probiert einen nach dem anderen aus, um zu sehen, wie es sich anfühlt, auf jedem von ihnen zu sitzen, und stellt erstaunt fest, dass tatsächlich niemand wirklich Freiraum hat: Ihre Eltern können nur über sie Kontakt zueinander aufnehmen, und wenn sie selbst ihren Vater oder ihre Mutter ansehen möchte, muss sie sich nach links oder rechts wenden. »Ich muss entweder meiner Mutter oder meinem Vater den Rücken zukehren«, sagt sie. Ich bitte sie, die Stühle auf eine für sie angenehmere Weise anzuordnen. Nach einigem Nachdenken nimmt sie den mittleren Stuhl und platziert ihn etwas abseits, den Eltern gegenüber. So hat sie beide gut im Blick, und ihre Eltern können ohne ihre Vermittlung miteinander kommunizieren. Dann, mit einer vorsichtigen Bewegung, rückt sie ihren Stuhl noch etwas weiter von den Eltern weg, um ihr Blickfeld noch ein wenig mehr, über diesen direkten Bezug hinaus, zu erweitern. Jenseits der vierzig öffnet sie sich langsam für die Welt.

Es kann also sein, dass unsere Eltern Aufgaben an uns delegieren, noch bevor wir auf die Welt kommen. In Annas Fall bestand diese Aufgabe darin, die zerbrechende Ehe ihrer Eltern zu retten und ihrer Beziehung einen Sinn und ein Ziel zu geben. Andere Eltern erwarten von ihren Kindern, dass sie ihre Träume verwirklichen, dass sie das erreichen, was sie selbst nicht geschafft haben, oder sie benutzen ihre Kinder als Partnerersatz, der sie vor der Einsamkeit bewahren oder ihnen Halt im Leben geben soll. Da stellt sich die Frage, wie sehr es hier noch um die Belange der Kinder oder vielmehr um die der Erwachsenen geht. Je ausgeprägter die Vorstellungen der Eltern davon sind, welche Aufgaben ihren Kindern zukommen, desto weniger Möglichkeiten haben diese noch, für sich selbst frei zu entscheiden. Natürlich denken Eltern in der Regel, dass sie nur das Beste für ihr Kind wollen, und es kommt ihnen selten in den Sinn, dass es selbst vielleicht eine ganz andere Vorstellung davon hat. Was für sie Erfolg oder Glück bedeutet, stellt sich für das Kind möglicherweise als das Gegenteil davon dar. Einem stagnierenden, unerfüllten Leben liegt oft nichts anderes zugrunde als ein Gefühl der Verpflichtung, das uns dazu zwingt, einen anderen Weg als den eigenen zu gehen.

Zu dem Zeitpunkt, zu dem ein Kind auf die Welt kommt, haben die Eltern häufig schon eine ganze Reihe frustrierender Erfahrungen hinter sich: Ziele, die nicht erreicht wurden, Träume, die geplatzt sind, und Pläne, die sich als nicht umsetzbar erwiesen. Und selbst dann, wenn sie alles im Leben erreicht haben, können die dennoch erlittenen Rückschläge im Laufe der Jahre sie mit einer Wehmut erfüllen, die das Versäumte als wertvoller erscheinen lässt als alles, was ihnen gelungen ist. Können sie sich nicht damit abfinden und sehen sie nicht ein, dass es sich dabei ganz allein um ihre eigenen Sehnsüchte und Entbehrungen handelt, projizieren sie diese möglicherweise auf ihre Kinder, die nun stellvertretend für sie etwas erleben sollen, was ihnen selbst im Leben entgangen ist. »Was für mich gut gewesen wäre, wird auch für mein Kind gut sein«, so lautet die (unausgesprochene) Begründung. Und so beginnen sie, ihre Kinder in die »richtige Richtung« zu dirigieren, manchmal sanft, manchmal mit Nachdruck.

Ein Angehöriger einer Arztfamilie erzählte mir einmal, dass er von sich aus niemals diesen Beruf gewählt hätte: Was ihn interessierte, war die Philosophie, und seit seiner Jugend schwebte ihm eine Schreib- und Lehrtätigkeit vor.

Natürlich wollte die Familie nichts davon hören. Schließlich hatte man ihm schon als Kind immer wieder gesagt, dass er dazu geboren sei, die Familientradition fortzuführen. Jedes Mitglied der Familie versuchte auf seine Weise, ihn davon zu überzeugen, sich für ein Medizinstudium zu bewerben. Sein Vater schrie, seine Mutter legte sich häufig ins Bett, um zu demonstrieren, wie sehr die Widerspenstigkeit ihres Sohnes an ihr zehrte, während sein Großvater, der Gründer der Dynastie, sich in missbilligendes Schweigen hüllte. Angesichts dieses Drucks blieb ihm nichts anderes übrig, als nachzugeben. Dieser Mann ist jetzt fünfzig. Er hasst das Leben, und schon beim Gedanken an ein Krankenhaus bekommt er Magenschmerzen. Anstelle einer Berufung hat er einen Beruf, und sein Leben fühlt sich für ihn an wie eine einzige Tretmühle, aus der es kein Entrinnen gibt. Nachts wälzt er sich schlaflos hin und her und stellt sich vor, wie es ihm heute ergehen würde, wenn er es gewagt hätte, für seinen Traum zu kämpfen.

Als ich ihm zuhörte, kam mir die Redewendung in den Sinn, dass der Weg zur Hölle mit guten Vorsätzen gepflastert sei. Die Eltern und Großeltern dieses Mannes waren fest davon überzeugt, für ihren Sohn und Enkelsohn das Richtige zu tun. Für sie bedeutete eine medizinische Laufbahn sozialen Aufstieg, einen hohen Lebensstandard, Auslandsreisen und ein weitverzweigtes Netzwerk von Beziehungen. All das gedachten sie an ihn weiterzugeben. Hinter ihrer Unnachgiebigkeit stand die Überzeugung, »zu wissen, wie man im Leben vorankommt – schließlich haben wir es ja auch geschafft«. Weder glaubten sie an den inneren Kompass des Sohnes, der ihm den richtigen Weg weisen würde, noch konnten sie ihm zugestehen, eine eigene Berufsentscheidung zu treffen – ebenso wenig, wie sie daran glaubten, dass er es ohne ihre Beziehungen im Leben zu etwas bringen werde. Sie hielten hartnäckig an ihren eigenen Vorstellungen fest, denn das bedeutete für sie Sicherheit. Das Leben schien auf diese Weise berechenbar und beherrschbar. Daran war nichts Böswilliges. Im Allgemeinen versuchen Eltern, ihren Kindern die Lebensstrategien zu vermitteln, von denen sie glauben, dass sie für sie hilfreich sein könnten. Es war ihnen gelungen, in einer Welt voller Unsicherheiten – und das zwanzigste Jahrhundert, in das der größte Teil ihrer Lebenszeit fiel, war solch eine unsichere Welt – ein gutes Auskommen zu finden, und so war die Versuchung groß, ihrem Kind das aufzunötigen, was sie selbst für richtig hielten.

Ich bin auf eine Dokumentarfilmreihe gestoßen, die das Leben funktionalisierter Kinder mit erschreckender Deutlichkeit aufzeigt. *Toddlers and Tiaras** gibt einen Einblick in die Welt der amerikanischen Schönheitswettbewerbe für Kinder. In jeder Folge erleben wir fanatische Mütter, wie sie versuchen, ihre eigenen Träume über ihre Kinder zu verwirklichen, indem sie ihre Sprösslinge kreuz und quer durch die USA zu Auftritten schleppen. Die jüngsten »Kandidat*innen« tragen noch Windeln – und zweifellos haben sie durch den ganzen Rummel nichts zu gewinnen, aber sehr viel Schaden zu nehmen. Aus den Interviews mit den Müttern geht hervor, dass sie entweder selbst als Kinder eine Zeit lang an Schönheitswettbewerben teilgenommen hatten, dann aber, als

* US-amerikanische Reality-TV-Show, die von 2009 bis 2016 in 120 Folgen ausgestrahlt und in mehreren Ablegern bis 2017 weitergeführt wurde.

sie größer wurden, aus der Konkurrenz ausschieden oder bei dem Modezirkus niemals einen der vorderen Plätze belegen konnten, obwohl sie immer auf der Bühne hatten glänzen wollen. So wurde die Frustration der Mütter zum Schicksal der Kinder.

Der in meinen Augen jedoch traurigste Moment war, als ein kleiner Junge mit Selbstbräuner eingesprüht und mit Haargel frisiert wurde, während seine Mutter betrübt erklärte, wie schade es sei, dass sie »nur« einen Sohn habe, mit dem sie zu den Wettbewerben gehen könne, und wie viel schöner es gewesen wäre, mit einem kleinen Mädchen dort hinzugehen, das sie in süße Kleidchen stecken könnte.

Möglicherweise sind alle Eltern versucht, das Schicksal ihrer Kinder nach ihren Vorstellungen zu formen. Vielleicht tragen wir schon vor ihrer Geburt ein Bild davon im Kopf, wie sie sein sollten. Tatsächlich ist unser erstes Kind häufig ein Fantasiegeschöpf, dem wir das Wesen aus Fleisch und Blut, sobald es auf der Welt ist, nachzubilden versuchen. Hängen wir an dieser Projektion mehr als an dem realen Kind und kann sich seine Präsenz nicht gegen unsere Fantasie behaupten, verheißt das nichts Gutes für seine Zukunft. Denn in diesem Fall wird es sein Schicksal sein, unsere eigenen Bedürfnisse, Wünsche und Erwartungen zu erfüllen.

Schon die weltweit renommierte Psychoanalytikerin Alice Miller meinte, dass es bei der Kindererziehung oftmals nicht um die Kinder, sondern um die Erwachsenen gehe. Der gesamte Prozess orientiere sich an den Bedürfnissen desjenigen Elternteils, der davon überzeugt ist, zu wissen, was für die Kinder gut ist, und sie in diese Richtung lenkt. Natürlich kann das manchmal auch im Sinne des Kindes sein.

Um nicht ausschließlich die negative Seite resoluter elterlicher Vorstellungen zu beleuchten, möchte ich ein Beispiel aus meiner eigenen Familie anführen. Meine Großmutter väterlicherseits wollte gerne zur Schule gehen, doch ihre Eltern erlaubten es ihr nicht, da sie selbst ungebildet waren und nicht wollten, dass sie auf sie herabschaute. Ihre Lehrerin bat sie vergeblich, der aufgeweckten kleinen Rózsika zu erlauben, die Bürgerschule zu besuchen. Ihr Stiefvater erklärte einfach: »Ein Mädchen sollte nur so viel Verstand haben, dass es bei Regen unter dem Dachvorsprung steht.« Für meine Großmutter war die Enttäuschung so groß, dass sie auf der Stelle schwor, ihrem eigenen Kind, wenn sie jemals eines haben sollte, zu ermöglichen, einen Hochschulabschluss zu machen, und zwar im Ingenieurwesen. Sie gab ihren Plan nicht auf und machte es sich zur Lebensaufgabe, die Ausbildung meines Vaters zu fördern. Das war ihre große Mission. In diesem Fall kam wirklich alles zusammen, denn mein Vater hatte eine Begabung für alles Technische, sodass die Fakultät für Maschinenbau wie für ihn geschaffen war. Noch immer ist er von dem Wunsch beseelt, zu lernen und sich Wissen anzueignen. Auch mit 72 Jahren ist er ständig auf der Suche nach etwas Neuem, und die Fachbücher, die in seiner Wohnung verstreut liegen, geben einen Eindruck von den Themen, für die er sich im Moment begeistert: Bienenzucht, Segeln und Computerdesign. Die Idee des lebenslangen Lernens wurde ihm in die Wiege gelegt, und natürlich hat er sie an uns weitergegeben. Ich weiß all die Kurse schon nicht mehr zu zählen, die ich in meinem Leben besucht habe!

Wie frei oder unfrei wir in unseren Entscheidungen sind, ist also ein zentrales Thema in unserer Herkunftsfamilie: Ist es uns erlaubt, unseren eigenen Weg zu gehen, unser eigenes Leben zu leben, oder müssen wir den Vorstellungen unserer Eltern folgen?

Fragen:

- *Haben Sie das Gefühl, ausgesprochenen oder unausgesprochenen Erwartungen gerecht werden zu müssen?*
- *Wie wurden in Ihrer Familie Erwartungen formuliert?*
- *Erinnern Sie sich an typische Sätze im Hinblick auf Ihren künftigen Beruf (»Wenn du groß bist, wirst du bestimmt einmal Arzt, Anwalt, Polizist, Schauspieler / Ärztin, Anwältin, Polizistin, Schauspielerin …«)?*
- *Hatten Sie die Freiheit, selbst zu entscheiden, welchen Sport Sie treiben, welches Musikinstrument Sie erlernen oder welchem Verein Sie beitreten möchten?*
- *Konnten Sie frei wählen, welche weiterführende Schule Sie besuchen wollen?*
- *Inwiefern wurde die Entscheidungsfreiheit innerhalb der Familie gefördert?*

Das Ersatzkind

Die Drachen meiner eigenen Mythologie beschützen meine Welt.

Salvador Dalí, *Das geheime Leben des Salvador Dalí*

Der Tod eines Kindes ist ein äußerst schwieriges Thema. Tief in unserem Inneren haben wir alle eine Vorstellung von der Ordnung der Welt, und wir fühlen uns sicher, wenn die Ereignisse dieser Ordnung folgen. Nach dieser Vorstellung ist ein Kind die Verheißung der Zukunft, leben wir in unseren Nachkommen weiter. Die Eltern gehen voran und das Kind folgt ihnen nach – im Leben wie im Tod. Wird diese Ordnung gestört und verliert eine Familie ein Kind, ist das extrem schwer zu verkraften – nicht nur, weil ein unersetzlicher Faden der Liebe zerrissen, sondern auch ein Weltbild zerbrochen ist. Wie kann ein Kind sterben, dessen Aufgabe es doch ist, das Leben der Eltern in sich fortzuführen und an seine eigenen Kinder weiterzugeben? Und wie soll man selbst weiterleben, wenn man mit dem Verlust des Kindes auch seine fundamentalsten Überzeugungen verliert? Mit diesem Verlust gehen zugleich das Gefühl der Sicherheit verloren, der Glaube an eine berechenbare und vorhersehbare Welt und nicht zuletzt ein Teil des elterlichen Selbst. Neben dem Schmerz, den jede*r der Hinterbliebenen zu tragen hat, wirkt sich ein solch schweres Trauma auch auf die Bindung zwischen den Familienmitgliedern aus und beeinflusst die Beziehung zwischen den Geschwistern sowie den noch nachfolgenden Kindern und den Eltern. Entsprechende Forschungen konnten dabei drei typische Szenarien ausmachen.

1. In manchen Familien dominiert ein stilles Schuldbewusstsein. Der Verlust des Kindes wird hier zum Tabuthema. Die unverarbeiteten, verdrängten Gefühle liegen jedoch als schwere Last auf dem Familiensystem, und das Geschwisterkind wird in eine bittere Rolle gedrängt: Es wird zum lebendigen Andenken an den Verlust, das nicht nur außerstande ist, die Wunden zu heilen, sondern sie im Gegenteil offen hält. Es gibt keinen Ausweg aus dieser Situation. Der Anblick des Kindes ruft jedes Mal die Erinnerung an das verstorbene Kind wach, aber weil die Familie es nicht wagt, den Schmerz anzuerkennen, nimmt er die Form von Groll an.

Das überlebende Kind wird zur Zielscheibe dieses Grolls und damit zum Opfer eines Missbrauchs: Es wird kritisiert, infrage gestellt und lieblos behandelt. Das Kind kommt allmählich zu der Überzeugung, der Bösewicht und an allem schuld zu sein, und übernimmt somit das kollektive Schuldbewusstsein der Familie, was sich auch auf seine zukünftigen Beziehungen katastrophal auswirken wird.

Ein verzweifelter Mann, der gerade seine vierte Scheidung hinter sich hat, kommt zu mir mit der Bitte, gemeinsam mit ihm herauszufinden, warum all seine Beziehungen in die Brüche gehen. Es stellt sich heraus, dass sein sechsjähriger Bruder von einem Lastwagen überfahren wurde, als er drei Jahre alt war. Sie waren alle dabei, das Haus zu verlassen, und standen bereits am Straßenrand, als das Kleinkind zu weinen begann, weil es seinen Teddybär im Haus vergessen hatte. Die Mutter rannte zurück ins Haus, um ihn zu holen. Sein Bruder lief auf die Straße und wurde von einem Lkw erfasst. Er war auf der Stelle tot. Seine Mutter erlitt einen totalen Zusammenbruch und verstummte fast vollständig. Von da an sprach sie kaum noch mit ihm und wenn, dann nur, um ihn zurechtzuweisen oder ihm Vorwürfe zu machen. Im Alter von drei Jahren hatte dieser Mann also nicht nur seinen Bruder, sondern auch seine Mutter verloren. An die Stelle liebevoller Zuwendung war Ablehnung getreten. Was kann ein kleines Kind tun, um das zu ertragen? Vielleicht unternimmt es auf seine Weise einige Versuche, aber wenn es damit keinen Erfolg hat, zieht es sich zurück. Es spaltet sich von der Ursache des Schmerzes und seinen eigenen Gefühlen ab. Es meidet Nähe und unterdrückt seine Gefühle.

Und das ist es, was auch er tat. Anstatt zu fühlen, wurde er zum Kopfmenschen. Er studierte und arbeitete immer härter, wobei er dem Zwang unterlag, jeden Leerlauf zu vermeiden. Wenn er einer Frau näherkam, schwebte er eine Zeit lang auf Wolke sieben – aber nach ein paar Monaten war alles wieder öde und trist. Dann beschuldigte er jedes Mal die Frau, ihn hinters Licht geführt und im Glauben gelassen zu haben, er könne sich eine leidenschaftliche Liebesbeziehung erwarten. Nach seiner vierten Scheidung wurde er offen dafür, seine eigene Rolle dabei zu hinterfragen, für die Möglichkeit, dass nicht die Frauen die Schuld traf, sondern dass er selbst es war, der das Interesse an der Beziehung verloren hatte. Aus seiner Kindheitsgeschichte wird deutlich, wie tief die Verletzung ist, die er in sich trägt und die ihn daran hindert, sich wirklich zu binden. Anfänglich geht es eine Weile gut, aber sobald er den Gedanken an den möglichen Verlust seiner Partnerin als zu schmerzhaft empfindet, zieht er sich mit seinen Gefühlen abrupt aus der Beziehung heraus, was er für sich so interpretiert, als sei sie seiner überdrüssig geworden. Es ist eine nie versagende psychologische Strategie, die dazu dient, ihn vor Schmerz zu bewahren. Tatsächlich hat er sein Leben lang die Bindung vermieden, aus der ihm in der Kindheit so viel Leid erwachsen war. Das Schmerzlichste daran ist seine Einsicht, dass er es nicht einmal gewagt hat, eine enge Beziehung zu seinen eigenen Kindern aufzubauen: Sich zu sehr an sie zu binden wäre für ihn ebenfalls ein zu großes Risiko gewesen, und daher pflegte er zu ihnen lediglich einen freundschaftlichen Kontakt. Somit wirkt sich der Liebesentzug durch die Mutter bis auf ihre Enkelkinder aus.

Bei einer anderen Gelegenheit kam eine trauernde Mutter zu mir und erzählte mir ihre Geschichte:

> Ich war im siebten Monat schwanger, als meine zweijährige Tochter an Leukämie starb. Ich dachte, ich würde vor Kummer verrückt werden. Als ich entbunden hatte, konnte ich es nicht einmal über mich bringen, das Baby anzuschauen. Ich wollte nicht dieses Baby, sondern das kleine Mädchen, das allein auf dem Friedhof lag. Nur dieses Kind wollte ich wiederhaben und kein anderes.

Wenn wir ein Kind verlieren können und dies einen so unerträglichen Schmerz verursacht, dann ist es besser – so sagt die Logik der Seele –, nie mehr jemanden in unser Herz einzulassen. Auf diese Weise wird das Geschwisterkind von unserer Liebe ausgeschlossen und der Eltern-Kind-Bindung beraubt. Ihm wird das Schuldbewusstsein des Überlebenden eingepflanzt: »Wenn mein Bruder / meine Schwester gestorben ist, habe ich auch kein Recht zu leben.« Diese häufig im Unterbewusstsein fortwirkende Überzeugung kann sich dann später in selbstzerstörerischem Verhalten manifestieren.

2. In anderen Fällen verunsichert der Verlust eines Kindes die Eltern so sehr, dass sie das überlebende oder nachfolgende Geschwisterkind vor jeder noch so kleinen Gefahr bewahren wollen. In der Praxis bedeutet das, ihm ständig Beschränkun-

gen aufzuerlegen und sich permanent ängstlich um sein Wohl zu sorgen. »Pass auf, die Welt ist gefährlich: Jeden Moment kann etwas Schlimmes passieren!« ist die Botschaft, welche die Eltern auf Schritt und Tritt vermitteln. Ich habe das am eigenen Leib erfahren müssen. Als meine Mutter geboren wurde, hatte meine Großmutter mütterlicherseits bereits zwei Kinder im Kleinkindalter verloren. Sie wurde ihr einziges Kind, das meine Großmutter nie frei und unbeschwert zu lieben vermochte. Es gab immer etwas, vor dem sie beschützt werden musste. Als ich dann zur Welt kam, gab sie diese Angst an mich weiter. Ich durfte nicht barfuß gehen, weil sie befürchtete, ich könne mich erkälten, eine Nierenentzündung bekommen und sterben. In ihrer Wahrnehmung bedeutete ein kleiner Unfall im Haushalt oder eine Kinderkrankheit sogleich eine tödliche Gefahr. *»Pantoooffeln!«*, höre ich sie noch immer laut ausrufen. Und ich höre mich selbst mein eigenes Kind in der gleichen Art ermahnen. Auf diese Weise reichen wir das Erbe der Angst von Generation zu Generation weiter.

3. Beim dritten Szenario der unbewältigten Trauer muss ich immer an die Kindheitserfahrungen von Salvador Dalí und Vincent van Gogh denken. Abgesehen davon, dass beide weltberühmte Maler waren, so könnte man meinen, haben sie wenig miteinander gemein – doch ihre frühen Jahre offenbaren ein anderes Bild.

Dalí wurde nur neun Monate nach dem Tod seines Bruders geboren, der ebenfalls Salvador hieß und an einer Erkrankung des Verdauungssystems starb, bevor er zwei Jahre alt war. Dalís Eltern waren davon überzeugt, dass ihr zweitgeborener Sohn die Reinkarnation ihres verstorbenen Kindes und auf die Welt gekommen sei, um dieses zu ersetzen. Als Dalí fünf Jahre alt war, führten sie ihn zum Grab seines toten Bruders, auf dessen Grabstein sein eigener Name stand. Von da an sah sich Dalí als Fortsetzer des Lebens seines toten Bruders. Es ist wohl nicht zu weit hergeholt zu vermuten, dass Dalís frühe Suche nach einer eigenen Identität und seine extravagante Lebensweise mit seiner Kindheitsgeschichte im Zusammenhang stehen. In seiner Autobiografie *Das geheime Leben des Salvador Dalí* schreibt er:

> Von Kindheit an habe ich immer alles »anders« gemacht als andere, aber fast ohne mir dessen bewusst zu sein. Aber nachdem ich einmal das Besondere und Außergewöhnliche an meiner Art und Weise, mich zu verhalten, erkannt hatte, tat ich es »absichtlich«. Es brauchte nur jemand »schwarz« zu sagen, damit ich mit »weiß« konterte, oder sich höflich zu verbeugen, um mich ausspeien zu lassen. Mein ständiges brennendes Verlangen danach, mich als »anders« zu empfinden, trieb mir Zornestränen in die Augen, wenn ich auch nur zufällig in dieselbe Kategorie wie andere geriet. Vor allem und um jeden Preis ging es mir darum, ich selbst zu sein: »Nur ich selbst! Nur ich selbst! Nur ich selbst!«[10]

Erschütternde Sätze von einem Menschen, der schon früh gelernt hat, niemals er selbst zu sein.

Auch Vincent van Gogh trug den Namen seines Bruders, der ein Jahr vor der Geburt des Malers tot zur Welt gekommen war. Noch skurriler wird dieser Umstand dadurch, dass seine Geburt im Kirchenbuch unter der Nummer seines verstorbenen Bruders, Nummer 29, eingetragen wurde. Und auch der kleine Vincent wurde häufig mit zum Friedhof genommen, um das Grab seines Bruders aufzusuchen. Es ist bedrückend, sich auszumalen, was diese Besuche für seine sich entwickelnde Persönlichkeit bedeutet haben müssen. Doch die Vermischungen hatten damit noch kein Ende. Als der geliebte Bruder des Künstlers, Theo, einen Sohn bekam, beschloss er, ihn Vincent Willem van Gogh zu nennen. Auch wenn dies als Geste der Wertschätzung ihm gegenüber gemeint war, kann es für van Gogh so ausgesehen haben, als sei damit das Kind an seine Stelle getreten, so wie er selbst an die Stelle seines tot geborenen älteren Bruders getreten war. Einige Theorien besagen, dass dies der letzte Anstoß für den bereits angeschlagenen Künstler gewesen sein könnte, der sechs Monate nach der Geburt seines Neffen Selbstmord beging.

Ein Kind, das mit der Aufgabe geboren wird, die große Lücke zu füllen, die ein verstorbenes Geschwisterkind hinterlassen hat, wird in der Psychologie als *Ersatzkind* bezeichnet.

Die erste Studie über die Problematik von Ersatzkindern wurde 1964 von Albert und Barbara Cain veröffentlicht. Ihre Forschungen und Fallstudien zeigen, dass es zu einer stark gestörten Persönlichkeitsentwicklung des nachgeborenen Kindes kommen kann, wenn der Trauerprozess der Eltern blockiert wird, wenn sie den Verlust verleugnen oder versuchen, ihn so schnell wie möglich zu überwinden. Dabei kommt es vor, dass sie unbewusst – oder, wie wir an den beiden obigen Beispielen gesehen haben, auch ganz bewusst – an das nachfolgende Kind die Erwartung richten, dass es den Tod des Geschwisterkindes irgendwie ungeschehen und vergessen macht, dessen Identität annimmt und den abgerissenen Faden seines Lebens fortführt. Wird ein Kind als Ersatz für ein verstorbenes Geschwisterkind geboren, kann das erheblichen Einfluss auf sein weiteres Schicksal haben, denn angesichts solcher Erwartungen ist es fast unmöglich, eine eigene Identität zu entwickeln. Darf ein Kind nicht es selbst sein, weil es der heimliche oder ausdrückliche Wunsch der Eltern ist, dass es die Rolle des verstorbenen Geschwisters übernimmt, entwickelt es eine Pseudo- oder Ersatzidentität. Innere Unsicherheit, Ziellosigkeit und Beeinflussbarkeit sind vielfach die Folge. Ebenso häufig stellt sich bei Ersatzkindern ein Grundgefühl von Unzulänglichkeit ein, da in Bezug auf das verstorbene Kind ein Prozess der Idealisierung einsetzt: Im Tod wird es zu einem vollkommenen Wesen verklärt. Das idealisierte Bild des verlorenen Kindes kann in den Köpfen der Eltern so übermächtig werden, dass das nachfolgende Kind damit unmöglich konkurrieren kann. Man stelle sich vor, wie es ist, permanent hinter dem »engelhaften« Geschwisterkind zurückzubleiben. Die ständigen Versagenserlebnisse untergraben das Selbstwertgefühl des Kindes, und es entwickelt eine antriebslose, passiv-resignative Grundhaltung. Das Gefühl, niemals gut genug sein zu können, verfestigt sich in seiner Persönlichkeitsstruktur und macht es ihm geradezu unmöglich, sich zu einem selbstbestimmten Erwachsenen zu entwickeln.

Wer kennt nicht die Geschichte von Peter Pan, dem Jungen, der sich weigert, erwachsen zu werden? Weniger bekannt ist vielleicht, dass die Geschichte für ihren Autor, James Matthew Barrie, ein Weg war, ein Trauma zu verarbeiten. Barrie war erst sechs Jahre alt, als sein Bruder einen Tag vor dessen vierzehntem Geburtstag bei einem Schlittschuhunfall ums Leben kam. Seine Mutter brach vom Schmerz überwältigt zusammen. Jede Nacht saß der kleine James am Bett seiner trauernden Mutter und versuchte, ihr irgendwie aus ihrer Depression herauszuhelfen. Auf ihren Wunsch hin begann er, die Kleidung seines Bruders zu tragen, und lernte ihr zuliebe sogar zu pfeifen, wie es sein Bruder getan hatte. Als er vierzehn Jahre alt wurde, hörte er auf mysteriöse Weise auf zu wachsen. So wurde er zu dem Jungen, der nicht erwachsen werden wollte (oder konnte). Interessant ist dabei, dass Peter Pans Fantasieland in der ungarischen Übersetzung *Nekeresdország* (»Suchnichtland«) heißt, während es im englischen Original den Namen *Neverland* (»Nimmerland«) trägt. Wie Kathleen Kelley-Lainé, eine Psychoanalytikerin ungarischer Abstammung, anmerkt, kommt im ursprünglichen Begriff

»Neverland« weit anschaulicher die Idee einer wandellosen Welt zum Ausdruck, in der die Zeit erstarrt ist, in der nichts vergeht und nichts vorangeht, sondern alles sich immer nur wiederholt.[11]

Wird ein Kind in eine Familie hineingeboren, die bereits ein Kind verloren hat (oder in der sich die Tragödie zu seinen Lebzeiten ereignet), wird dies immer einen tiefen Abdruck in seiner Seele hinterlassen. Es erhält dadurch den Status des Überlebenden, wovon sich die psychischen Folgen durch sein ganzes Leben ziehen können.

Je tiefer die Eltern in der Trauer gefangen sind, umso schwieriger ist es für sie, das tote Kind loszulassen, und umso mehr erfährt dadurch die Beziehung zu den übrigen Kindern eine Verzerrung. Der Verlust eines Kindes verändert zudem die innere Struktur einer Familie, da es nun neben den lebenden Mitgliedern auch ein fehlendes Mitglied gibt.

Wenn ein Kind stirbt, kann das Verlangen nach Erlösung vom Schmerz so massiv sein, dass es alles andere überschattet. Da kann es naheliegend sein, zu glauben, dass die Geburt eines weiteren Kindes den Schmerz heilen werde – ein Glaube, der durch den natürlichen Drang des Menschen, das Tragische im Leben zu bewältigen, zu überwinden, zu besiegen, begünstigt wird. Auch die Menschen in unserem Umfeld versuchen oft, uns in diesem Sinne zu beeinflussen. Nur wenige Monate nach dem Tod ihrer Tochter erhielt eine meiner Klientinnen von ihrem Arzt – der sicherlich die besten Absichten hatte, aber offenbar wenig über die menschliche Psyche wusste – den Rat, sich nicht von dem Verlust beherrschen zu lassen, sondern so bald wie möglich ein weiteres Kind zu bekommen. Der Trauerprozess erfordert jedoch seine Zeit. Gewähren wir ihm diese Zeit nicht, wird uns das früher oder später teuer zu stehen kommen.

Das Schicksal eines Ersatzkindes kann manchmal tragisch verlaufen, so als ob die Seele einer eigenen Logik folgen und die Ereignisse wiederholen würde. Als ein Beispiel dafür möchte ich an dieser Stelle eine sehr traurige Geschichte erzählen.

Eine schwarz gekleidete Frau kommt in meine Praxis. Sie wirkt völlig gebrochen und zu Tode betrübt. Sie erzählt mir, dass sie knapp einen Monat zuvor ihren achtzehnjährigen Sohn bei einem Autounfall verloren hat. Zu seinem achtzehnten Geburtstag hatte er sich einen Führerschein gewünscht, und seine Eltern hatten zugestimmt, wenn auch widerwillig, da sie sich immer Sorgen um ihn machten. Der Sohn nahm Fahrstunden und konnte es kaum erwarten, seine Freunde zu seiner Geburtstagsparty im Wagen abzuholen. Die Fahrprüfung bestand er problemlos. Er war überglücklich und voller Stolz, genau wie seine Eltern. Es war ein schöner Tag, auch wenn es sich gegen Abend etwas eintrübte. Es schien aber, als würden sich die Wolken verziehen, sodass es trocken bleiben würde. Zum Abschied hupend, machte sich der Sohn auf den Weg, während ihm die Eltern vom Tor aus hinterherwinkten. Seine Mutter lief ihm noch nach und rief ihm zu, er solle aufpassen und vorsichtig fahren. Doch innerhalb von zwanzig Minuten hatte sich der Himmel zugezogen und es begann zu regnen. Kurz darauf hörten die Eltern die Sirene eines Krankenwagens. Von einer inneren Stimme gewarnt, stiegen sie sofort in ihr Auto und fuhren so schnell wie möglich die Strecke ab, die ihr Sohn genommen hatte. Schon von Weitem konnten sie den Wagen sehen, der von der nassen Fahrbahn abgekommen und gegen einen Baum geprallt war. Die Sanitäter versuchten, den jungen Mann wiederzubeleben, aber nach einer halben Stunde gaben sie auf. So erschütternd diese Geschichte auch sein mag, ist sie doch nur ein Teil der ganzen Tragödie. Neunzehn Jahre zuvor, so fuhr die Mutter fort, hatte sie bereits ein anderes Kind zur

Welt gebracht, ebenfalls einen Jungen. Dieses Baby war mit drei Monaten unerwartet gestorben. Sie dachte, der Schmerz würde sie in den Wahnsinn treiben und sie könne den Verlust nicht überleben. Ihre Familie versuchte, sie zu trösten, und riet ihr, nicht zu verzweifeln, sondern lieber gleich ein weiteres Kind zu bekommen – was dann auch geschah: Sie wurde noch im selben Monat schwanger. Alle sahen in dem Kind, das sie nun erwartete, den wiedergeborenen Bruder, einen Ersatz für das Unersetzliche. »Ich wollte nicht um den einen trauern, und nun muss ich um beide trauern«, sagt sie voller Schuldgefühle, und ich weiß, dass es noch ein langer Weg für sie sein wird, bis ihr Schmerz nachlässt.

Natürlich wird nicht jedes Kind, das nach einem toten Geschwisterkind geboren wird, zu einem Ersatzkind. Wenn die Eltern sich dem Schmerz stellen, angemessen um das verlorene Kind trauern und es schließlich loslassen können, dann wird der Schmerz des nicht bewältigten Verlusts ihre Beziehung zu den lebenden Geschwistern nicht belasten.

Umgekehrt konnten neuere Untersuchungen zeigen, dass nicht unbedingt der Tod eines Geschwisterkindes vorausgehen muss, um zu einem Ersatzkind zu werden. Diese Rolle fällt einem Kind immer dann zu, wenn es bestimmte Erwartungen oder Wünsche zu erfüllen hat, die einem Fantasiebild der Eltern von ihrem Kind entspringen.

Betrachten wir zum Beispiel die Situation eines Adoptivkindes. Meist kommt es in eine Familie, weil das langersehnte biologische Baby ausgeblieben ist. Zu diesem Zeitpunkt sind die Eltern bereits mit jahrelangen Enttäuschungen und Frustrationen über gescheiterte Versuche belastet, aber sie haben auch viele Bilder davon im Kopf, wie ihr Wunschkind hätte sein sollen. In der Regel werden adoptierte Kinder in dieser reich bebilderten Fantasiewelt ihrer Adoptiveltern empfangen, und es wird – wenn auch unbewusst – von ihnen erwartet, dass sie dieser Vorstellung entsprechen. Dieser nonverbale Erwartungsdruck, der von den verborgenen Sensoren der Seele sehr wohl registriert wird, erschwert die Entwicklung des echten Selbst. Wird ein Kind, anstatt so sein zu dürfen, wie es ist, mit der Aufforderung konfrontiert, dem Bild zu entsprechen, das man sich von ihm macht, bleiben ihm zwei Möglichkeiten: Entweder gibt es seine Identität auf und versucht, sich dem gewünschten Bild anzupassen, oder es verbraucht seine Energie in der Auflehnung gegen das, was von ihm erwartet wird. Keine dieser Möglichkeiten ist jedoch der Entwicklung des wahren Selbst förderlich.

Natürlich gibt es auch positive Beispiele. Gelingt es den Adoptiveltern, einzusehen und anzuerkennen, dass ihr Adoptivkind immer zwei Geburtstage haben wird – einen, an dem es geboren wurde, und einen, an dem es in die neue Familie kam –, kann sich daraus ein sehr harmonisches Verhältnis entwickeln.

Betrachten wir uns den anderen Fall, bei dem es ein chronisch krankes Kind in der Familie gibt. Vermutlich wird man bei dieser Vorstellung vorrangig die schwierige Situation des kranken Kindes im Auge haben. Lange Zeit war dies auch innerhalb der Forschung der Fall. Erst in jüngerer Zeit hat man begonnen, sich ebenfalls mit der Situation der *gesunden* Geschwister und der Frage zu befassen, wie sich die Erkrankung auf *sie* auswirkt. Die Ergebnisse zeigen, dass die Krankheit die Familiendynamik in einem solchen Ausmaß verändert, dass dadurch auch die gesunden Geschwister stark in Mitleidenschaft gezogen werden können. Psychische Störungen wie Depressionen, Angstzustände oder Zwangsstörungen treten bei Kindern, die mit einem chronisch kranken Geschwisterkind aufwachsen, doppelt so häufig auf. Diese Vorbelastungen können sie ihr Leben lang begleiten, genauso wie die Schuldgefühle, die für viele gesunde Geschwister eines kranken Kindes zu einer grundlegenden Lebenserfahrung werden. »Warum bin ich gesund, wenn mein

Bruder / meine Schwester krank ist?«: Dies ist der selbstzweiflerische Gedanke, der sie ständig quält.

So erinnere ich mich noch lebhaft an eine freundliche Dame um die fünfzig, deren ganzes Leben von einem unüberwindlichen Schuldgefühl beherrscht wurde. Ihr jüngerer Bruder wurde mit einer schweren Erbkrankheit geboren und hatte laut Auskunft der Ärzte höchstens zwei bis drei Jahre zu leben. Die Familie tat sich zusammen und pflegte ihn zu Hause. Das damals fünfjährige Mädchen versuchte verzweifelt, seinen Eltern zu helfen, und fühlte sich ständig schuldig, weil es das Glück hatte, rennen und spielen zu können, während sein Bruder hilflos dalag. Unablässig kasteite sie sich selbst, was ihr schließlich zur zweiten Natur und zum Teil ihres Selbstbildes wurde. Hätte sie in einem Satz formulieren sollen, was für eine Art von Mensch sie war, hätte sie geantwortet: Ich bin schuldig. Noch im Erwachsenenalter wurde dieses quälende Gefühl zu einer Mauer, die sie daran hinderte, enge Bindungen einzugehen.

Hat eines der Kinder einen erhöhten Pflegebedarf, entwickeln die Eltern – meist unbewusst – eine von zwei charakteristischen Haltungen. Im ersten Fall werden ihre gesamte Aufmerksamkeit und Energie, ihre körperlichen und mentalen Ressourcen von der Pflege und Behandlung des kranken Kindes in Anspruch genommen, sodass die Bedürfnisse des gesunden Kindes hintangestellt werden. »Jetzt warte bitte, du weißt doch, dass ich mich um deine kranke Schwester kümmern muss!« »Du bist doch klug genug, um zu wissen, dass sie jetzt mehr Aufmerksamkeit braucht!« »Bitte sei lieb und geh spielen, anstatt mir jetzt auch noch auf die Nerven zu gehen!« Und um seinen Eltern nicht zur Last zu fallen, wird das gesunde Geschwisterkind zu einem wandelnden Schatten, der sich überflüssig fühlt. Im Film *Wunder* (*Wonder*) aus dem Jahr 2017 wird eine solche Familie porträtiert. Es handelt sich um eine Hollywoodproduktion, und die Charaktere sind nicht allzu scharf gezeichnet. Dennoch sind einige Szenen wirklich anrührend – so zum Beispiel, wenn das gesunde kleine Mädchen sagt:

> Ich habe meine Mutter nie gebeten, mir bei den Hausaufgaben zu helfen, ich habe nie erwartet, dass mein Vater mir bei der Vorbereitung auf einen Test hilft. Ich habe meine Hausaufgaben immer in Wartezimmern und Krankenhausfluren gemacht. Mom und Dad sagten immer, ich sei die verständigste Tochter der Welt. Ich weiß nicht, ob das stimmt. Ich hatte einfach nur das Gefühl, dass meine Familie nicht noch mehr ertragen kann.

Aber auch der umgekehrte Fall, bei dem das gesunde Kind als »einzige Hoffnung« der Eltern im Mittelpunkt der Aufmerksamkeit steht, ist nicht gerade zum Besten des Kindes, auf dem nun alle möglichen Erwartungen lasten und dem die Aufgabe zukommt, die Ängste und Frustrationen seiner Eltern aufzufangen.

Allerdings müssen diese Szenarien nicht zwangsläufig eintreten. Wie eine Familie mit der Pflege eines chronisch kranken Kindes zurechtkommt und welche Auswirkungen dies auf ein gesundes Geschwisterkind hat, hängt von einer Vielzahl von Faktoren ab. Stehen innerhalb der Familie entsprechende innere wie äußere Ressourcen zur Verfügung, kann das die negativen Auswirkungen der Situation deutlich verringern.

Fragen:

- *Hatten Sie jemals das Gefühl, dass sich einzelne Mitglieder der Familie Ihnen gegenüber auf seltsame oder für Sie unverständliche Weise verhalten haben?*
- *Gab es einen Bruder oder eine Schwester, der oder die vor Ihrer Geburt gestorben ist?*
- *Gab es einen Bruder oder eine Schwester, der oder die gestorben ist, als Sie schon auf der Welt waren?*
- *Inwieweit war es möglich, offen über einen Todesfall in der Familie zu sprechen, oder war das Thema tabu?*
- *Konnten Sie Fragen zu den Ereignissen stellen und erhielten Sie zufriedenstellende Antworten?*
- *Wie gut hat Ihre Familie Ihrer Meinung nach den Verlust eines Kindes verarbeiten können? (Berücksichtigen Sie dabei auch Todesfälle, die in vorangegangenen Generationen aufgetreten sind, und wie damals damit umgegangen wurde.)*
- *Wurden Sie jemals mit Ihrem kranken beziehungsweise verstorbenen Geschwisterkind oder mit einem in früheren Generationen verstorbenen Kind der Familie verglichen?*
- *Hatten Sie als Kind einen dauerhaft kranken Bruder oder eine dauerhaft kranke Schwester?*
- *Welche ausdrücklichen oder stillschweigenden Erwartungen hatten Sie in diesem Zusammenhang zu erfüllen?*
- *Hieß es, dass Sie die Hoffnung der Familie seien?*
- *Hatten Sie jemals das Gefühl, überbehütet zu sein?*
- *Haben Sie als Kind unter unerklärlichen Schuldgefühlen gelitten?*
- *War ein Mitglied Ihrer Familie dauerhaft krank? Wie hat sich das Ihrer Meinung nach auf das Familiensystem und den familiären Zusammenhalt ausgewirkt?*

Die Geburtenfolge

Man muss seinen Mitmenschen Zeit widmen; denn wir leben nicht in einer Welt, die uns allein gehört.

Albert Schweitzer

Oft scheint es schwer begreiflich, wie unterschiedlich die Lebenswege sein können, die von zwei Geschwistern eingeschlagen werden. Während der eine sein Leben nicht in den Griff bekommt, von einem Misserfolg zum nächsten stolpert oder sich nicht aus den Fängen der Sucht befreien kann, führt der andere ein ausgeglichenes und sorgenfreies Leben im Kreise seiner Familie und kommt beruflich gut voran. Aber wie ist das möglich, wenn beide in derselben Familie aufgewachsen sind? Die Antwort darauf lautet, dass kein Kind in derselben Familie wie ein anderes aufwächst – zumindest nicht im psychologischen Sinne. So viele Kinder es in einer Familie gibt, so viele verschiedene emotionale Situationen gibt es, in die sie hineingeboren werden, ganz zu schweigen von den angeborenen Unterschieden des Naturells, die jedes von ihnen mitbringt. So macht jedes Kind in ein und derselben Familie ganz andere Erfahrungen und führt sein eigenes, individuell geprägtes Leben.

Schon Alfred Adler, Freuds ersten, bald darauf abtrünnigen Schüler, beschäftigte die Frage, wie sich die Geburtenfolge auf den Lebensweg auswirkt, da er überzeugt davon war, dass die entsprechende Position in der Familie maßgeblichen Einfluss auf den Charakter eines Menschen hat. Auf welche Weise die Geschwisterkonstellation unser Schicksal beeinflusst, ist eine Frage, die in der Fachwelt von jeher viel diskutiert wird, und seither wurde diese These von verschiedenen Forschungsgruppen immer wieder aufgegriffen, wobei sie abwechselnd Zustimmung und Ablehnung fand. Außer Frage steht aber, dass die Beziehungen, die wir zu unseren Geschwistern haben, zu den längsten in unserem Leben zählen und ihr Einfluss – ob im Guten oder im Schlechten – nicht zu verkennen ist, wenn wir uns fragen, wie wir zu dem wurden, was wir sind.

In seinem Buch *Geschwisterkonstellationen*[12] weist der amerikanische Psychologe Kevin Leman auf weitere Faktoren hin, die neben der Geburtenfolge eine wesentliche Rolle innerhalb dieser Thematik spielen. Diese sind:

Altersunterschied. Bei einem Altersunterschied von mehr als sechs Jahren kann von einer geschwisterlichen Beziehung im herkömmlichen Sinne eigentlich nicht mehr die Rede sein. Hier befindet sich jedes der Kinder eher in der Situation eines Einzelkindes, da das ältere Kind, sobald das jüngere für eine echte geschwisterliche Interaktion reif genug wäre, längst den Kontakt mit Gleichaltrigen pflegt oder das Elternhaus sogar bereits verlassen hat.

Üblicherweise gilt ein Altersunterschied von zwei bis drei Jahren als ideal, weil sich das ältere Geschwisterkind dann zunehmend für die Außenwelt interessiert und im Falle einer stabilen emotionalen Beziehung nicht mehr die ständige körperliche Nähe der Mutter benötigt. Die Geburt eines weiteren Kindes kann natürlich dazu führen, dass das ältere Geschwisterkind vorübergehend wieder anhänglicher wird und sich nach mehr Aufmerksamkeit, Streicheleinheiten und Zuwendung sehnt.

Geschlecht. Während in den USA und in Westeuropa immer

mehr Wert auf eine geschlechtsneutrale Behandlung gelegt wird, beobachte ich in meinem Heimatland Ungarn, dass Eltern sowohl in ihrer inneren Haltung als auch in ihrer Kommunikation die Geschlechterrollen nach wie vor stark betonen. Kürzlich wurde ich beim Einkaufen Zeugin, wie sich eine Mutter an ihren weinenden zweijährigen Sohn mit den Worten wandte: »Jungs weinen nicht, und Trotzanfälle sind etwas für Mädchen.« Ich hätte sie gerne gefragt, wie oft sie sich schon über die unterdrückten Gefühle ihres Mannes aufgeregt oder darüber empört hat, wenn ein Mann ihre Traurigkeit oder ihren Schmerz als Hysterie abgetan hat. Und selbst wenn ihr das nur ein einziges Mal begegnet ist, lohnt es sich, darüber nachzudenken, ob es sinnvoll ist, diese törichte Sozialisierungspraxis fortzuführen.

Tatsache ist jedoch, dass Eltern ihre Söhne immer noch anders als ihre Töchter behandeln. Während bei Jungen der Ausdruck von Schmerz, Angst und Trauer der Konvention nach als Zeichen von Schwäche gilt, sind bei Mädchen Wutausbrüche und ein betont selbstbewusstes Auftreten verpönt.

Die eigene Position der Eltern in der Geburtenfolge. Was sind Eltern anderes als einstige Kinder, die ihre frühesten Erfahrungen in ihr elterliches Rollenverständnis übernehmen? Die Erstgeborenen, die meist konservativer und regeltreuer erzogen wurden, geben häufig auch strengere Eltern ab, können umgekehrt aber auch den negativen Erfahrungen, die sie selbst mit einem hohen Leistungsanspruch gemacht haben, dadurch etwas entgegensetzen, dass sie mit ihrem eigenen Erstgeborenen nachsichtiger und freizügiger umgehen. Eine weitere interessante Beobachtung ist, dass Eltern in der Regel am ehesten mit demjenigen Kind eine gemeinsame Basis finden, das in der Geburtenfolge dieselbe Position einnimmt wie sie selbst.

Patchwork-, Misch- oder Stieffamilien. Es ist wohl kein Zufall, dass wir über so viele verschiedene Bezeichnungen für ein drittes Familiensystem verfügen, das sich nach einer Trennung oder dem Tod eines Elternteils aus zwei anderen Familien bildet – und ein Anzeichen dafür, dass es sich hierbei um eine in emotionaler Hinsicht besonders komplexe Situation handelt, die oft schwer zu durchschauen und noch schwerer zu handhaben ist. Allerdings vermag ein Kind in diesem Fall innerhalb der von seiner Mutter oder seinem Vater neu gegründeten Familie auch eine neue Position einzunehmen, worin natürlich sogar ein besonderer Anreiz liegen kann. Als einmal unter den Stief- beziehungsweise Halbgeschwistern ein Streit ausbrach, soll der ungarische Schriftsteller Frigyes Karinthy zu seiner zweiten Frau (der Psychiaterin Aranka Böhm) gesagt haben: »Aranka, bitte: Dein Kind und mein Kind schlagen unser Kind!«

Ungleiche Behandlung der Kinder. »Wir lieben jedes unserer Kinder auf die gleiche Weise«, betonen Eltern gerne. Fragt man jedoch die Kinder selbst, wissen die Geschwister untereinander meist genau zu sagen, welches Kind von welchem Eltern- oder Großelternteil vorgezogen wird und einen Sonderstatus genießt. Ungeachtet der gesellschaftlichen Konvention – die auch durchaus dem Wunsch der Mutter oder des Vaters entsprechen kann –, dass alle Kinder eine Gleichbehandlung erfahren sollten, fällt die emotionale Qualität der jeweiligen Beziehungen unfreiwillig meist ganz unterschiedlich aus (und das mit manchmal lebenslangen negativen Folgen für das Kind). Fast alle meine Klient*innen, die mit Geschwistern aufgewachsen sind, berichten, dass es unter ihnen eine ungleiche Behandlung durch ihre Eltern gab. »Mein Bruder musste sonntags nie früh aufstehen. Wenn ich es gewagt hätte, nach sieben Uhr morgens im Bett liegen zu bleiben, hätte es ein Donnerwetter gegeben!« »Mit den Worten ›Jemand sollte mal staubsaugen‹ zeigte meine Mutter immer auf mich. Immer war ich dieser ›Jemand‹, während meine

Schwester ein Niemand war. Ich wäre auch gerne mal ein Niemand gewesen – wenigstens einmal!«

Nun könnte man meinen, dass das bevorzugte Kind einen besseren Stand im Leben habe, aber erfahrungsgemäß ist das keineswegs der Fall. Die ungleiche Behandlung seitens der Eltern kann tiefgreifende Auswirkungen auf die Persönlichkeitsentwicklung eines jeden Kindes haben. Peter, Ende dreißig, denkt noch immer voller Reue daran, dass er seinen jüngeren Bruder nicht vor den Misshandlungen des Vaters beschützt hat. Während der Vater gegen Peter nie die Hand erhob, schlug und beschimpfte er Peters zwei Jahre jüngeren Bruder regelmäßig. Gegenüber Autoritätspersonen hegt Peter auch heute noch zwiespältige Gefühle: Einerseits fürchtet er sie, andererseits versucht er, es ihnen recht zu machen. Zu seinem jüngeren Bruder hat er jeden Kontakt verloren: Sie haben seit Jahren nicht mehr miteinander gesprochen.

Unterschiedliche Behandlung in der Kindheit hat eine schicksalprägende Kraft, denn alles, was wir in unseren ersten Lebensjahren erleben, die Art und Weise, wie wir behandelt werden und wie man auf uns reagiert, wird zu einem Teil unserer Persönlichkeit.

Das erstgeborene Kind bringt sozusagen die Einweihung in die Elternschaft mit sich. Mit ihm erleben die Eltern alles zum ersten Mal: die Aufregungen der Schwangerschaft, den ersten Windelwechsel, das Zahnen … Die Liste ist endlos. Eine Zeit lang genießt das Kind die privilegierte Position aller Erstgeborenen: Alle Aufmerksamkeit gilt ihm, oft ist es auch überbehütet. Häufig wachsen sie zu Persönlichkeiten mit einer konservativen und gelassenen Grundhaltung heran und entwickeln sich eher zu klassischen Führernaturen als zu progressiven Innovator*innen. Oft sind sie sehr traditionsbewusst und bewahren die Werte ihrer Eltern. Über Jahrhunderte blieb diese Vorrangstellung unangefochten: Der erstgeborene

Sohn war der Anwärter auf das Familienerbe und hatte auch in der Bildung den Vorzug. Auch dafür gibt es ein Beispiel in meiner eigenen Familie: Vergeblich setzte sich der Lehrer meines Großvaters väterlicherseits dafür ein, ihn anstelle seines weniger begabten und ambitionierten älteren Bruders auf die Universität zu schicken. Mein Urgroßvater hielt hartnäckig an der Bevorzugung des Erstgeborenen fest. So will es die Tradition: Der Ältere geht studieren, und der Jüngere geht arbeiten. Internationale Studien zeigen, dass erstgeborene Kinder immer noch höher qualifiziert sind, häufiger Führungspositionen besetzen und höhere Einkommen erzielen als ihre jüngeren Geschwister.

Schon Francis Galton, der britische Universalgelehrte des neunzehnten Jahrhunderts, stellte fest, dass unter den großen Wissenschaftlern und Nobelpreisträgern seiner Zeit sowie den Präsidenten der Vereinigten Staaten mehrheitlich Erstgeborene zu finden sind.

Der Evolutionspsychologie zufolge beherbergen wir in unserem neuzeitlichen Schädel ein steinzeitliches Gehirn, und all die Eigenschaften und Verhaltensweisen, die uns Menschen heute auszeichnen, haben ihr gemäß die Zeiten nur deshalb überdauert, weil sie einst einen Selektionsvorteil darstellten. Auch die besonderen Privilegien, die Erstgeborene innerhalb der Familie genießen, sind demnach nicht zufällig zustande gekommen. Sieht man als das primäre Ziel menschlichen Verhaltens die Erhaltung der Art, wird diese Deutung durchaus plausibel. Nach dieser Theorie besitzen die Eltern einen natürlichen Instinkt, der ihnen dabei hilft, zu entscheiden, an welcher Stelle sie wie viel ihrer elterlichen Energie einzusetzen haben, um sicherzustellen, dass ihre Gene mit größtmöglicher Wahrscheinlichkeit an zukünftige Generationen weitergegeben werden. Dieser Theorie zufolge ist das ältere Geschwisterkind in der Regel weniger gefährdet als das jüngere, denn wenn dieses als hilfloser Säugling zur

Welt kommt, hat das ältere Kind bereits eine gewisse Überlebensfähigkeit bewiesen, sodass es »lohnender« ist, in sein Überleben zu investieren und ihm den größeren Teil der familiären Ressourcen zukommen zu lassen – mit anderen Worten: ihm eine Vorrangstellung einzuräumen.

Interessant ist dabei auch die Beobachtung, dass die Position des Erstgeborenen mit einer abweichenden neurobiologischen Funktion verbunden zu sein scheint. Untersuchungen an Affen haben gezeigt, dass die Stressreaktion von Erstgeborenen, wenn sie in eine fremde Umgebung gebracht werden, stärker ausfällt als bei ihren jüngeren Geschwistern – als ob sie von Natur aus mit einer größeren Vorsicht ausgestattet seien, um keine unnötigen Risiken einzugehen. Denn wer weiß schon, ob es weitere Nachkommen geben wird!

So wie jede Medaille eine Kehrseite hat, gibt es auch an der Situation des Erstgeborenen Licht- und Schattenseiten. Da ist einerseits, wie gesagt, das Höchstmaß an Zeit, Präsenz und Ressourcen, das die Eltern für sie aufwenden. Demgegenüber stehen ihre Unerfahrenheit, ihre Ängste und der Erwartungsdruck, der auf dem ältesten Kind lastet.

Es gibt einen alten Witz, der besagt: Wenn beim ersten Kind der Schnuller zu Boden fällt, sterilisierst du ihn, beim zweiten Kind hältst du ihn unter Wasser, beim dritten pustest du ihn ab und beim vierten bist du froh, wenn der Hund ihn zurückbringt und dem Kind in den Mund steckt.

Mein jüngerer Bruder und seine Frau haben drei Kinder, sodass ich Gelegenheit hatte, diese Veränderung hautnah mitzuerleben. Beim Erstgeborenen haben sie vor und nach dem Stillen das Baby jedes Mal gewogen und die Ergebnisse notiert, um zu sehen, ob es genug getrunken hat. Das Baby mochte noch so proper sein, dennoch waren seine Eltern so unsicher, dass sie der Waage mehr vertrauten als ihren eigenen Augen. Als schließlich ihr drittes Kind geboren wurde, hatten sie für diese Bedenklichkeiten keine Zeit mehr.

Werden keine Geschwister geboren, bleiben Erstgeborene Einzelkinder. Schon das Wort klingt mehr oder weniger abwertend, und tatsächlich gelten Einzelkinder von jeher als egoistisch und unangepasst, als verwöhnte Sonderlinge, die sich nicht in eine Gruppe einfügen können. Dieses Image haftet ihnen so hartnäckig an, dass es bis vor einiger Zeit Unternehmen gab, die bei eingehenden Bewerbungen den Einzelkindstatus als Ausschlusskriterium betrachteten. (So kann die Geburtenfolge, die über unsere Stellung innerhalb der Familie entschied, noch im späteren Erwachsenenleben über unsere soziale Stellung bestimmen.)

Häufig stehen Einzelkinder unter dem Druck, die – zudem oft widersprüchlichen – Lebensträume ihrer Eltern zu erfüllen. So erinnere ich mich an eine Bekannte, deren Mutter das eine Mal den Wunsch hatte, dass aus ihr eine brillante Schauspielerin wird, und ein anderes Mal die künftige Ärztin in ihr sah. Das Resultat dieses zwiespältigen Ansinnens waren drei abgebrochene Studiengänge und die anhaltende Ungewissheit, was aus ihr werden soll. Man könnte sagen, sie wollte sie selbst sein – das Problem dabei war nur, dass sie nicht wusste, wer das eigentlich ist.

Zu mir in die Praxis kommt eine Frau, die mit Ende dreißig noch niemals in einer Beziehung war und der es immer schwerer zu fallen scheint, noch einen Partner zu finden. Ihre Mutter, die auf dem Land lebt, empfindet es fast als persönliche Kränkung, dass sie keinen Mann findet. Bei jedem Gespräch, das sie miteinander führen, fällt irgendwann der gefürchtete Satz: »Und hast du schon jemanden kennengelernt?« Um dem Wunsch ihrer Mutter zu entsprechen, hat sie ein Date nach dem anderen, aber aus keinem ergibt sich etwas Ernsthaftes. Sie ist eine sehr hübsche, intelligente und sympathische Frau, sodass es schwer vorstellbar ist, dass bisher noch kein Mann an ihr Gefallen gefunden haben soll. Ich frage mich also, wo das Problem liegen kann, und finde alsbald die Antwort. Da der Teufel stets im Detail steckt, bitte ich meine Klient*innen in der Regel, so genau wie möglich über ihren Alltag zu berichten: wie sie leben, wie sie die vierundzwanzig Stunden ihres Tages verbringen und wie sie ihre Wochenenden gestalten. Das tue ich auch bei dieser Frau, und sie erzählt mir unter anderem – und da werde ich hellhörig –, dass sie mindestens alle zwei Wochen zu ihren Eltern fährt. Ihre Mutter besteht darauf, dass sie »nach Hause« kommt, und sie selbst hält sich auch gerne dort auf. Obwohl sie schon seit Langem eine eigene Wohnung hat, verbringt sie viel Zeit mit ihren Eltern und bezeichnet ihr Elternhaus selbst als ihr »Zuhause«. Ich frage sie, wie sich ihr Leben verändern würde, wenn sie einen Partner hätte. Zuerst schaut sie mich an, als ob sie die Frage nicht verstehen würde, aber dann sagt sie, dass sie nicht möchte, dass sich etwas ändert.

»Also gut«, sage ich zu ihr. »Lassen Sie uns einmal sehen, was genau passieren würde. Stellen wir uns das als Film vor. Zuerst nehmen Sie Ihren Partner jedes zweite Wochenende mit zu Ihren Eltern, später bekommen Sie Kinder und pilgern dann alle zusammen dorthin. Bei Wind und Wetter, ob das Kind krank ist oder nicht und auch, wenn Ihr Mann ab und zu mal etwas anderes tun möchte – immer.« Als wir das Szenario gemeinsam durchspielen, vergräbt sie ihr Gesicht bekümmert in den Händen und fragt: »Oh mein Gott, wie soll ich das nur schaffen?« »Das können Sie nicht«, antworte ich, und im Grunde ihres Herzens scheint sie das selbst zu wissen: weshalb sie einem Mann niemals eine Chance gibt. Sie ist einfach nicht bereit für die Veränderung, die mit dem Eingehen einer Partnerschaft und der Gründung einer eigenen Familie einhergehen würde. Die noch junge Frau ist in der Zwickmühle der widersprüchlichen Erwartungen ihrer Eltern gefangen: Einerseits wird von ihr erwartet, dass sie heiratet und ihren Eltern »Enkelkinder schenkt«, andererseits soll sie ewig das kleine Mädchen bleiben, das regelmäßig nach Hause ins Familiennest zurückkehrt, wo ihre Ankunft der Glanzpunkt in einem ansonsten tristen Alltag ist. Außerdem ist sie sich tief im Inneren darüber im Klaren, dass sie als Einzelkind irgendwann die Pflege ihrer alten Eltern wird übernehmen müssen. Wir sind uns einig, dass dies ein sehr reales Problem ist, das aller Wahrscheinlichkeit nach einmal auf sie zukommen wird. Da ihre Eltern jedoch noch relativ jung und gesund sind, wird dies eine Aufgabe für die Zukunft sein, weshalb sie ihr jetziges Leben aber nicht auf Eis legen darf. Die Geschwisterfrage – in diesem Fall das Fehlen von Geschwistern – kann also auf sehr subtile Weise über unser Leben bestimmen.

Durch die Ankunft eines Geschwisters wird der oder die Erstgeborene entthront und der exklusiven Stellung beraubt. Für Erstgeborene ist die Geburt eines Geschwisterkindes das unerwartete Ereignis schlechthin (während für die später Geborenen die Anwesenheit eines anderen Kindes eine Grunderfahrung ist, eine Situation, die sie bereits vorfinden). Auch dann, wenn das erstgeborene die Geburt des zweiten Kindes herbeisehnt, ist es sicherlich nicht auf all die Veränderungen vorbereitet, die dieser Familienzuwachs mit sich bringt. Ich kenne kaum eine Familie, in der das erstgeborene Kind nicht irgendwann sein Missfallen über dessen Präsenz bekundet und dafür plädiert, das Geschwisterkind so schnell wie möglich zu »entfernen«. So sagt es etwa zu seinen Eltern: »Es ist jetzt lange genug hier gewesen, wir sollten es zurück ins Krankenhaus bringen.« Oder es schlägt dem sich verabschiedenden Besuch vor, das Baby mitzunehmen, und versichert ihm, dass die Familie auch ohne es zurechtkommen wird.

Als Kleinkind habe ich selbst versucht, meinen neugeborenen kleinen Bruder loszuwerden, indem ich ihm einen Schokoriegel in den Mund stopfte, als er erst ein paar Tage alt war. Natürlich war mein Versuch nicht von Erfolg gekrönt, was mir zweifelsfrei bestätigte, dass ich es mit einem bösen Eindringling zu tun hatte.

Andererseits ist aus der Sicht der Evolutionstheorie nichts verständlicher als die Rivalität unter Geschwistern. Die bisher exklusiv genossenen familiären Ressourcen (in diesem Fall die Aufmerksamkeit, Liebe und Fürsorge der Eltern) sind auf einmal nur noch in begrenztem Umfang verfügbar. So entbrennt also ein Kampf um diese Ressourcen, denn es geht um nichts Geringeres als das Überleben – so sagt der steinzeitliche Verstand. Und so folgt das Erstgeborene diesem Naturgesetz, indem es, sofern es ihm erlaubt ist, offen gegen den Eindringling protestiert, und falls nicht, in verdeckter Form. (Gewiss gibt es auch von dieser Regel Ausnahmen, aber hier ist von einer typischen Verhaltensweise die Rede.)

In den Fällen, in denen dieser Positionsverlust manifest wird, kann sich daraus ein beziehungsdynamisches Muster innerhalb der Familie entwickeln. (Und dabei spielt es keine Rolle, ob die Eltern bemüht sind, auf die Gefühlslage des Erstgeborenen einzugehen, oder ob sie diese vollständig übergehen, denn heute wissen wir, dass Kinder weniger auf die tatsächlichen Geschehnisse reagieren als vielmehr auf die inneren Impulse, die von den Eltern ausgehen, auf deren subjektive Erfahrungswelt.) Nicht wenige meiner erstgeborenen Klient*innen haben mit Zweifeln zu kämpfen, ob sie wertvoll und gut genug sind, ob sie wirklich gewollt sind und geliebt werden. Während unserer Sitzungen kommen immer wieder schmerzliche Kindheitserfahrungen zur Sprache, Erinnerungen daran, dass der jüngere Bruder oder die jüngere Schwester mehr Aufmerksamkeit und Zuwendung erhalten hat als sie selbst. So hat zum Beispiel eine junge Frau kürzlich festgestellt, dass auf Familienvideos nicht nur Anlässe wie Weihnachten und Geburtstage festgehalten sind, sondern auch ihre verzweifelten Versuche, auf sich aufmerksam zu machen. Bei diesen Aufnahmen ist über weite Strecken vor allem ihre

Stimme aus dem Hintergrund zu hören: Zurufe, die Familie solle ihr dabei zuschauen, wie hoch sie auf die Leiter geklettert sei oder wie weit sie den Ball schießen könne, wobei die Kamera erst Minuten später auf sie gerichtet wird. »Ich war nicht wichtig«, sagt sie sich heute und entwickelt langsam ein Bewusstsein dafür, dass sie diese altvertraute Situation in ihren jetzigen Beziehungen immer wieder herstellt. Trotz ihrer besten Absichten lässt sie sich auf Beziehungen mit bindungsunfähigen Männern ein und muss sich dabei mit einem Minimum an Aufmerksamkeit und wenigen Momenten zufriedengeben, in denen ihr ausnahmsweise ein gewisses Maß an Beachtung und Zuwendung zuteilwird.

Zweitgeborene kommen in ein etabliertes Familiensystem, in dem die Eltern bereits mit mehr Routine agieren, in dem es aber auch schon feste Regeln und Gewohnheiten gibt. Sie sehen sich nun vor die Aufgabe gestellt, die Grenzen des Familiensystems zu verschieben und es nach ihren eigenen Bedürfnissen zu gestalten. Daher sind Zweitgeborene oftmals Menschen, die mit dem Althergebrachten brechen, oder rebellische Naturen, die manchmal auch radikale Wege gehen. Das gilt freilich nicht nur für die Zweitgeborenen, sondern ebenso für die nachfolgenden Geschwister. Hier verdient ebenfalls die Tatsache Erwähnung, dass es unter Revolutionären achtzehnmal häufiger Menschen gibt, die nicht Erstgeborene waren. Auch Wissenschaftler, die radikal neue Konzepte vertraten, waren mehrheitlich keine Erstgeborenen: Kopernikus, der vermutlich um 1509 in seinem *Commentariolus* als Erster die damals als ketzerisch geltende These aufstellte, dass sich die Erde um die Sonne dreht, war das jüngste von fünf Geschwistern; und Charles Darwin, der Vater der Evolutionstheorie, die zu ihrer Zeit ebenfalls als schockierend galt, war das fünfte von sechs Kindern.

Einstweilen orientiert sich das jüngere Geschwisterkind am

älteren, das sein natürliches Vorbild ist: Es ahmt es nach, heftet sich an seine Fersen und versucht, an seinen Aktivitäten teilzunehmen. Manchmal kommt es auch zu einer tief verwurzelten Eifersucht des jüngeren Kindes auf das erstgeborene, das diesem die Vorzugsbehandlung noch lange nachträgt. Ein Mann von dreißig Jahren sagte einmal zu mir: »Von meiner älteren Schwester gab es genug Fotos, um drei Alben zu füllen – und von mir gerade einmal vier.« Das zweite Kind (und wiederum natürlich auch jedes nachfolgende) hat selten die ungeteilte Aufmerksamkeit der Eltern: In der Regel ist das älteste mit von der Partie. Das führt bei den Eltern zu Schuldgefühlen, die sie auf die eine oder andere Weise zu kompensieren versuchen, meist mit entsprechenden Zugeständnissen.

Eine interessante Beobachtung ist, dass Zweitgeborene häufiger zu Problemkindern oder zu »identifizierten Patienten« werden, das heißt zu Kindern, die negativ auffallen und deren Probleme oder problematisches Verhalten eine Intervention von außerhalb der Familie erforderlich machen. Nach Alfred Adler wird das zweitgeborene Kind zum Rebellen, der versucht, die Macht des älteren Geschwisters zu brechen. Allgemein sind Zweitgeborene häufiger die schwarzen Schafe der Familie – und auch der sprichwörtliche verlorene Sohn der Bibel war ein Zweitgeborener. Sie suchen häufiger Kontakte außerhalb der Familie, haben in der Regel einen größeren Freundeskreis und fügen sich leichter in eine Gemeinschaft ein. Ich erinnere mich noch, wie sehr ich meinen jüngeren Bruder darum beneidet habe, dass er, wohin er auch kam, mühelos Freunde fand, während ich darauf bedacht war, mich anständig zu benehmen, damit meine Eltern stolz auf mich sein konnten.

Ist der Altersunterschied zwischen dem erst- und dem zweitgeborenen Kind relativ groß, übernimmt das ältere Kind häufig eine Elternrolle, sodass sich das jüngere Kind nun drei Betreuungspersonen gegenübersieht. Dies ist eine Form der sogenannten *Parentifizierung**, von der vielfach angenommen wird, dass sie unser ganzes Leben und die Art unserer Partnerwahl prägt. (Im Kapitel 4 komme ich noch ausführlicher auf die Parentifizierung zu sprechen.) Kommt ein drittes Geschwisterkind zur Welt, wird das Zweitgeborene zu einem »Sandwichkind«, das nun den oft sehr schmalen Raum zwischen dem ältesten und dem jüngsten Kind einnehmen muss. Ein Kind in dieser Position kann schnell den Eindruck gewinnen, dass inmitten des familiären Chaos kaum Zeit für es bleibt. »Mein älterer Bruder ist der Große, mein jüngerer Bruder ist das Baby, aber wer bin ich?«, so die berechtigte Frage eines Betroffenen nach der Geburt des dritten Sohnes. Diese Verunsicherung in Bezug auf die eigene Identität und das Gefühl, übergangen zu werden, kann das Sandwichkind bis ins Erwachsenenalter begleiten.

Kevin Leman, der Autor des bereits erwähnten Buches *Geschwisterkonstellationen*, erzählt die folgende Anekdote. Nachdem sein Buch zuerst in den Vereinigten Staaten erschienen war, erhielt er mehrere verärgerte Zuschriften von ehemaligen Sandwichkindern. Eine davon lautete:

> Sehr geehrter Herr Dr. Leman,
> mir ist aufgefallen, dass Sie in Ihrem Buch den mittleren Kindern weniger Seiten widmen als den Kindern in einer anderen Position der Geburtenfolge. Ich weiß das so genau, weil ich mitgezählt habe. Warum ist das so?
> Ein vernachlässigtes Sandwichkind …

* Parentifizierung oder Parentifikation ist ein Begriff aus der Familientherapie, der eine Rollenumkehr zwischen Kind und Eltern(teil) bezeichnet bzw. eine Übertragung der Elternrolle auf eines der Kinder.

Kevin Lemans Antwort war: »Na und? Dann kennen Sie es ja nicht anders.« Später räumte er ein, dass sich hinter seiner scherzhaften Bemerkung ein hohes Maß an fachlicher Unsicherheit verbarg, die der eigentliche Grund dafür war, dass er weniger über mittlere Kinder schrieb: Sie stellen die Forschung vor die größten Probleme. Was man ihnen jedoch im Allgemeinen nachsagen kann, sind ihre Kompromissfähigkeit, ihr diplomatisches Gespür und ihre Fähigkeit zu eigenständigem Denken.

Die Geburt eines dritten Kindes bringt möglicherweise eine weitere, nicht zu unterschätzende Problematik mit sich: die der Ausgrenzung. Menschen tendieren von Natur aus dazu, Allianzen zu bilden, sodass es bei drei Geschwistern fast unvermeidlich ist, dass eines der Kinder ausgeschlossen wird. Für eine junge Klientin war dieser Zustand des Ausgegrenztseins offenbar etwas so Normales, dass er ihr nicht einmal zu Bewusstsein kam. Wenn sie über ihre Kindheit sprach, erwähnte sie nie irgendeinen Konflikt, auch wenn ihr mit der Zeit selbst auffiel, dass irgendetwas nicht gestimmt hatte. Sie war bereits seit Längerem bei mir in Therapie, weil es sie belastete, dass sie immer wieder Beziehungen mit unerreichbaren Männern einging. In der Regel waren ihre Partner verheiratet und hatten nicht die Absicht, sich von ihren Ehefrauen zu trennen. Eine Zeit lang kamen wir mit unseren Analysen kaum weiter und konnten einfach keine Ursache der Problematik ausfindig machen. (Bei solchen Gelegenheiten wird spürbar, wie sehr die Psyche bestrebt ist, belastende Inhalte vor uns zu verbergen.) Irgendwann fiel mir auf, dass ihre gesamte Familie (ihre Eltern, die drei erwachsenen Kinder und die Enkelkinder) von Zeit zu Zeit verreist war, diese junge Frau dabei aber stets ein anderes Reiseziel hatte. Wenn sich die Familie zum Skifahren in die Berge begab, dann fuhr sie ans Meer; ging die Familie in ein Wellnesshotel auf dem Land, dann nahm sie die entgegengesetzte Richtung, um Siebenbürgen zu erkunden. Bei dem dritten Vorkommnis dieser Art fragte ich sie, was denn nur dahinterstecken könnte. Diese Frage wurde dann zum Ausgangspunkt für eine tiefergehende Arbeit, bis wir endlich über das lebenslange Gefühl der Ausgrenzung sprechen konnten, das in ihrer Kindheit den Anfang genommen hatte. Zu ihrem Erstaunen stellte sie fest, dass sich in ihren Liebesbeziehungen nur wiederholte, was für sie von jeher eine vertraute Erfahrung gewesen war: außerhalb eines Bündnisses zu stehen, mit Sehnsucht auf diese Verbindung zu blicken und dann vergeblich zu versuchen, sich dazwischen zu drängen. Es ging also nicht darum, einen verheirateten Mann zu finden, der bereit war, sich scheiden zu lassen, sondern die innere Überzeugung zu entwickeln, dass sie mehr verdient hatte, als nur eine Zweitbesetzung zu sein, nämlich einen eigenen Platz in einer festen Beziehung.

Natürlich lassen sich derart tief verinnerlichte, unbewusste Überzeugungen nicht von einem Tag auf den anderen ändern. Unsere frühesten Erfahrungen prägen dauerhaft das Skript unseres Lebens. Wer in der Kindheit häufig Ausgrenzung erfahren hat, wird sich später schwer damit tun, an die Zugehörigkeit zu einem inneren Kreis zu glauben, daran, ein willkommener und akzeptierter Teil der Gemeinschaft zu sein. In solchen Fällen ist die Therapie in erster Linie eine grundlegende Erfahrung von Akzeptanz. Von Woche zu Woche machen die Klient*innen die Erfahrung, dass es einen Ort gibt, an dem sie positiv aufgenommen werden, an dem sie einen eigenen Platz haben, wo sie von einem Menschen vorbehaltlos und ohne Wertung akzeptiert werden. Leider ist für viele Menschen eine Therapeutin oder ein Therapeut die erste Person, die ihnen das Gefühl gibt, wertgeschätzt zu sein. So sind sie nach und nach in der Lage, ihre tief sitzenden Überzeugungen zu verändern. Auch im Fall dieser jungen Frau, die bis dahin immer nur die zweite Geige gespielt hatte und heute glücklich verheiratet ist, traf dies zu.

Das Nesthäkchen. Dagegen kann es viele Vorteile haben, das jüngste Kind in der Familie zu sein. Wenn das letzte Kind zur Welt kommt, sind die Eltern schon »echte Profis« und können die Routineaufgaben, die ihnen beim ersten Kind noch zu schaffen gemacht haben, mittlerweile mühelos bewältigen. Außerdem ist die Familie dann so groß geworden, dass einfach nicht mehr genug Zeit, Aufmerksamkeit sowie innere und äußere Kapazitäten verbleiben, um die Regeln noch wie früher durchzusetzen. Dadurch können die Jüngsten oft in größerer Freiheit aufwachsen. Häufig schlägt sich das auch in ihrem Rollenverhalten nieder. Oft wollen sie sich hervortun und Aufmerksamkeit erregen, indem sie herumkaspern und den Entertainer spielen. Möglicherweise wird das jüngste Kind auch zum besonderen Liebling der Eltern, zum Nesthäkchen, mit dem sie diese intensive Bindung zum letzten Mal genießen. Gerade Mütter sind sich dessen naturgemäß besonders bewusst. Fixieren sie sich jedoch zu sehr darauf und klammern sich an ihr »Nesthäkchen«, so kann dies die freie Entwicklung des Kindes behindern.

Einmal suchte mich eine mehrfache Mutter auf, deren jüngstes Kind sich weigerte, die Toilette zu benutzen, und mit acht Jahren noch immer Windeln trug. Sie hatte sich an alle nur denkbaren Anlaufstellen gewandt, das Kind war gründlich untersucht worden, aber man hatte keine medizinische Erklärung gefunden. Psycholog*innen empfahlen ihr verschiedene verhaltenstherapeutische Ansätze, doch der Effekt war niemals von Dauer: Nach nur zwei Tagen verlangte das Kind wieder nach der Windel. Ich forderte die Mutter auf, mir von ihrer Familie zu erzählen, was sie mit sichtlicher Begeisterung tat. Daraufhin bat ich sie, mir zu sagen, inwiefern sich diese Familienkonstellation von ihrer Traumfamilie unterschied. Es stellte sich heraus, dass sie selbst aus einer großen Familie stammte und sich mindestens fünf Kinder gewünscht hatte, aber ihr Mann bei drei Kindern die

Grenze zog. Er sagte zu ihr: »Das war's, keine Kinder mehr! An diesem kannst du deine mütterlichen Instinkte noch einmal ganz ausleben – aber dann sind wir fertig mit dem Kinderkriegen!« Und so hörte sie auf ihren Mann und hielt ihr ansonsten gesundes und gut entwickeltes jüngstes Kind unbewusst so lange wie möglich in der Position eines Babys. Das Wickeln war für sie nicht nur eine Abfolge von Bewegungen, sondern bedeutete auch ein Festhalten an der innigen Bindung zwischen dem Säugling und der Mutter, die sich um ihn kümmert; es bedeutete, sich eine Lebenssituation zu bewahren, die ihr in Zukunft nicht mehr offenstehen würde. Interessanterweise waren nur zwei Sitzungen nötig, bis das Kind auf die Windeln verzichtete und ganz normal die Toilette benutzte. Bevor ich aber in Verdacht gerate, über außergewöhnliche Fähigkeiten zu verfügen, möchte ich hier klarstellen, dass ich lediglich einem Grundprinzip der Kindertherapie gefolgt bin, das besagt: Frage immer nach dem Elternteil, der hinter dem Symptom des Kindes steht. Kinder sind »nur« Symptomträger, und wenn sie Probleme haben, ist es immer ratsam, zunächst die inneren Konflikte der Eltern gründlich zu analysieren und womöglich aufzulösen. Diese Mutter wollte immer eine große Familie und hatte das Gefühl, dass ihr Leben erst dann vollständig wäre, wenn sie mindestens fünf Kinder hätte. Sie konnte sich mit dieser Sehnsucht nicht gegen ihren Mann behaupten, der eindeutig die Grenze zog, aber sie konnte auch nicht ihre Trauer um ein Wunschbild von der Zukunft, das nun verloren war, überwinden. Als sie in der Therapie die Möglichkeit bekam, ihrem Schmerz Ausdruck zu verleihen und darüber zu sprechen, wie sehr sie sich davor fürchtete, ihr Wunschbild loszulassen, löste sich ihre Anspannung. Und ihr Kind nahm diese innere Entlastung unbewusst wahr und konnte sich endlich seinem Alter entsprechend verhalten.

Zwillinge. Wenn irgendjemand die Erfahrung einer symbiotischen Verbindung, der ständigen Präsenz des anderen macht, dann ein Zwilling. Schon als Embryos beginnen Zwillinge, ihre Erfahrungen zu teilen: Auf Ultraschallbildern ist zu sehen, wie intensiv sie miteinander kommunizieren, und wir alle haben wohl in den sozialen Netzwerken schon Fotos von neugeborenen Zwillingen gesehen, die sich an den Händen halten oder einander umarmen. Zwillingen wird stets eine ganz besondere Aufmerksamkeit zuteil. Ihre ganze Situation ist interessant, weil sie so außergewöhnlich ist. Wo immer sie auftauchen, sind die neugierigen Blicke auf sie gerichtet und werden sie mit Fragen überhäuft. Diese zusätzliche Aufmerksamkeit geht nicht spurlos an ihrer persönlichen Entwicklung vorüber: Sie entwickeln leicht ein Gefühl der Besonderheit, das sie ihr Leben lang begleiten kann.

Diese spezielle Welt der Zwillinge spiegelt sich auch in der Besonderheit ihrer Sprachentwicklung wider. Mindestens vier von zehn Zwillingspaaren entwickeln eine eigene Sprache, eine sogenannte autonome Sprache, die nur sie verstehen. Da sich Zwillinge untereinander perfekt verständigen können, haben sie es zunächst nicht nötig, ihre Gedanken in einer für die Außenwelt verständlichen Weise auszudrücken, und beginnen daher später als andere Kinder, »richtig« zu sprechen.

Eine der Folgen, die das Dasein als Zwilling mit sich bringt, ist die erschwerte Ausbildung einer eigenen Identität. Man stelle sich nur einmal vor, wie schwierig es ist, man selbst zu sein, wenn der Gegenpart immer zugegen ist, der genauso aussieht wie wir selbst, die gleichen Spielsachen hat und obendrein auch noch gleich gekleidet ist. (Inzwischen ist es erfreulicherweise außer Mode gekommen, Zwillinge gleich zu kleiden, obwohl ich erst kürzlich eine Mutter von Zwillingen getroffen habe, die auf dieser Tradition bestand.) Finden Zwillinge in ihren ersten Lebensjahren nicht die nötige

Unterstützung, um ihre eigene, einzigartige Persönlichkeit zu entdecken, werden sie unter Umständen für den Rest ihres Lebens in einem System gegenseitiger Abhängigkeit gefangen bleiben.

Erst kürzlich ist mir ein trauriges Beispiel für diese Form von Abhängigkeit begegnet. Es handelte sich um zwei junge Frauen. Die ältere Schwester, obwohl nur wenige Minuten früher geboren, hatte sich von jeher um ihre jüngere Schwester gekümmert. Ihre Umgebung hat sie noch darin bestärkt: »Wie schön du dich um Klára kümmerst!« Dieses Verhätscheln war für Klára so angenehm, dass sie es auch als Erwachsene nicht missen wollte. Während ihre ältere Schwester ihr Studium abschloss, heiratete und zwei Kinder bekam, ließ sich Klára durchs Leben treiben und sehnte sich zurück nach der Umsorgung durch ihre Schwester. Noch immer folgt sie ihrer Schwester überallhin wie ein Schatten, außerstande, ihr eigenes Leben zu führen. Sie »lebt« praktisch bei ihrer Schwester, bei der sie ihr eigenes Zimmer und ihre besonderen Privilegien hat. Mit ihren beiden Nichten, denen sie den Zugang zu ihrer Mutter stark erschwert, besteht eine erbitterte Rivalität. Die ganze Familie samt der nachfolgenden Generation leidet unter Kláras Unfähigkeit zur Ablösung.

Wie die obigen Beispiele zeigen, sind die typischen Auswirkungen der Geburtenfolge nicht etwas, das zwangsläufig eintreten muss. Die verschiedenen hier skizzierten Theorien sollen Ihnen vielmehr als Anhaltspunkte bei der Überlegung dienen, welches der Szenarien in Ihrem eigenen Fall am ehesten zutrifft. Und als Eltern können uns diese Theorien dabei helfen, uns die Situation unserer Kinder innerhalb der Familie so gut es geht bewusst zu machen.

Fragen:

- *Haben Sie einen Bruder oder eine Schwester?*
- *Haben Sie ungeborene Geschwister (aufgrund eines Schwangerschaftsabbruchs oder einer Fehlgeburt), oder hat die Familie ein Kind verloren, nachdem Sie geboren wurden?*
- *Wo stehen Sie innerhalb der Reihe der Geschwister?*
- *Wie war Ihre Beziehung zu Ihren Geschwistern?*
- *Hat sich Ihre Beziehung zueinander im Laufe der Jahre verändert? Und wenn ja, in welcher Hinsicht?*
- *Welchem Elternteil standen Sie näher?*
- *Welches Geschwisterkind wurde von welchem Eltern- oder Großelternteil bevorzugt?*
- *Wie hat sich das geäußert?*

Kapitel 2

Trauma

… dass die seelischen Zustände von dem physischen Stoffe der Lebewesen nicht trennbar sind, insofern die Zustände eben der Art sind wie Zorn und Furcht, und dass sie sich nicht so verhalten wie die Linie und die Fläche.

Aristoteles, *Über die Seele*[1]

Das Erdbeben der Seele

Wenn wir die Vergangenheit aus dem Gedächtnis löschen, um die Gedanken unserer Kinder nicht mit den Schrecken des Gewesenen zu belasten, dann versündigen wir uns an der Zukunft.

Ljudmila Ulitzkaja, *Daniel Stein – Roman*[2]

Wenn wir sehen, wie anderen schlimme Dinge zustoßen, neigen wir dazu, die Geschehnisse zu verdrängen und zu bagatellisieren, oder wir glauben, dass diese Menschen selbst an ihrem Unglück schuld seien und das Schicksal durch ihr leichtsinniges Verhalten herausgefordert hätten. Warum tun wir das? Warum verschließen wir die Augen vor den Bildern des Leids und versuchen, sie aus unserem Bewusstsein zu verbannen? Warum fällt es uns so leicht, angesichts fremden Unglücks zu sagen, dass diese Menschen es »nicht anders verdient« haben?

Es war der amerikanische Sozialpsychologe Melvin Lerner, der im Jahre 1980 das Konzept vom *Glauben an eine gerechte Welt* formulierte. Lerner zufolge hat die Überzeugung, dass das Gute letztlich belohnt und das Böse bestraft wird, wesentlichen Anteil an der Erhaltung unseres psychischen Wohlbefindens. Es handele sich um eine kognitive Verzerrung, die dazu beiträgt, das Gefühl von Vorhersehbarkeit, Sicherheit und Kontrolle aufrechtzuerhalten. Denn wenn wir den Glauben an eine ausgleichende Gerechtigkeit verlieren, kann das fatale Folgen für unser ganzes Weltbild haben: Wir können unsere Motivation einbüßen und zum Gefühl gelangen, dass unser Leben sinnlos und all unser Bemühen vergeblich ist. Also halten wir an diesem Glauben fest, auch wenn er sich als trügerisch erweist.

Und das gilt nicht nur auf individueller, sondern auch auf kollektiver Ebene: Auch als Gesellschaft stecken wir lieber den Kopf in den Sand, als uns mit den düsteren Realitäten des Lebens auseinanderzusetzen. Und letztlich ist es diese Einstellung, die uns jahrzehntelang davon abgehalten hat, zu erforschen, wie sich die leidvollen Erfahrungen, die wir in uns tragen, auf unser zukünftiges Leben und das unserer Kinder auswirken.

Wie Judith Herman in ihrem Buch *Die Narben der Gewalt*[3] ausführt, machte die moderne Welt mit dem Ersten Weltkrieg erstmals in kollektiver Form die Erfahrung von Leid, Angst und Bedrohung. (Und das ist noch gar nicht so lange her, sondern die Zeit unserer Groß- und Urgroßeltern.) Als der Krieg Ende Juli 1914 ausbrach, zogen die Männer voller Stolz an die Front: Filme aus der Zeit zeigen Soldaten, die fröhlich winken, ohne zu ahnen, was ihnen bevorsteht. Wilhelm II., Kaiser des Deutschen Reiches, ermutigte seine Truppen mit der Aussage, sie würden wieder zu Hause sein, »bevor die Blätter von den Bäumen fallen«. Sein Versprechen erwies sich als zu optimistisch, denn als der Große Krieg zu Ende war und die Soldaten von der Front zurückkehrten, waren die Blätter bereits viermal gefallen. In diesen vier Jahren hatten diese Männer bis dahin unvorstellbare Schrecken erlebt. Die moderne Kriegstechnik machte das Töten auf tragische Weise effizient. Nie zuvor hatte die Welt in einem solchen Ausmaß Zerstörungen durch Menschenhand gesehen. Die in den Schützengräben eingeschlossenen Soldaten hatten keine Chance zu entkommen und erwarteten nur ohnmächtig das schreckliche Ende. Es war ein Martyrium, auf das weder sie noch die Führungsoffiziere vorbereitet gewesen waren. Die sie empfangenden Männer in der Nachhut waren von ihrem Zustand entsetzt. Sie zeigten Symptome, von denen man bis dahin geglaubt hatte, sie seien hysterischen Frauen vorbehalten: Sie weinten, schluchzten, schrien verzweifelt oder starrten einfach nur vor sich hin. In den darauffolgenden Monaten erlitten so viele der Soldaten psychische Zusammenbrüche, dass ihre Unterbringung zu einem Problem für die Heeresleitung wurde. Erschwerend kam hinzu, dass sowohl in der Öffentlichkeit als auch in der Ärzteschaft die Ansicht vorherrschte, es handele sich dabei vor allem um eine persönliche Charakterschwäche. Die Existenz eines psychischen Traumas wurde in der damaligen Zeit generell geleugnet. Die Öffentlichkeit war der Meinung, dass echte Männer, zumal wenn sie echte Patrioten sind, weder weinen noch zusammenbrechen, selbst wenn um sie herum Bomben explodieren, wenn sie von zerfetzten Leibern umgeben sind und ihre Kameraden in ihren Armen sterben. Die aus dem Krieg zurückkehrenden gepeinigten Soldaten waren mit ihren Albträumen und den qualvollen Erinnerungen sich selbst überlassen. Waren sie während des Krieges in den Schützengräben gefangen, so waren sie nun, nach dem Ende des Krieges, durch die Ablehnung ihrer Umgebung in das Gefängnis des Schweigens eingesperrt. Heute wissen wir, wie tief der Schmerz in einem Menschen sitzt, der keine Gelegenheit hat, über die Gräuel, die er erlebt hat, zu sprechen, der in seiner Umgebung kein Gehör findet oder von ihr sogar Schuldzuweisungen zu hören bekommt.

Zur Zeit des Zweiten Weltkrieges war man sich mehr oder weniger darüber im Klaren, dass jeder noch so starke Charakter und jede noch so stabile Persönlichkeit nach etwa zweihundert Tagen an der Front dem Zusammenbruch nahe ist. Das hat nichts mit Charaktermängeln oder Simulantentum zu tun. Ein psychisches Trauma ist nichts anderes als eine ganz natürliche Reaktion des Nervensystems auf die Bedrohung durch Tod und Gewalt. Dennoch war man sich noch längst nicht der Langzeitfolgen bewusst.

Es bedurfte eines weiteren schrecklichen Krieges, um das Thema Traumatisierung in den Vordergrund zu rücken und die Fakten endlich nicht mehr unter den Teppich zu kehren. Die aus Vietnam zurückkehrenden Soldaten waren die ersten, die beschlossen, sich nicht zum Schweigen bringen zu lassen, und die die amerikanische Öffentlichkeit für die verheerenden Auswirkungen des Krieges sensibilisierten. Es setzten entsprechende Forschungen ein, die zweifelsfrei bewiesen, dass die Ungeheuerlichkeiten, die die Soldaten an der Front hatten erleben müssen, Auswirkungen auf ihr späteres Leben und auch auf das Leben ihrer Kinder und ihrer Familien hatten. Ein psychisches Trauma lässt sich nicht einfach vergessen, auslöschen oder ungeschehen machen.

Erstmals wurde die generationsübergreifende Weitergabe von Traumata angesichts der scheinbar unerklärlichen psychischen Verfassungen der Kinder von Holocaustüberlebenden deutlich. Obwohl sie oft nichts vom Martyrium ihrer Eltern wussten, trugen sie auf mysteriöse Weise die Spuren des Grauens in Form von Depressionen und scheinbar grundlosen Ängsten und Phobien in sich. Weitere Forschungen erbrachten immer mehr Hinweise darauf, dass die Vergangenheit quasi in den Zellen der Nachkommen fortlebt.

Schließlich wurde 1980 die posttraumatische Belastungsstörung (PTBS) in das Klassifikationsschema psychischer Störungen des DSM-III, der dritten Ausgabe des *Diagnostic and Statistical Manual of Mental Disorders* der American Psychiatric Association, aufgenommen. Damit fand die Tatsache, dass sich belastende Lebensereignisse langfristig auswirken können, offizielle Anerkennung, und die transgenerationale Weitergabe von Traumata wurde zu einem führenden Forschungsgebiet unserer Zeit.

Heute verwenden wir den Begriff »Trauma« so häufig, um damit selbst alltägliche Unannehmlichkeiten und Zwischenfälle zu beschreiben, dass er nahezu bedeutungslos geworden ist. Viele Menschen behaupten von fast jeder schwierigen Lebenssituation, dass sie für sie traumatisch gewesen sei, aber oft ist das nicht der Fall. Zwar stellt ein Trauma immer eine Belastung dar, aber nicht jede belastende Situation wird zu einem Trauma. Doch wo liegt die Grenze zwischen einer schwierigen Lebenssituation oder Begebenheit und einem Trauma? Wie lässt sich das Wesen des Traumas genauer bestimmen?

Probleme, Prüfungen und Krisen sind natürliche Begleiter unseres Lebens. Wir straucheln, werden mit leidvollen Situationen konfrontiert, sind von uns selbst und von anderen enttäuscht und erleiden Verluste – das sind unvermeidliche Elemente dessen, was wir Leben nennen. Wenn jedoch von einem Trauma die Rede ist, müssen wir dabei an ein Ereignis denken, das sich sehr viel gravierender auswirkt.

Werden wir mit einer bedrohlichen Situation konfrontiert, gerät das sympathische Nervensystem in einen Zustand hoher Erregung und mobilisiert unseren gesamten Organismus. Augenblicklich treten die uralten Mechanismen in Kraft: Jedes einzelne Organ, jede einzelne Zelle wird aktiviert, um uns auf ihre Weise zum Überleben zu verhelfen. Der Adrenalinspiegel steigt, der Blutdruck schnellt in die Höhe, das Herz schlägt heftig, die Atmung beschleunigt sich, die Muskeln spannen sich an, die Pupillen weiten sich und die Funktionen von Magen und Darm werden verlangsamt. In der Regel nimmt die Reaktion auf eine Gefahrensituation eine von zwei Formen an, je nachdem, welche von beiden angesichts der Bedrohung die bessere Überlebenschance bietet: *Kampf oder Flucht.* Was aber, wenn uns beides verwehrt ist? Was, wenn wir hilflos und wehrlos sind, wenn wir gezwungen sind, ohnmächtig hinzunehmen, was mit uns geschieht? In solchen Situationen – in

Augenblicken des Schreckens, in denen die uns vertraute und begreifbare Welt zusammenbricht – kommt es zu traumatischen Reaktionen. Nicht umsonst ziehen wir Parallelen zwischen einem Trauma und der Verwüstung durch ein Erdbeben. Tatsächlich kann man sich ein Trauma als ein Erdbeben der Seele denken. Man stelle sich vor, eine Naturkatastrophe, wie wir sie aus den Fernsehnachrichten kennen, spielt sich in unserer eigenen inneren Welt ab. Alles, was uns bis dahin vertraut war, ist plötzlich auf den Kopf gestellt und zunichtegemacht: Vergeblich versuchen wir, die frühere Ordnung wiederzufinden. Wenn wir existenziell bedroht sind, zerbricht unser bisheriges Weltbild und mit ihm all das Wissen, das wir für gesichert hielten. Der Rahmen, in dem sich das Leben bis dahin auf überschaubare, berechenbare und vorhersehbare Weise abzuspielen schien, zerfällt. Frühere Notfallpläne und Vorgehensweisen sind in einer solchen Situation nutzlos. Traumatische Ereignisse versetzen die Betroffenen in lähmende Angst. Sie verlieren gänzlich die Kontrolle über das Geschehen. Aber nicht nur ihr Weltbild, sondern auch ihr Selbstbild wird erschüttert. »Wie ist es möglich, dass mir das passieren konnte? Wer bin ich, wer kann ich jetzt noch sein?«

Wer ein schweres Trauma erlebt, verliert etwas sehr Wichtiges: das Gefühl der Sicherheit. Von diesem Moment an sind wir ständig in Alarmbereitschaft, weil wir nie wissen, was im nächsten Augenblick passieren wird. Die Welt erscheint auf einmal in düsteren Farben. Wir müssen stets auf der Hut sein und uns vor möglichen Angriffen in Acht nehmen. Und das ist alles andere als ein vorübergehender Zustand, denn für das Trauma findet die Bedrohung niemals ein Ende: So glaubhaft nach einem Krieg der Frieden verkündet werden mag, so viele Gefangene auch aus den Konzentrationslagern befreit werden, so viele Missbrauchsopfer auch der Tyrannei durch die Familie entkommen – das Grauen und die Angst leben im Inneren weiter.

Dies ist der Zustand, den man als posttraumatische Belastungsstörung (PTBS) bezeichnet. Eines der charakteristischen Symptome dieser hochkomplexen Störung ist, dass die Betroffenen von sich aufdrängenden Erinnerungen gequält werden. Sosehr sie auch vergessen möchten, tauchen die schmerzhaften Bilder immer wieder vor ihrem geistigen Auge auf, als würde die Vergangenheit wiederauferstehen. Darüber hinaus sehen die Betroffenen diese Bilder nicht nur einfach vor sich, sondern durchleben sie mit jeder Zelle ihres Körpers. Selbst Umstände, die nur in einem winzigen Detail an die traumatisierende Situation erinnern (etwa ein bestimmter Geruch oder die Art, wie das Licht auf einen Gegenstand fällt), reichen aus, um sich inmitten des Grauens wiederzufinden.

Die Frau eines Vietnamveteranen erzählte mir einmal, was es heißt, diesen Zustand aus nächster Nähe mitzuerleben. Lange Zeit nach Kriegsende besuchten sie und ihr Mann mit den Kindern einen Vergnügungspark. Sie alle waren gespannt auf die Hauptattraktion, eine riesige Schaukel, die sich sowohl auf und ab als auch seitwärts bewegte. Während die Kinder und die anderen Erwachsenen fröhlich lachten und kreischten, wurde das Gesicht ihres Mannes kreidebleich. Mit zusammengepressten Lippen sagte er nur, dass er aus der Gondel springen würde, wenn die Fahrt nicht sofort gestoppt würde. Noch Jahre nach dem Krieg erinnerte ihn diese eigentlich ausgelassene Situation an die beklemmenden Momente, die er als junger Hubschrauberpilot erlebt hatte, als er über dem Dschungel auf und ab und hin und her manövrierte.

Wenn wir eine traumatische Situation erleben, wird unser Selbstverteidigungssystem aktiviert, das auch dann nicht zur Ruhe kommt, wenn die Gefahr vorüber ist. Es ist, als ob unser Körper uns in permanente Alarmbereitschaft versetzt, weil der Schrecken jederzeit wieder zuschlagen kann. Dieser Zustand, in dem unser vegetatives oder autonomes Nervensystem chronisch auf einem hohen Erregungsniveau verharrt, wird als *Hyperarousal* bezeichnet. Normalerweise sind wir uns dessen nicht bewusst, aber wir fühlen uns irgendwie angespannt und unruhig, können nur schwer einschlafen oder schrecken aus dem Schlaf wieder auf und wälzen uns ruhelos hin und her.

In verschiedenen seiner Publikationen und Vorträge erläutert der renommierte Traumaforscher Bessel van der Kolk, was sich angesichts einer extremen Bedrohung in unserem Nervensystem abspielt. Unser Denkvermögen versagt und wird fragmentiert; die empfangenen Informationen umgehen die höheren Gehirnfunktionen und dringen tief in die nonverbalen Schichten des Unterbewusstseins ein, wo sie sich als körperliche Empfindungen, fragmentierte Bilder, Emotionen und Erinnerungsbruchstücke einprägen. Aus diesem Grund ist es so schwierig und oft unmöglich, über unsere schmerzlichsten Erinnerungen zu sprechen. Viele Betroffene, die das Geschehen hilflos durchleiden, dissoziieren die Ereignisse, das heißt spalten sie ab, indem sie sich in einen anderen Bewusstseinszustand versetzen, um das Schreckliche durchzustehen. Einer meiner Klienten beispielsweise konnte die Schläge, die ihm sein Vater mit der metallenen Gürtelschnalle versetzte, nur ertragen, indem er sich vorstellte, er befände sich in einer glänzenden Seifenblase und würde bei sanfter Musik ein Stück Kuchen naschen. Noch heute, fast vierzig Jahre später, kann er keinen Gürtel tragen, weil der bloße Anblick eines Gürtels ihm Herzklopfen verursacht.

Traumatische Erlebnisse kommen aber nicht nur in sich aufdrängenden Bildern und regelmäßig wiederkehrenden Albträumen zum Ausdruck, sondern ebenso in Handlungen. Freud nannte dies *Wiederholungszwang* und meinte, dass die Psyche durch solche Wiederholungen versucht, das Geschehene umzuschreiben, um sich auf diesem Weg ein weniger unerträgliches Szenario zu schaffen. So ist bei missbrauchten Kindern zu beobachten, dass sie sich zwar nicht bewusst an die traumatisierenden Ereignisse erinnern, diese aber in ihrem Spielverhalten immer wieder symbolisch thematisieren. Dieses wiederholte Durchspielen des Traumas bietet möglicherweise auch einen Erklärungsansatz für das Phänomen, dass über Generationen hinweg unverarbeitete Traumata innerhalb einer Familie immer wieder auftreten.

Die in Italien geborene britische Psychotherapeutin Alessandra Cavalli hielt in Ungarn einmal einen Vortrag zur transgenerationalen Weitergabe von Traumata, in dem sie einen interessanten Fall aus ihrer eigenen Praxis schilderte. Die Eltern eines magersüchtigen Mädchens hatten sich an sie gewandt, weil sich ihre Tochter seit Monaten weigerte, mehr als ein paar Bissen Brot am Tag zu essen. Sie war praktisch nur noch Haut und Knochen, und die Familie machte sich ernsthafte Sorgen um ihr Leben. Als die Eltern die Therapeutin aufsuchten, war die Situation tatsächlich kritisch geworden. Als Expertin für die Weitergabe von Traumata in der Familie ahnte Cavalli, dass sie auch in diesem Fall über die Lebensspanne des Mädchens hinausschauen musste, um eine Erklärung zu finden. Sie hatte sich nicht geirrt. Während einer Sitzung, an der die gesamte Familie des Mädchens teilnahm, ergriff auf einmal die bis dahin stille und wortkarge Großmutter das Wort. Es stellte sich heraus, dass sie in Deutschland geboren worden war und während des Zweiten Weltkrieges deportiert wurde. Wie durch ein Wunder überlebte sie das Konzentrationslager, wenn auch gebrochen und bis auf die Knochen abgemagert. Ihre Eltern und Geschwister hat sie nie wiedergesehen: Sie alle kamen im Lager ums Leben. Wie viele ihrer Leidensgenoss*innen sprach sie niemals mit ihrer Familie über ihre Vergangenheit, sondern verheimlichte vor ihr ihre Herkunft und die schrecklichen Erlebnisse ihrer Jugend. Doch im Leben ihrer Enkelin kam das unverarbeitete

Trauma wieder zum Vorschein, die nun ihrerseits versuchte, die nicht verarbeiteten grauenhaften Erfahrungen zu bewältigen, indem sie das Trauma nachspielte.

In jeder Familie gibt es traumatisierte Vorfahren, Opfer von Misshandlung, Vernachlässigung, sexuellem Missbrauch, Verfolgung oder Vertreibung. Eine solche Aussage mag zunächst übertrieben klingen, doch je mehr wir über unsere Familiengeschichte erfahren, desto deutlicher tritt ihre Wahrheit zutage. Bringen wir den Mut auf, uns mit dem Leben unserer Eltern, Großeltern, Urgroßeltern und noch früherer Vorfahren zu befassen, dann erkennen wir, wie viel Schmerz, Verlust und Angst es darin gab, wie viel Leid, das über die Weitergabe des Traumas schließlich seinen Weg bis in unser eigenes Leben gefunden hat. Unverarbeitete Erlebnisse, nicht betrauerte Verluste und zerbrochene Beziehungen – all das kann uns weiterhin verfolgen und darauf warten, dass wir es ins Bewusstsein holen. Der erste und wichtigste Schritt in diesem Bewusstwerdungsprozess besteht darin, mehr über das Leben unserer Ahnen zu erfahren. Je weniger wir darüber wissen, was sie durchgemacht haben, desto wahrscheinlicher ist es, dass wir ihre traumatischen Erlebnisse in unserem eigenen Leben reproduzieren – und sie an unsere Kinder weitergeben.

Traumatisierende Ereignisse können in vielen Formen auftreten, entsprechend der Vielzahl von seelischen Wunden, die wir uns im Laufe unseres Lebens zuziehen können: Die Bedrohung kann von außen kommen, ebenso können wir aber auch in unserem eigenen Zuhause Verletzung, Zurückweisung oder Missbrauch erfahren.

Grundsätzlich sollten wir dabei von einem größeren historischen Kontext ausgehen, denn die Epoche, in der wir leben, hat Auswirkungen auf unser aller Schicksal. Unser persönliches Leben, unsere Mikrogeschichte, ist eingebettet in das große Ganze und kann nicht losgelöst von der Makrogeschichte, also den Ereignissen auf der Bühne der Menschheitsgeschichte betrachtet werden. Um der Traumahistorie unserer Familie auf den Grund zu gehen, müssen wir die Zeit kennen, in der ihre einzelnen Mitglieder lebten, und uns einen Eindruck davon verschaffen, wie das, was für uns nur ein Kapitel in den Geschichtsbüchern ist, sich in ihrer Welt real präsentierte. Das zwanzigste Jahrhundert, in dem unsere Eltern und Großeltern ihren Alltag lebten, war für ganze Völker und Volksgruppen durchsetzt von Leid. Krieg, Völkermord, die schier unvorstellbaren Gräuel der Konzentrationslager, Revolutionen, Deportationen, Repressalien, Verfolgungen und Hinrichtungen – diese Zeiten des Blutvergießens sind für uns noch zum Greifen nah. Sind von diesen leidvollen Erfahrungen Tausende, Zehntausende oder gar Millionen von Opfern zugleich betroffen, spricht man von einem *kollektiven Trauma.* Im Unterschied dazu ist von einem *interpersonellen Trauma* die Rede, wenn der Übergriff von Individuum zu Individuum stattfindet. Naturkatastrophen – verheerende Erdbeben, Tsunamis, Dürreperioden und Waldbrände – stellen ebenfalls eine Art von kollektivem Trauma dar, allerdings ein *unpersönliches* (nicht unmittelbar durch Menschenhand erlittenes). Wenn wir in die dunklen Schichten der Vergangenheit eintauchen, sollten wir also auch an die kollektiven Traumata unserer Ahnen denken, an die Schrecken, die sie erlitten haben, und die Unmenschlichkeiten, die ihnen angetan wurden.

Wenden wir uns jedoch von den traumatisierenden Ereignissen des Weltgeschehens wieder den Traumatisierungen zu, die uns in unserem persönlichen Umfeld widerfahren. Es ist eine traurige Tatsache, dass die meisten unserer seelischen Verletzungen nicht auf das Konto der Außenwelt und fremder Menschen gehen, sondern sich an dem Ort ereignen, an dem wir uns eigentlich am sichersten und am meisten aufgehoben fühlen sollten: im eigenen Zuhause. Die eigene Familie ist der wichtigste Ursprung individuell erlittener Traumata, und nachdem ich viele Familiengeschichten angehört habe, muss ich sagen, dass sie dort mit schockierender Häufigkeit vorkommen. Missbrauch und Misshandlung können dabei viele Formen annehmen. *Körperliche Misshandlung* umfasst ein weites Spektrum physischer Gewalt, von der Ohrfeige über das Festhalten, Schütteln und Schlagen eines Kindes bis hin zum Einsperren in einen engen Raum. Während körperliche Misshandlungen dem Umfeld in der Regel nicht verborgen bleiben, ist ihr Gegenstück, die *seelische Misshandlung*, für Außenstehende oft unsichtbar – und dennoch kann ihr Opfer die Narben dieser Art von Gewalt ein Leben lang in sich tragen. Demütigung, Beschämung, Erpressung, das Drohen mit dem Entzug von Liebe, Zuwendung und Geborgenheit oder Aussagen, die geeignet sind, das Sicherheits- und Selbstwertgefühl des Kindes zu erschüttern, sind Dinge, die oft auf sehr stille und subtile Weise geschehen. Dennoch steht ihre verheerende Wirkung außer Zweifel. *Sexueller Missbrauch*, das nach Ansicht von Fachleuten vielleicht schwerste aller Kindheitstraumata, kann auf das Leben von Generationen einen dunklen Schatten werfen. Dazu zählt nicht allein der eigentliche sexuelle Akt, sondern auch jede körperliche oder verbale Grenzüberschreitung, seien es Berührungen in sexualisierter Form, das Präsentieren der eigenen Genitalien, Bemerkungen über den sich entwickelnden Körper des Kindes oder das Erzählen von Witzen mit sexuellem Inhalt. Neben dem Missbrauch im engeren Sinne, der ein aktives Handeln voraussetzt, kann auch *Vernachlässigung* eine traumatische Erfahrung darstellen. In diesem Fall ist es eine Unterlassung, die zu der seelischen Verletzung führt. *Physische Vernachlässigung* kann alles betreffen, was die gesunde körperliche Verfassung und Entwicklung eines Kindes gewährleistet. Mangelhafte Ernährung oder Kleidung, der ausbleibende Arztbesuch oder die fehlende medikamentöse Versorgung bei einer Erkrankung: All das beeinträchtigt nicht nur die körperliche, sondern auch die psychische Entwicklung des Kindes. *Emotionale Vernachlässigung* liegt dann vor, wenn einem Kind Gesten der Liebe und Fürsorge, des Zuspruchs und Trostes vorenthalten bleiben.

So viele Formen Missbrauch auch annehmen kann, ein Grundzug ist ihnen allen gemeinsam: der Missbrauch von Macht. Eine in einem Abhängigkeitsverhältnis stehende Person, in der Regel ein Kind, ist gezwungen, eine traumatisierende Situation über sich ergehen zu lassen, weil es ihr an Reife, Einsicht und Autonomie mangelt, angemessen darauf zu reagieren oder sich ihr zu entziehen. Außerdem findet der Missbrauch meist durch jemanden statt, zu dem eine enge emotionale Bindung besteht, dem die abhängige Person vertraut, zu dem sie aufschaut und von dem sie sich Schutz und Sicherheit erwartet. Dabei gilt es auch zu bedenken, dass eine Missbrauchssituation sehr häufig mehrere der genannten Formen in sich vereint. Eine Ohrfeige schmerzt nicht nur im Gesicht, sondern stellt auch eine seelische Verletzung dar, ebenso wie sexueller Missbrauch nicht nur dem Körper Gewalt antut, sondern das Kind in seinem Innersten entwürdigt.

Interpersonelle Traumata, die wir – zumeist wiederholt – durch uns nahestehende Menschen erleiden, können enorme Schäden anrichten. Sie können die gesunde Persönlichkeitsentwicklung schwer beeinträchtigen, auf Generationen hinaus das Vertrauen zerstören, Familienmitglieder einander entfremden, Gefühle des Misstrauens und der Isolation auf einer tiefen Seinsebene verankern sowie die Fähigkeit zur Bindung und gesunden Emotionsregulierung schwerstens schädigen.

Traumata und ihr Dominoeffekt

Seit dem Moment meiner Ankunft in diesem Land, nur Wochen nach meiner Befreiung, sprach ich über die Lager – zu all jenen, die bereit waren zuzuhören, und zu den vielen anderen, die es nicht waren.

Bruno Bettelheim, *Erziehung zum Überleben*[4]

Zu mir in die Praxis kommt ein junger Mann, der unter Angstzuständen leidet. Sein großer Lebenswunsch ist es, Schauspieler zu werden – aber die Sache hat einen Haken: Sobald er die Bühne betritt, überkommt ihn die Angst. Er gerät ins Schwitzen, ihm stockt der Atem, und er kann sich nicht mehr an den Text erinnern. Wie er selbst es ausdrückt, packt ihn eine Todesfurcht. Dennoch kann er seinen Traum nicht aufgeben und versucht weiterhin, in der Laientheatergruppe aufzutreten. Er selbst versteht nicht, was ihn dazu treibt, sich immer wieder in eine Situation zu begeben, in der ihn diese schreckliche Angst überfällt.

Oft sind es gerade diese unerklärlichen, anscheinend irrationalen Handlungen, die uns einem tieferen Verständnis unserer selbst näherbringen. In der Regel schlägt sich das, was uns keine Ruhe lässt, auch in unserer Handlungsweise nieder – auch wenn es auf den ersten Blick damit wenig zu tun zu haben scheint. Auch bei diesem jungen Mann ist das, was auf der Handlungsebene geschieht, möglicherweise nur vordergründig. Was meine Aufmerksamkeit erregt, ist vielmehr die symbolische Darstellung seines Grundgefühls: Sein Auftritt auf der Bühne versetzt ihn in Angst und Schrecken, als stünde er vor einem Erschießungskommando.

Je mehr ich über ihn erfahre, desto deutlicher wird es, wie sehr sein Leben von Angst und Anspannung geprägt ist. Tatsächlich ist es davon so erfüllt, dass es ihm gar nicht mehr zu Bewusstsein kommt. Dieses Gefühl ist ihm so vertraut, dass er glaubt, alle Menschen müssten so leben wie er, mit einem ständigen Gefühl der Beklemmung, das einem die Kehle zuschnürt. In seinen Augen ist die Welt ein gefährlicher Ort, an dem man ständig auf der Hut sein muss. Er beschreibt sich selbst als einen eher misstrauischen Menschen, dem es nicht leichtfällt, Freundschaften zu schließen. Oft fühlt er sich müde und abgeschlagen, so als würde ihn die ständige Alarmbereitschaft erschöpfen. Was die Gründe dafür sein könnten, weiß er nicht zu sagen. Wenn unsere Symptome zu einem festen Bestandteil unseres Lebens werden und wir keinerlei Ursache dafür ausfindig machen können, lohnt es sich, auf einer tieferen Ebene anzusetzen. Anstatt auf unser bewusstes Tun und Lassen sollten wir uns dann auf die unbewussten Schichten konzentrieren und uns fragen, welche Erinnerungen, Emotionen und verdrängten Inhalte in den geheimen Winkeln unserer Psyche am Werk sind und durch unsere Symptome einen Hinweis darauf geben, was im Verborgenen im Gange ist.

Es gibt eine hervorragende Technik zur Aufdeckung unbewusster Inhalte, nämlich die Katathym Imaginative Psychotherapie (KIP)[5] – eine Methode, die von dem deutschen Psychiater Hanscarl Leuner entwickelt wurde. Wie der Name schon sagt, spielt die Imagination eine wichtige Rolle in den Sitzungen. In einem Zustand tiefer Entspannung lenken die Klient*innen ihre Aufmerksamkeit nach innen, während sie sich unter der Anleitung des Therapeuten oder der Therapeutin einer wachtraumartigen Bilderwelt überlassen. In dieser Zeit ruht das »intelligente Gehirn«, das heißt der Bereich des

Neokortex, der für das rationale Denken zuständig ist, und gibt die Kontrolle an die tieferen Schichten des »emotionalen Gehirns« ab. Es ist der Teil unseres Zentralnervensystems, der anhand von Bildern und Symbolen kommuniziert, die Domäne der Gefühle, Fantasien, Visionen und komplexen Erlebnisinhalte, die mit Worten kaum zu erfassen sind und an die wir uns in diesem besonderen Bewusstseinszustand mit der Bitte wenden, uns eine Geschichte zu erzählen. Leuner schlägt vor, die therapeutische Arbeit mit dem »Blumenmotiv« zu beginnen: Die Art der gewählten Blume, ihre Form, ihr Zustand und die Umgebung, in der ihr Bild erscheint, verraten bereits viel über die Beziehung eines Menschen zu sich selbst, über die Grundzüge seiner Persönlichkeit und seine gegenwärtige psychische Verfassung.

Auch im Fall des jungen Mannes beginne ich mit diesem Bild. Nach der vorbereitenden Entspannungsphase bitte ich ihn also, sich eine Blume vorzustellen. »Es ist eine Muschel«, sagt er. Ich bin erstaunt. Bei dem Wort Blume sieht er eine Muschel? Aus welchem Grund? Bei solchen Gelegenheiten gehen mir als Therapeutin natürlich viele Gedanken durch den Kopf. Vielleicht hat er meine Anweisung aber falsch verstanden? Oder habe ich etwa undeutlich gesprochen oder mich gar versprochen? Aber sofort schließe ich diese Möglichkeit aus und sage mir, dass das Unbewusste immer weiser ist als das bewusste Denken: Ich muss einfach nur dem Fluss der Bilder folgen. Wir fahren also mit dem Bild der Muschel fort. »Ich stehe im Meer. Das Wasser reicht mir bis zu den Knöcheln. Es ist vollkommen klar und lässt mich auf den Grund blicken. Zu meinen Füßen sehe ich eine Jakobsmuschel im weißen Sand liegen. Irgendetwas haftet an ihr, und ja, ich kann es sehen: Da klebt ein kleiner gelber Seestern dran!« Seltsame Gefühle überkommen ihn, etwas schnürt ihm die Kehle zu, und er verspürt die Anspannung, die er sonst auf der Bühne erlebt. Tränen laufen ihm über die Wangen. Dann wird das Bild plötzlich undeutlich, als wäre der Sand aufgewirbelt worden, und die Muschel ist nicht mehr sichtbar.

Im Anschluss an die Imaginationsübung setzen wir unser Gespräch fort. Er ist irritiert von dem, was er gesehen hat, aber was ihn wirklich erschüttert, ist die Intensität des Gefühls, das er weder einordnen noch sich erklären kann. Teil dieses therapeutischen Ansatzes ist es, den Klient*innen als »Hausaufgabe« mitzugeben, das Imaginierte zu zeichnen, zu malen oder mit Knetmasse zu modellieren. Auch das ist ein wesentlicher Schritt im Verarbeitungsprozess, denn indem wir belastenden inneren Bildern im Außen Gestalt verleihen, verlieren sie an Macht über uns und werden besser handhabbar. Dabei geht es weder um den künstlerischen Wert noch um die perfekte Wiedergabe des inneren Bildes, sondern allein um den Symbolgehalt der Darstellung. Als ich bei unserem nächsten Termin sein Wasserfarbenbild betrachte, offenbart sich mir die Geschichte, die es erzählt, mit geradezu erschreckender Deutlichkeit. Obwohl er selbst sein Urheber ist, sieht er sein Bild nun, als ich es in die Hand nehme und in einiger Entfernung von ihm in die Höhe halte, mit ganz anderen Augen. »Was sehen Sie?«, frage ich ihn. Sein Gesicht ist nun kreidebleich geworden. Aus diesem Blickwinkel sehen die Rillen der Muschel wie Gitterstäbe aus, und der gelbe Seestern wird zu einem unmissverständlichen Symbol. Um den aufgewirbelten Sand darzustellen, ist das ganze Bild mit hellgrauer Farbe übermalt, durch die das Motiv undeutlich hindurchscheint. Dann beginnt er mit bebender Stimme von der Geschichte seiner Familie zu erzählen. Seine Großmutter überlebte den Krieg als kleines Mädchen, kaum drei Jahre alt. Der größte Teil seiner Familie kam in einem Konzentrationslager ums Leben. Über die Einzelheiten weiß er so gut wie nichts, darüber wurde nie gesprochen. Die schrecklichen Ereignisse waren ein Tabuthema, das immer vermieden wurde. Nur einmal wagte er es, nach der Vergangenheit zu fragen, aber er sah eine solche Ablehnung in den Augen seiner Großmutter und seine Mutter fauchte ihn so an, dass er es für das Beste hielt, in Zukunft darüber zu schweigen. »Es ist lange her, ich muss mich nicht einmischen, es geht mich nichts an, es ist nicht meine Geschichte«, sagte er sich, um sich zu beschwichtigen. Doch das verdrängte Trauma bemächtigte sich auch seines Lebens.

Als es endlich an die Oberfläche kommt, ist er einerseits erleichtert, weil er nun die tiefere Ursache seiner Angst erkennt, andererseits wird ihm bewusst, dass er keine andere Wahl hat, als sich der Vergangenheit zu stellen und sich mit seinem traumatischen Erbe auseinanderzusetzen. So wird die Geschichte seiner Großeltern auf einmal zu seiner eigenen. Er beginnt zu recherchieren, trägt zusammen, was ihm noch an Informationen erreichbar ist, und langsam beginnen auch die Gespräche zu Hause. Die Vergangenheit, die ihn bis dahin unsichtbar verfolgt hat, verliert durch diese Benennung an Macht, und nicht nur er, sondern das ganze Familiensystem wird von dem Druck befreit. Von da an gehen sie merklich offener und ehrlicher miteinander um.

So tauchen also Schmerz-, Angst- und Leidensmuster auch bei Nachkommen auf, die nicht unmittelbar von den Ereignissen betroffen waren. Wie ist das möglich?

Im Jahr 2014 wurde in der Zeitschrift *Nature Neuroscience* eine Studie veröffentlicht, die international für Aufsehen sorgte. Forscher der Emory University in Atlanta besprühten einen Käfig mit Mäusen mit Kirschblütenduft und setzten die Tiere gleichzeitig einem unangenehmen Stromschlag aus, sodass diese bald lernten, den eigentlich angenehmen Duft zu fürchten. Seit den Experimenten, die Iwan Pawlow zu Beginn des zwanzigsten Jahrhunderts mit Hunden durchführte, hat das Phänomen der Konditionierung für uns nichts Spektakuläres mehr, und das ist auch nicht der Grund dafür, dass diese Studie weltweit Beachtung in den Medien fand. In diesem Fall bezogen die Forscher jedoch die *Folgegenerationen* der Mäuse in die Tests ein. Sie stellten fest, dass die auf den Kirschblütenduft ausgelöste Angstreaktion auch in der zweiten und dritten Generation auftrat, obwohl diese Tiere nie einen Stromschlag erhalten hatten. Genauere Untersuchungen ergaben, dass die Mäuse sowohl in der ersten Generation als auch in den nachfolgenden Generationen ähnliche strukturelle Veränderungen in den für den Geruchssinn zuständigen Hirnregionen aufwiesen. Damit war der Beleg dafür erbracht, dass bestimmte Erfahrungen – in diesem Fall Angst und Schmerz – in biochemische Botschaften umgewandelt werden, die das Nervensystem nicht nur der betroffenen Individuen, sondern auch das ihrer Nachkommen beeinflussen können.

Diese Weitergabe von Informationen über das Erbgut wird als transgenerationaler Effekt bezeichnet. Hierbei handelt es sich um aktuelle wissenschaftliche Erkenntnisse, aber es scheint, als hätte Árpád Tóth sie bereits 1923 vorweggenommen, als er sein Gedicht *Der Rhythmus der Ahnen* schrieb:

Ich bin ein Mensch, ein neues Leben, ein neuer Reisender,
der glaubt, nach neuen Geheimnissen zu suchen,
einen jungfräulichen Pfad zu gehen.
Doch in mir, still und leise
sind tausend alte Regungen unterwegs auf alten Wegen.

So viele alte Rhythmen, dicht und düster
Rumorend in den geheimen Tiefen des Leibes,
Fern vom Licht und doch beständig,
Unvergänglich. Alte Geschichten erzählend.

Wer weiß, wie viele meiner traurigen
Urgroßväter mit dieser unbekannten
Welt in ihren Körpern lebten, die meinen
rebellischen Nerv durch müde Gesten erdrückt.

Ich würde ein freudiges neues Lächeln lächeln,
Doch aus den purpurnen Gruben meines Herzens
wandert – von Zelle zu Zelle – ein Strom toter Tränen
zitternd hinauf zu meinen Augen.

Mit einem schönen neuen Gesicht würde ich trotzen,
Doch eine urzeitliche Demut gräbt jetzt
ein kleinmütiges Grübchen um meinen Mund,
Eine sanfte Furche, ein schwaches Lächeln.

Meine Vorväter, alte, alte Vasallen,
seid ihr noch hier? Wie viele schlimme Jahre
werden die müden Nachkommen noch an der
störrischen Truppe dunkler Befehle zu schleppen haben?

Sind alle offenen Wege nur ein verworrener Traum?
Ist es unmöglich, neu zu beginnen?
Gibt es nur ein einziges ewiges Gebot auf Erden:
Zu arbeiten und neue Sklaven zu zeugen?

Ich glaube nicht. Ich habe ein kleines Kind,
mein eigenes! Und vielleicht wird die alte Zelle
In ihm zu reicher Freude gereinigt werden, und
Alles Alte, Schlimme, Verworrene vergessen lassen!

Oh, möge das jungfräuliche Reich der Reinen
Und Glücklichen kommen, eine schönere neue Welt,
Und mögen die müden Rhythmen der toten Väter
Zur Melodie in unseren Herzen erklingen.

Wenn die Evolutionsforschung recht hat und alle (oder fast alle) physiologischen Funktionen des Menschen einem bestimmten Zweck dienen, ist es legitim zu fragen: Welchem Zweck dient die Weitergabe unserer Ängste, Sorgen und Nöte an die nachfolgenden Generationen? Warum hat die Natur es so eingerichtet, dass sich die Leiden der Eltern und Großeltern auch im Leben der Kinder und Enkelkinder widerspiegeln? Die Antwort lautet wie immer: überleben. Transgenerationale Effekte können als wichtige Botschaften betrachtet werden, die frühere Generationen ihren Nachkommen zur Absicherung ihres Lebens übermitteln. »Seht, was ich in der Welt erlebt habe! Seid darauf vorbereitet, damit ihr keine böse Überraschung erlebt!« Doch diese vererbte Anpassungsfähigkeit hat auch eine Kehrseite. Wenn die Welt friedlicher wird – Kriege enden, die Misshandlungen durch die Großeltern sind irgendwann nur noch Geschichte, die Verluste von einst verlieren sich im Nebel der Zeit –, ist die erhöhte Sensibilität eher ein Hindernis als ein Vorteil. Was in Zeiten der Bedrängnis hilfreich ist, wird unter friedlicheren Bedingungen zu einer Bürde. Um den Teufelskreis des Traumas zu durchbrechen und unsere unerklärlichen, übertriebenen oder unbegründeten Ängste zu überwinden, müssen wir uns der Vergangenheit unserer Familie stellen und unser epigenetisches Erbe aufarbeiten.

Eines Tages suchte mich eine Dame mit einem freundlichen Lächeln in meiner Praxis auf. Als wir ins Gespräch kamen, stellte sich heraus, dass sich hinter ihrer Maske der heiteren Ungezwungenheit eine Menge Kummer verbarg. Wann immer sich ihr die Chance auf eine feste Partnerschaft bot, ergriff sie die Flucht. Sie verstand selbst nicht so recht, warum, aber früher oder später machte sie immer einen Rückzieher, lief sie vor jeder sich anbahnenden Romanze davon. Ich fragte sie, wovor sie sich fürchtete. »Davor, verraten zu werden«, lautete ihre Antwort. Das Wort »Verrat« fiel mir auf, da es in diesem Zusammenhang recht seltsam klang. Ich fragte sie daher, welche Bedeutung Verrat in ihrer Familie haben könnte. Es stellte sich heraus, dass ihr Vater sie immer gewarnt hatte:

»Nimm dich in Acht: Jeder kann dich verraten!« Hatte es in der Vergangenheit einen Fall von Verrat in ihrer Familie gegeben? Enthielt das Wort für sie eine besondere Botschaft oder erinnerte es sie an etwas? Als sie nur den Kopf schüttelte, bat ich sie, mit ihrem Vater zu sprechen und ihn zu fragen, woher seine Überzeugung stammte.

Beim nächsten Mal kam sie mit einer aufschlussreichen Geschichte. Ihr Großvater väterlicherseits beteiligte sich 1944 am zivilen Widerstand in Ungarn, doch einer seiner Mitstreiter verriet ihn und lieferte die Gruppe an die rechtsextremen Pfeilkreuzler* aus. Nach ihrer Gefangennahme wurden sie brutal gefoltert. Die Großmutter meiner Klientin war zu dieser Zeit mit deren Vater im achten Monat schwanger. Die werdende Mutter hatte schreckliche Angst, ihren Mann niemals lebend wiederzusehen. Als er schließlich freigelassen wurde, war der einst so starke, gut aussehende Mann nur noch ein Schatten seiner selbst. Sein Lebensmut war erloschen: Er erholte sich nie wieder von seinen Erlebnissen und verließ nicht mehr das Haus. Die ständigen Albträume und die quälenden Erinnerungen an die Folter versuchte er mit Alkohol zu ertränken. Er war ein völlig gebrochener Mann und wurde bald zu einem menschlichen Wrack. Als er starb, empfand die Familie nur Erleichterung. Aber die Lektion lebte unter ihnen weiter. »Nimm dich in Acht: Jeder kann dich verraten!«, warnten sie einander und die nachfolgenden Generationen. Diese Geschichte macht deutlich, dass nicht nur die Weitergabe auf epigenetischer Ebene, sondern auch unsere Worte und wiederholt geäußerten Lebensweisheiten die Traumata unserer Vorfahren zu bewahren vermögen.

* Anhänger einer faschistischen, der NSDAP nahestehenden Partei, die unter verschiedenen Namen von 1935 bis 1945 in Ungarn bestand.

Chiffrierte Wunden

Gene und Diamanten gehören der Ewigkeit an – nur nicht auf die gleiche Weise.

Richard Dawkins, *Das egoistische Gen*

Aber auf welchem Wege empfangen wir solche Botschaften aus dem Erfahrungsschatz unserer Vorfahren?

Im Juni 2000 wurde es in den Medien als ein Meilenstein des Humangenomprojekts gefeiert, dass bereits 97 Prozent des menschlichen Genoms (also des gesamten Erbguts) entschlüsselt seien. Die Tatsache, dass Bill Clinton, der damalige Präsident der USA, und der seinerzeitige britische Premierminister Tony Blair an der Bekanntgabe teilnahmen, zeigt, welche Tragweite man dem Projekt beimaß. Damals waren die Forscher davon überzeugt, dass unser gesamtes Leben von den Genen gesteuert wird. Die Gene bestimmen demnach nicht nur über unser äußeres Erscheinungsbild, sondern sind auch für unsere Emotionen und unser Verhalten verantwortlich; sie steuern, was mit unserem Körper geschieht und was das Schicksal noch für uns bereithält. Die Kartierung und Sequenzierung des menschlichen Genoms würden es erlauben, unser aller Zukunft vorauszusagen und nicht nur unsere künftige Krankengeschichte daraus abzulesen, sondern auch entsprechende Behandlungsmöglichkeiten zu entwickeln.

Heute wissen wir, dass dies so nicht zutrifft. Wie sich seither zeigte, stellen die Gene selbst nur einen grundlegenden

Code dar und sagen für sich genommen nicht viel über die hochkomplexen psychophysiologischen Vorgänge in einem Individuum aus. Dafür gibt es einen relativ einfachen Grund: Gene können sich nicht selbst an- und ausschalten. Sie werden durch Umwelteinflüsse wie Ernährung, Stress und Emotionen aktiviert und deaktiviert. Man spricht hier von epigenetischen Effekten beziehungsweise von vererbbaren Veränderungen in der Genexpression.

Die Epigenetik ist heute einer der sich am schnellsten entwickelnden Wissenschaftszweige. Laut dem Immunologen András Falus erforscht die Epigenetik …

> […] die Weitergabe des genetischen Erbguts, bei der keine Veränderung der DNA-Sequenz stattfindet. Sie versucht, die Frage zu beantworten, wie der Einfluss von Umweltfaktoren auf die Eltern zu molekular nachweisbaren Veränderungen der Genexpression bei den Nachkommen führt.[6]

Die Vorsilbe »epi« (griechisch »dazu, außerdem«) bringt dabei zum Ausdruck, dass es sich bei epigenetischen Phänomenen um übergeordnete Mechanismen handelt.

Aber was könnte die Natur mit diesem Mechanismus bezweckt haben? Nehmen wir zunächst die DNA. Die DNA ist eine äußerst beständige und sozusagen konservative Struktur, die kaum Veränderungen unterliegt. Selbst extreme Umwelteinflüsse lassen sie meist unangetastet. Damit der Organismus aber auf die aktuellen Umweltbedingungen reagieren kann und auch nachfolgende Generationen in die Lage kommen, sich ihnen besser anzupassen, war ein Programm zu einer rascheren genetischen Modifikation erforderlich. Die Natur hat dieses Problem auf dem Wege der epigenetischen Information gelöst.

Laut Rachel Yehuda, Professorin an der Mount Sinai

School of Medicine in New York, bedient sich die Natur epigenetischer Veränderungen, um uns für die Bewältigung von Traumata zu rüsten, die unsere Eltern erfahren haben. Es handelt sich also um ein biologisches Programm, das uns auf den Umgang mit Stresssituationen vorbereitet, denen wir mit großer Wahrscheinlichkeit ausgesetzt sein werden. Wenn unsere Eltern unter harten Bedingungen gelebt haben, wenn sie der Verfolgung oder regelmäßiger Misshandlung ausgesetzt waren, wenn ihnen nicht genügend Nahrung zur Verfügung stand, dann hilft uns dieses voreingestellte Stressbewältigungssystem, unter ähnlichen Bedingungen zu überleben.

Was zunächst nach einem Vorteil klingt, entpuppt sich wie gesagt als Nachteil, wenn die Bedrohung tatsächlich schon längst nicht mehr besteht. Menschen, die sich ständig in einem Kriegsgebiet wähnen und von Ängsten und Sorgen geplagt sind, obwohl um sie herum Frieden herrscht, haben ein höheres Risiko, verschiedene stressbedingte Krankheiten zu entwickeln.

Genau dies stellten Yehuda und ihre Kolleg*innen bei den Nachkommen von Holocaustüberlebenden fest, die weitaus häufiger an posttraumatischen Belastungsstörungen und folglich an Depressionen litten als Menschen, deren Vorfahren nicht der Verfolgung ausgesetzt waren.

Es bleibt in der Familie

Ich sage dir, dass ich ein Monster bin und dass ein solches Monster nicht gut ist für ein Kind, und genau davor hat mich mein Großvater gewarnt. Deshalb hat er mich gelehrt, kein Kind zu wollen. Um die Kette zu durchbrechen. Damit ich nicht so werde wie er.

Éva Péterfy-Novák, *Zieh dich nicht vor deinem Vater aus*[7]

Am Anfang war Erziehung[8] ist ein bekanntes Buch der polnisch-schweizerischen Psychologin Alice Miller, das heute als Klassiker zum Thema Kindesmissbrauch gilt. Es ist keine leichte Lektüre, die sehr sensiblen Gemütern nicht unbedingt zu empfehlen ist. In dem 1980 erschienenen Werk, das seiner Zeit weit voraus war, zeigt die Autorin auf, wie die Folgen von in der Kindheit erlittenen Traumata und Vernachlässigungen uns ein Leben lang begleiten können. Miller vertritt nachdrücklich die Auffassung, dass es die Weitergabe von Gewalt von Generation zu Generation verhindern könne, wenn wir uns als Gesellschaft für die in der Kindheit erfahrenen und weiterhin verleugneten Grausamkeiten und deren Folgen sensibilisieren. Dieser These stimme ich voll und ganz zu. Wir müssen offen über das Thema sprechen, um die Verkettung der transgenerationalen Auswirkungen von Traumata zu durchbrechen. Karolina Kósa zitiert in einem Artikel John Briere, außerordentlicher Professor für Psychiatrie und Psychologie an der Universität von South Carolina, der auf einer Konferenz über Kindesmissbrauch in den 1990er-Jahren in Kalifornien sagte, das DSM werde innerhalb von zwei Generationen auf den Umfang einer Broschüre schrumpfen und die Gefängnisse würden leer sein, wenn es keinen Missbrauch und keine Vernachlässigung von Kindern mehr gäbe (DSM steht für Diagnostic and Statistical Manual of Mental Disorders und ist ein Leitfaden für Symptome, anhand deren verschiedene psychische Störungen diagnostiziert werden können).

Leider erkennen viele Menschen noch immer nicht, welch tiefgreifende Auswirkungen die Ereignisse in der Kindheit auf das spätere Leben haben. Wie ein unterirdischer Strom kommen unsere frühen Traumata im Erwachsenenalter immer wieder an die Oberfläche, und wenn wir nicht beginnen, sie zu heilen, erschweren sie nicht nur unser eigenes Leben, sondern auch das unserer Kinder und Kindeskinder.

Es ist noch gar nicht so lange her, dass wir als Gesellschaft erkannt haben, wie sensibel und verletzlich Kinder sind. Früher wurden kleine Kinder als Miniaturerwachsene betrachtet, und man kümmerte sich wenig um ihre besonderen körperlichen und emotionalen Bedürfnisse. Körperliche Bestrafung und strenge Behandlung waren ganz selbstverständlich, und kaum jemand dachte über die negativen Folgen nach. Noch immer sind Aussagen zu hören wie »Ein paar Schläge haben noch niemandem geschadet«. Die Frage ist nur: inwiefern nicht geschadet? Es ist an der Zeit zu erkennen, dass Missbrauch und Misshandlungen uns nicht zu besseren Menschen machen, sondern zu traumatisierten. In der Forschung gilt es heute als erwiesen, dass die physischen und psychischen Verletzungen der Kindheit unauslöschliche Spuren in unserem Leben hinterlassen.

In den 1960er-Jahren begann man, sich intensiver mit diesem Thema zu befassen, aber die erste wirklich viel beachtete Vergleichsstudie stammt aus dem Jahr 1995. Vincent Felitti und Robert Anda befragten dazu 17 421 Erwachsene über ihre frühe Kindheit, wobei sie sich insbesondere nach sogenannten belastenden Kindheitserfahrungen (Adverse Childhood Experiences/ACE) erkundigten. Dazu zählen verschiedene Formen von Missbrauch (körperlich, emotional oder sexuell) sowie körperliche und psychische Vernachlässigung. Dabei erfragten sie zudem dysfunktionale Familienverhältnisse, zum Beispiel Drogen- oder Alkoholabhängigkeit eines Elternteils, das Vorliegen psychischer Erkrankungen oder das Vorkommen von häuslicher Gewalt. Auch Inhaftierung, Trennung und Scheidung der Eltern wurden berücksichtigt. Jede bejahende Antwort wurde mit einem Punkt bewertet, woraus sich der individuelle ACE-Wert der betreffenden Person ergab. Schon bei der ersten Analyse der Daten fiel auf, wie häufig die verschiedenen traumatischen Erfahrungen waren: Siebzig Prozent der Befragten erreichten mindestens einen Punkt, und jeder Achte hatte einen ACE-Wert von vier oder mehr.

Eine Kindheit voller schmerzhafter Erfahrungen ist also keine seltene Ausnahme, sondern für die meisten Menschen die bittere Realität. Das größte Verdienst der Untersuchung war jedoch, dass sie endlich den nicht zu leugnenden Zusammenhang zwischen Kindheitserfahrungen und der gesundheitlichen Verfassung im Erwachsenenalter deutlich machte: Je höher der ACE-Wert, desto schlechter war der Gesundheitszustand. Körper und Seele leiden ein Leben lang unter den Auswirkungen von in der Kindheit erlittenen Verletzungen und Entbehrungen. Ein paar Statistiken: Bei einem ACE-Wert von mehr als vier steigt die Wahrscheinlichkeit einer Depression um das 4,5-Fache, das Risiko einer infektiösen Hepatitis und einer chronisch-obstruktiven Lungenerkrankung (COPD) um das 2,5-Fache und das Risiko eines Suizidversuchs um das 12-Fache. Ein eindeutiger Zusammenhang wurde auch zwischen Missbrauch in der Kindheit und häufigen Kopfschmerzen sowie Schlafstörungen festgestellt. Und damit nicht genug: Das Risiko, an Lungenkrebs zu erkranken, ist bei Personen mit einem ACE-Wert von über fünf dreimal so hoch wie bei Personen, die in ihrer Kindheit kein Trauma erlebt haben. Auffallend ist auch, dass Proband*innen mit einem ACE-Wert von über fünf, die an Lungenkrebs erkrankt waren, in einem viel jüngeren Alter – im Durchschnitt dreizehn Jahre früher – erkrankten als andere Lungenkrebspatient*innen mit einem ACE-Wert von null. Man kann also feststellen, dass Kindheitstraumata zweifellos die Lebensqualität beeinträchtigen und die Lebenserwartung herabsetzen. Aber auch in einem größeren Kontext hinterlassen sie ihre Spuren. Laut Felitti, dem Leiter der Studie, wirkt sich Kindesmissbrauch auf die Gesundheit einer ganzen Gesellschaft aus und kann auf diesem Weg auch die Wirtschaftsleistung eines Landes beeinträchtigen. Wird ein kleines Kind regelmäßig misshandelt, gedemütigt, vernachlässigt oder benutzt, sind davon alle Bereiche seiner Persönlichkeitsentwicklung betroffen, das heißt, es ist in der Ausbildung seiner körperlichen, intellektuellen, emotionalen und sozialen Fähigkeiten gehemmt. Dank der bildgebenden Verfahren des Gehirns können wir heute ziemlich genau sehen, was im Nervensystem traumatisierter Kinder geschieht. Ein Trauma bedeutet nicht nur körperlichen Schmerz und quälende Erinnerungen (die oft nur auf unbewusster Ebene gespeichert sind). Und dies ist ein Punkt, den es vor allen Dingen zu verstehen gilt: Angst und Furcht als Reaktion auf Bedrohung und Unsicherheit sind nicht nur vorübergehende Gefühle. Die langfristigen Auswirkungen eines Traumas beruhen darauf, dass das unreife Nervensystem eines Kindes durch die Stresshormone quasi »eingefroren« wird und infolgedessen eine andere Entwicklung durchläuft. Das Gehirn eines traumatisierten Menschen ist anders strukturiert und funktioniert auch anders als das von Menschen, die das Glück haben, keine traumatischen Erfahrungen durchgemacht zu haben. Wenn wir uns über das Verhalten eines Menschen wundern, sollten wir deshalb immer daran denken, dass es sich um ein Symptom dieser abweichenden Gehirnfunktion handeln könnte.

Warum haben Misshandlungen in der Kindheit so gravierende Folgen? Nähert man sich der Frage aus entwicklungsneurologischer Sicht, so ist die Reifung des kindlichen Nervensystems nicht einfach das Ergebnis eines automatisch ablaufenden biologischen Programms, sondern sie wird durch die sogenannte erfahrungsabhängige Reifung bestimmt. Was bedeutet das genau? Es bedeutet, dass alles, was einem Kind auf emotionaler und körperlicher Ebene widerfährt, sich auf die Entwicklung des kindlichen Nervensystems auswirkt – und zwar insbesondere auf einer Ebene, an die es als Erwachsene*r keine Erinnerung hat. Nach Ansicht der perinatalen Psychologen (die sich mit den frühesten Ereignissen im Leben eines Menschen befassen) leben Mutter und Kind in einer gemeinsamen psychosomatischen Welt, einer sogenannten symbiotischen Realität. Aufgrund dieses gemeinsamen physischen und psychischen Erlebnisraums sind die emotionalen Schwankungen der Mutter (und natürlich auch des Vaters) von erheblicher Bedeutung für die Wahrnehmungswelt des Kindes, auf dessen biochemische Prozesse im Gehirn sie sich auswirken. Es ist der emotionale Zustand der Eltern (und nicht ihre bewusste Intention), der die emotionale Struktur des Kindes einschließlich der Entwicklung des Nervensystems prägt.

Der sogenannte Frontallappen hat einerseits die Aufgabe, die Funktionen der anderen Hirnregionen zu koordinieren, andererseits ist er für die Regulierung emotionaler Reaktionen zuständig. Eine Emotion stammt aus einer tiefer liegenden Region des Gehirns, dem limbischen System, das auch als emotionales Gehirn bezeichnet wird, während der Frontallappen als Kontrollinstanz überschießende Reaktionen moderiert. Beim Neugeborenen ist dieser Bereich noch unausgereift, und es braucht Zeit, bis er seine Aufgabe erfüllen und Spannungen abbauen kann.

Betrachten wir ein Baby oder ein Kleinkind. Es drückt seine Gefühle noch unkontrolliert aus, es schreit, wenn es Hunger hat, und weint, wenn es traurig ist. Welche Spannungszustände es auch immer erlebt, es kann sich noch nicht selbst beruhigen. Dazu braucht es die Hilfe einer erwachsenen Bezugsperson, deren Nervensystem (hoffentlich) ausgereift ist. Ich sage gerne, dass die Eltern das »externe Gehirn« des Kindes seien, das die Funktionen der noch unentwickelten Bereiche des kindlichen Gehirns an dessen Stelle übernimmt. In Stresssituationen, seien sie durch Schmerzen, Hunger oder Alleinsein ausgelöst, ist die Anwesenheit der Eltern überlebenswichtig. Ein Kind, das sich selbst überlassen bleibt, hört zwar irgendwann auf zu weinen, weil es die vergeblichen Hilferufe aufgegeben hat, aber innerlich wird es gewiss nicht zur Ruhe kommen. Wenn die Eltern den Spannungszustand des Kindes aushalten und es beruhigen können, indem sie es wiegen, streicheln und in den Arm nehmen, dann wird das Kind mit der Zeit die Fähigkeit entwickeln, seine Gefühle selbst zu regulieren. Und die Betonung liegt hier wirklich auf »mit der Zeit«. Die verlässliche, einfühlsame Anwesenheit eines Elternteils, der auf die Bedürfnisse des Kindes einzugehen weiß, ist der Schlüssel zu seiner späteren Fähigkeit zur Steuerung von Emotionen und Verhalten. Wächst das Kind in einer liebevollen und sicheren Umgebung auf, wird der Frontallappen schließlich seine volle Funktion übernehmen und seiner Aufgabe nachkommen können, emotionale Impulse zu kontrollieren. Mit diesem Wissen, wie empfindlich das sich entwickelnde Nervensystem auf Umwelteinflüsse reagiert, sollten wir uns nun nicht mehr darüber wundern, welche schwerwiegenden Folgen es haben kann, wenn in der Kindheit diesbezüglich schlechte Ausgangsbedingungen herrschen.

Missbrauch und Vernachlässigung hemmen also die Entwicklung des Frontallappens, sodass die Betroffenen auch im Erwachsenenalter nicht in der Lage sind, ihre inneren Spannungen zu regulieren. Sie sind reizbarer und impulsiver als andere Menschen, und Ereignisse, die anderen unbedeutend erscheinen, können sie völlig aus dem Gleichgewicht bringen.

Dabei ist nun wichtig zu wissen, dass Menschen, bei denen die Fähigkeit zur Selbstbeherrschung unzureichend entwickelt ist und die nicht in der Lage sind, ihr Temperament und ihre Emotionen zu zügeln, als Eltern hilflos sind, wenn es darum geht, ihr aufgewühltes Kind zu beruhigen. Ihnen bleibt dann kaum eine andere Wahl, als in die eigenen Kindheitsmuster zurückzufallen und gereizt und mit Aggression zu reagieren. Auf diese Weise werden negative emotionale Muster und impulsive Verhaltensweisen unerbittlich von Generation zu Generation weitergegeben.

Eine weitere tragische Folge der in der Kindheit erlittenen Misshandlung und Vernachlässigung ist, dass sie die richtige Interpretation sozialer Signale verhindert. Wer mit diesem Trauma belastet ist, kann nur schwer enge Bindungen eingehen, weil andere Menschen aufgrund der negativen Kindheitserfahrungen generell im Verdacht stehen, unberechenbar und nicht vertrauenswürdig zu sein. Dazu kann sich die Erwartung gesellen, jederzeit aus heiterem Himmel zum Opfer von Feindseligkeiten oder Kränkungen werden zu können. Es spielt also im Grunde keine Rolle, wie sich das Gegenüber verhält: Die negative Erwartungshaltung macht sich bei jeder Begegnung geltend, und die Reaktion auf andere Menschen hat dann weniger mit dem Wesen aus Fleisch und Blut zu tun, das man vor sich hat, als einer fixen Vorstellung, die man auf es projiziert.

Als Szilárd Borbélys Roman *Die Mittellosen*[9] 2013 im ungarischen Original (*Nincstelenek*) erschien, wurde er sofort zu einem literarischen Bestseller. Obwohl aus der Perspektive eines Kindes geschrieben, wirken die nüchternen Sätze fast schon schmerzlich distanziert, und viele Menschen werden ihr eigenes Schicksal oder das ihrer Eltern und Großeltern in dem sachlichen Bericht wiedererkannt haben.

> Unser Vater schlägt uns systematisch, so wie Männer es tun. Vom Füllen und Tragen der Säcke sind seine Hände sehr stark, von der Schaufel hart. Mit der Hand schlägt er selten zu. Er macht es mit dem Gürtel oder der Peitsche. Vor unserem Vater haben wir Angst. Das Prügeln unserer Mutter ist nur Hysterie. Es tut nicht wirklich weh. Währenddessen muss man sehr weinen und schreien. Meine Mutter schlägt und schimpft zugleich. Sie haut kraftlos, weil sie weint.
> Auch die anderen Jungen sagen, dass Frauen nicht schlagen können. Man muss einfach durchhalten. Zeit schinden, damit ihr Ärger vergeht. Er vergeht immer und sie verzeihen immer.
> Das Schlagen der Väter ist anders. Sie gehen systematisch vor, dosieren die Menge. Vorerst hören sie nicht auf, sie warten ab, dass es sehr wehtut. Dann finden sie noch Gefallen daran. Sie schlagen uns so lange, bis wir nicht mehr nur aus Angst weinen, sondern weil es wehtut. Damit wir es nicht vergessen. Sie wissen, wann dieser Augenblick kommt. So lange schlagen sie. […]
> Die Jungen im Dorf werden von ihren Vätern noch geschlagen. Besonders wenn die Väter besoffen von der Kneipe nach Hause kommen. Mein Vater kommt nur selten besoffen nach Hause. Meine Mutter sagt, sie glauben, weil sie selbst geschlagen wurden, müssen sie es auch so machen.
> »So wird aus ihm ein Mann«, sagen sie immer. »Du wirst es mir noch danken«, mit diesen Worten beenden sie das Prügeln.
> Wenn sie nach Hause kommen, nehmen sie das zuvor eingeweichte Seil aus der Tränke im Hof. Sie betreten

> das Haus und brüllen: »Hurensöhne!« So sagen sie immer. Auch die Frau erschrickt und wagt nicht, ihrem Mann zu widersprechen. Dann beginnt das Prügeln. Wenn die Frau etwas sagt, ist auch sie an der Reihe.

Man stelle sich vor, wie schwierig es für ein Kind, das dies Tag für Tag durchmacht, sein muss, noch zu vertrauen und von der Hand, die sich nach ihm ausstreckt, zärtliche Berührung anstatt Schläge zu erwarten. Leider begegne ich nur zu oft Menschen, bei denen dieses unerträgliche Schicksal zum Familienerbe gehört, das seit Generationen weitergetragen wird. Auch dazu ein Beispiel aus meiner Praxis: Eine Frau in ihren Vierzigern, nennen wir sie Edina, sucht mich zu einem Therapiegespräch auf. Sie ist verzweifelt und geradezu zerquält, weil sie seit Monaten an Schlafstörungen leidet. Obwohl sie leicht einschlafen kann, wacht sie nach zwei oder drei Stunden wieder auf und wälzt sich von da an schlaflos hin und her. Wenn dann morgens der Wecker klingelt, fällt es ihr natürlich schwer aufzustehen. Wegen des Schlafmangels wird sie immer reizbarer: Sie würde sich sogar »mit des Teufels Großmutter anlegen«, wie sie sich ausdrückt. Gleichzeitig hasst sie sich selbst dafür, ihren Kindern eine hysterische und jähzornige Mutter und ihrem Mann eine nörgelnde, abweisende Ehefrau zu sein. Einen Auslöser für ihre Symptome kann sie nicht finden; ihr fällt kein Grund ein, der ihre schlaflosen Nächte auch nur annähernd erklären könnte. Inzwischen häufen sich die Probleme auf der Arbeit, vor allem, weil sie zunehmend desinteressiert und lustlos wird. Sie entwickelt immer mehr Widerstände gegen das, was sie tut, und versucht sich vor ihren Aufgaben zu drücken, wo sie nur kann. Das macht sich natürlich in ihrer Arbeitsleistung bemerkbar. Regelmäßig gerät sie mit Kolleg*innen aneinander, und fast jeden Tag gibt es auf ihrer Arbeitsstelle irgendeinen Konflikt. Als ich sie nach den Gründen dafür frage, sagt sie, dass sie irgendwie mit niemandem zurechtkomme und sich wie unter Fremden fühle. Auch Freundschaften zu pflegen gelingt ihr nicht, weil es ihr schwerfällt, sich mit Menschen zu unterhalten. Da sie nicht aus sich herausgehen kann, lässt sie sich auf bestimmte Situationen gar nicht erst ein. Sie meint, es sei so, als wäre sie mit einem Ufo auf der Erde gelandet und beherrsche keine der hier gesprochenen Sprachen, als sei sie von einer unsichtbaren Hülle umgeben, die sie daran hindert, mit der Welt in Kontakt zu treten. Ich sehe, wie sie mich kritisch mustert, um abzuschätzen, ob sie sich mir gegenüber öffnen kann, ob ich sie akzeptiere oder für völlig verrückt halte. Als ich sie dann nach ihrer Kindheit frage, kann sie sich an kaum etwas erinnern. Sie hat kein zusammenhängendes Bild von der Vergangenheit, es sind bestenfalls kleine Fragmente. »Ich kann mich nicht mehr erinnern« ist ihre stereotype Antwort auf fast alle meine Fragen. Wir kommen nur äußerst mühsam voran, denn wohin immer wir uns wenden, stoßen wir auf eine Mauer. Es ist, als ob ihr Leben gar nicht stattgefunden hätte. Dennoch bleibt sie beharrlich – und nach einiger Zeit besteht sie sogar darauf, die Therapie fortzusetzen. Also reden wir, zunächst nur über aktuelle Themen, und probieren es mit Entspannungstechniken.

Dann kommt sie eines Tages völlig aufgelöst in die Therapiestunde. Am Tag zuvor war sie bei ihrer Zahnärztin gewesen und hatte sich im Behandlungsstuhl übergeben müssen. Daraufhin verlor sie für einen Moment das Bewusstsein und war dann, als sie wieder zu sich kam, so aufgewühlt wie nie zuvor. Ihr Herz klopfte heftig, sie bekam schlecht Luft und fühlte sich so kraftlos, dass sie kaum gehen konnte. Sie war vollkommen durcheinander, vor allem, weil sie nicht verstand, was mit ihr geschah. Wir versuchen, Schritt für Schritt zu rekonstruieren, wie es dazu kam, dass sie sich so unwohl fühlte, aber es gelingt uns nicht. Eine Woche später passierte es dann wieder. Dieses Mal jedoch hatte sie, wie zuvor zwischen uns vereinbart, auf kleine Anzeichen geachtet, damit wir die Puzzleteile zusammensetzen und herausfinden können, was hinter dieser seltsamen Anwandlung steckt. Als der Schlüssel dazu erweist sich ein Duft: das Parfum der Zahnärztin, das dem, das ihre Mutter vor Jahrzehnten getragen hatte, unheimlich ähnlich war. Ihre Mutter – und von nun an kommen die Erinnerungen langsam an die Oberfläche – hat sie viele Male grausam behandelt. Dabei ging es nicht allein um Lieblosigkeit und Vernachlässigung: Sie hat sie regelrecht gequält. Sie ließ sie arbeiten, teilte ihr Aufgaben zu und verlangte dann eine Erklärung, wenn sie nicht schaffte, womit selbst Erwachsene überfordert gewesen wären. Wenn sie einen Fehler machte, kam sie das teuer zu stehen. Dann war eine Tracht Prügel fällig, und zwar mit allem, was gerade zur Hand war: einem Holzlöffel, einem Pantoffel, einem Besenstiel, was immer ihre Mutter in die Finger bekam. Als das kleine Mädchen, das sie damals war, konnte sie nichts tun, als die Misshandlungen über sich ergehen zu lassen. Während sie geschlagen wurde, stellte sie sich vor, sie befände sich außerhalb ihres Körpers und schaute von der Zimmerdecke auf sich herab oder säße in einer abgelegenen Höhle in völliger Einsamkeit. Auf diese Weise taten die Schläge nicht so weh.

Es dauert Monate, bis sie die wiederauftauchenden Bruchstücke ihrer Vergangenheit zu einem Ganzen zusammenfügen kann. Sie erkennt nun, wie sehr der Missbrauch, den sie zu Hause erfahren hat, sie von ihrer Umgebung entfremdet hat. Das idyllische Familienleben, das nach außen hin präsentiert wurde, war so weit von der Realität entfernt, dass sie selbst das Gefühl hatte, vor anderen verheimlichen zu müssen, wie sie wirklich lebten. Weder konnte sie Besuch von Klassenkamerad*innen empfangen, noch wurden jemals andere Gäste eingeladen. Die Familie hatte kaum Kontakte und lebte in fast völliger Isolation. Sich verstecken zu müssen wurde zu einer grundlegenden Erfahrung ihrer Kindheit.

Auch für ihre Schlaflosigkeit findet sie eine Erklärung. Als sie wieder und wieder darüber nachdenkt, wird ihr klar, dass alles mit dem ersten Jahrestag des Todes ihrer Mutter begann. Bevor ihre Mutter starb, musste meine Klientin ihr versprechen, ihren letzten Wunsch zu erfüllen und innerhalb eines Jahres einen Grabstein nach ihren Vorstellungen anfertigen zu lassen. Sie stimmte der Aufgabe zu, kam damit aber nicht zurande. Aus einem inneren Widerstand heraus schob sie es immer wieder auf. Solange ihre Mutter am Leben war, hatte sie es nie gewagt, sich ihr zu widersetzen; nach ihrem Tod gelang es ihr zwar, äußerlich den Gehorsam zu verweigern, aber das kleine Mädchen in ihr fürchtete noch immer, sich schuldig zu machen. Auch nach ihrem Tod stand die zürnende Mutterfigur weiterhin vor ihr, mit dem Holzlöffel in der Hand.

In einem Gespräch mit einer Verwandten erfuhr Edina schließlich, dass ihre Mutter eine schreckliche Kindheit gehabt hatte. Später heiratete sie einen viel älteren Mann, der überdies Alkoholiker war, nur um von zu Hause wegzukommen, wo sie grausam behandelt wurde. Die Schläge, die sie von ihren Eltern erhalten hatte, gab sie dann an ihre Tochter weiter. Für Edina ist es sehr schmerzlich, über diese Dinge zu sprechen, aber nach und nach löst sich ihre Anspannung, und die quälenden Gefühle lassen allmählich nach. Anfänglich ist sie noch sehr wütend über ihre unglückliche Kindheit, aber mit der Zeit bringt sie auch für das Schicksal ihrer Eltern Verständnis auf, und die Wut weicht dem Mitgefühl.

Um uns von den Dämonen der Kindheit zu befreien, dürfen wir nicht bei den Vergehen und Versäumnissen unserer Eltern stehen bleiben. Wir müssen lernen zu akzeptieren, dass auch sie einst hilflose Opfer waren, die ihre unbewältigten Traumata an uns weitergegeben haben.

Vor Kurzem hielt ich einen Vortrag, in dem es auch um Missbrauch in der Kindheit und transgenerationale Weitergabe von Traumata ging. In der anschließenden Diskussionsrunde bedauerte eine Teilnehmerin, dass dem Thema Missbrauch eine so große Bedeutung beigemessen werde, da dies zu einer verzerrten Wahrnehmung führe. Ihrer Meinung nach sollten wir mehr über positive Kindheitserfahrungen sprechen, anstatt ein übertrieben düsteres Bild von unseren Familien zu zeichnen. Was für mich in ihren Worten mitklang, war jedoch der Wunsch, das Vorgefallene zu leugnen, um dem Schmerz zu entgehen. Die Dinge hören aber nicht auf zu existieren, wenn man nicht über sie spricht: Vielmehr müssen wir über sie sprechen, gerade weil sie existieren. Nur wenn wir bereit sind, die Tabus zu brechen, wird es uns gelingen, künftigen Generationen dieselben leidvollen Erfahrungen zu ersparen.

Eine Frau mittleren Alters kommt in meine Praxis. Sie ist außer sich vor Sorge um ihre dreizehnjährige Tochter. Seit das Mädchen Anzeichen zeigt, zur Frau zu werden, ist jeder Tag ein Albtraum für die Mutter, die sich ständig die schrecklichsten Dinge ausmalt. Tag und Nacht fürchtet sie, dass ihre schutzlose Tochter ausgenutzt, sexuell missbraucht oder vergewaltigt werden könnte. Sie lässt sie nirgendwo allein hingehen und ist nur beruhigt, solange sie in ihrer Nähe ist. Inzwischen ist es so weit gekommen, dass sie ihren Mann (zu dem ohnehin kein gutes eheliches Verhältnis besteht) auf die Couch im Wohnzimmer ausquartiert hat, damit ihre Tochter neben ihr im elterlichen Doppelbett schlafen kann. Ich brauche nicht lange nachzufragen, bis sie mir erzählt, was hinter dieser geradezu paranoiden Furcht stecken könnte: Es kommt eine erschütternde Geschichte von sexuellem Missbrauch zum Vorschein, die sich über Generationen hinweg wiederholt hat. Als sie selbst dreizehn Jahre alt war, zeigte ihr Stiefvater auf einmal ein ausgeprägtes Interesse an ihr. Eine Zeit lang hat ihr diese gesteigerte Aufmerksamkeit sogar geschmeichelt. »Was seine Gunstbezeugungen betrifft, hätte ich ohne Weiteres meine Mutter ausstechen können«, bemerkt sie bitter. Aber dann nahmen die Dinge plötzlich eine für sie unerwartete Wendung. Eines Abends, als ihre Mutter bei Verwandten zu Besuch war, schloss sich ihr Stiefvater mit ihr im Badezimmer ein und vergewaltigte sie. Was so schon schrecklich genug klingt, ist aber nur die Spitze des Eisbergs. Wie sie mir weiter berichtet, wurde sie selbst infolge einer Vergewaltigung geboren. Was ihr selbst widerfuhr, findet seine geradezu unheimliche Entsprechung in den Erfahrungen ihrer Mutter, die ebenfalls bei ihrem Stiefvater aufwuchs, der sie, seit sie dreizehn war, körperlich bedrängte und sie dann, als er einmal allein mit ihr zu Hause war, vergewaltigte. Sie wurde schwanger, und als sie es wagte, jemandem davon zu erzählen, stand die Geburt nur noch wenige Wochen bevor. So kam meine Klientin zur Welt und wurde von ihrer Mutter von einer gescheiterten Beziehung zur nächsten mitgeschleppt, bis der Mann auftauchte, der zu ihrem Vergewaltiger werden sollte. Später, als junge Frau, geriet sie noch mehrmals in Situationen, in denen sie nur durch Glück einer weiteren Vergewaltigung entging. Jetzt fürchtet sie sich davor, dieses schreckliche Erbe an ihre eigene Tochter weiterzugeben, und misstraut allen Männern, einschließlich ihres eigenen Ehemannes.

Wie entsprechende Studien immer wieder zeigen, werden Menschen, die in der Kindheit sexuell missbraucht wurden, im späteren Leben häufiger erneut zu Opfern. Es ist, als ob ihr psychisches Immunsystem versagte: Oft erkennen sie nicht die Anzeichen der Gefahr und geraten immer wieder in Situationen des Ausgeliefertseins. Sie erleben sich als unfähig, sich selbst vor Übergriffen zu schützen, sodass ein klares Nein gegenüber dem Aggressor undenkbar scheint. Einmal zum Opfer geworden, glauben sie, dass Aggression ein natürlicher

Bestandteil menschlicher Beziehungen sei, ein Preis, den zu zahlen nahezu unvermeidlich sei, eine unabänderbare Tatsache des Lebens. Auch dies ist eine auf frühen Prägungen beruhende Überzeugung, die nur zu leicht auf die nachfolgenden Generationen übergehen kann. Aus verschiedenen Studien geht hervor, dass Frauen, die sexuell missbraucht wurden, weniger in der Lage sind, ihre Kinder wirksam zu schützen. Auch deshalb ist es aus traumatherapeutischer Sicht besonders wichtig, dass Eltern, die in der Vergangenheit Opfer von Missbrauch wurden, angemessene Unterstützung erhalten.

Aber nicht nur sexuelle Übergriffe, auch die anderen physischen und psychischen Verletzungen der Kindheit müssen zur Sprache kommen, denn wenn sie unbehandelt bleiben, können sie, wie gesagt, auch das Leben unserer Kinder und Enkelkinder überschatten. In seinem Buch *Wenn der Körper nein sagt* schreibt Gabor Maté:

> Kurz gesagt, Erziehung und Elternschaft ist ein Tanz der Generationen. Was auch immer störend auf eine Generation eingewirkt hat, aber nicht vollständig gelöst wurde, wird an die nächste Generation weitergegeben. Der Journalist und Autor Lance Morrow fand in seinem Buch *Heart* eine prägnante Beschreibung für die Multi-Generationen-Natur von Stress. In seiner zu Herzen gehenden und schönen Schilderung seiner Begegnungen mit der Sterblichkeit, die ihm von einer fast tödlichen Herzerkrankung aufgezwungen wurden, schreibt er: »Generationen sind Schachteln in Schachteln: In der Gewalt meiner Mutter findest du eine andere Schachtel, die die Gewalt meines Großvaters enthält, und in dieser Schachtel (ich vermute es, weiß es aber nicht) findest du dann eine weitere Schachtel mit etwas von genau der gleichen geheimen, schwarzen Energie – Geschichten in Geschichten, die immer weiter zurückreichen.«[10]

Wir könnten das natürlich auch in der Sprache der Biologie ausdrücken: Als unsere Großmutter missbraucht, vernachlässigt oder verfolgt wurde, trug sie die Eizelle, aus der später unsere Mutter wurde, bereits in ihrem Körper. Diese Zelle hat den erhöhten Spiegel an Stresshormonen bereits zu spüren bekommen. Dasselbe gilt für Erfahrungen während der Schwangerschaft, nur dass in diesem Fall gleich drei Zellgenerationen betroffen sind (die unserer schwangeren Großmutter, unserer Mutter als Embryo und in diesem die Eizelle ihres zukünftigen Kindes). In den sozialen Netzwerken findet sich die folgende Darstellung, die diesen Zusammenhang gut veranschaulicht. Die in biochemischer Form gespeicherten Erinnerungen an die Ängste und Sorgen unserer Großmütter leben in uns auf zellulärer Ebene weiter. Was auch immer mit unseren Ahnen geschehen ist, die Spuren ihrer Emotionen lassen sich auch in unserem Leben wiederfinden.

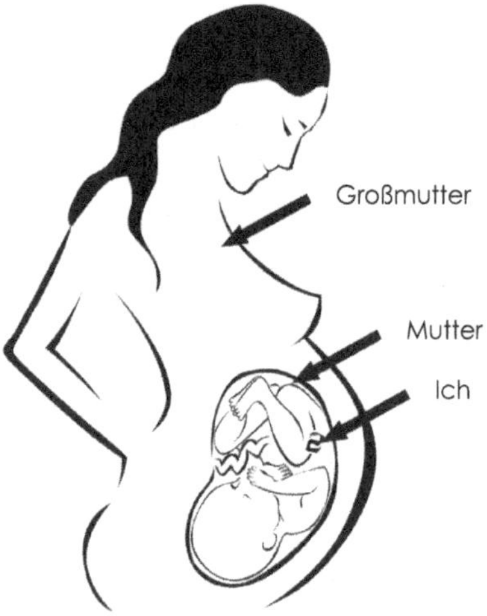

In einer unserer Gruppensitzungen wurden die Teilnehmer*innen anlässlich einer aktuellen Thematik dazu aufgefordert, ihren Stammbaum zu zeichnen: Bis zum nächsten

Treffen sollten sie herausfinden, wer ihre Vorfahren waren, dabei wenn möglich drei oder vier Generationen zurückgehen und dann ihre Familiengeschichte der Gruppe vorstellen. Eine der Teilnehmerinnen löste diese Aufgabe auf sehr interessante Weise, indem sie ihren gesamten Stammbaum auf einer Seite des Blattes anordnete und die andere Seite frei ließ. Natürlich war es insbesondere dieser Freiraum, der das Interesse der Gruppe weckte. Sie selbst hatte nicht die geringste Ahnung, wofür dieser Teil stehen könnte, und so beschlossen wir, den Stammbaum, den sie gezeichnet hatte, nach der Methode des Psychodramas zu »inszenieren«. Sie platzierte Stühle, die ihre Vorfahren symbolisierten, auf der einen Seite des Raumes und ließ die andere Seite frei. Anschließend sollte sie sich ins »Niemandsland« begeben, während sie auf die Gefühle achtete, die sich dabei einstellten. Irgendwann überkam sie eine schreckliche Übelkeit, ihr wurde schwindelig und sie hatte das Gefühl, ohnmächtig zu werden. »Was ist es, das Sie dort erleben?«, fragten wir sie. »Etwas Ekelhaftes und Schmutziges«, antwortete sie, »etwas, das man sich nicht auszusprechen traut, etwas, das einem den Magen umdreht.«

Auch ohne dessen dramatischere Elemente zu sehr hervorzuheben, stellte sich ihr Familientrauma erschütternd genug dar. Ihre hochschwangere Großmutter stand kurz vor der Entbindung, als der Krieg ihr Dorf erreichte. Die meisten Frauen und Mädchen hatten bereits ein sicheres Versteck gefunden, doch ihre Großmutter hatte weniger Glück und wurde von den russischen Soldaten entdeckt. An Flucht war in ihrem Zustand nicht zu denken. Mehrere der Männer vergewaltigten sie und überließen sie dann ihrem Schicksal. Noch in derselben Nacht brachte sie ihr Kind zur Welt, war aber, da sie noch unter Schock stand, nicht in der Lage, es zu stillen und angemessen zu versorgen. Eineinhalb Tage lang starrte sie nur vor sich hin und hörte hilflos dem Weinen des Babys zu, bis es schließlich verstummte.

Und hier zeigt sich eine erstaunliche Verbindung zum Schicksal der Großmutter. Ihre Enkelin arbeitet in einem Kinderheim, in dem sie sich jeden Tag liebevoll um Babys kümmert, die von ihren Müttern im Stich gelassen wurden. Vor Kurzem hat sie zusätzlich zu ihren beiden leiblichen Kindern ein kleines Mädchen adoptiert, weil es »die einzige Möglichkeit war, ihr Leben zu vervollständigen«. Es scheint, als habe sie sich mit der Geschichte ihrer Großmutter identifiziert und ihr eigenes Leben zur Sühne für die Tragödie der Vergangenheit gemacht.

Dabei war das, was ihrer Großmutter widerfuhr, bei Weitem kein Einzelfall: Schätzungen zufolge wurden Hunderttausende von Frauen während des Krieges Opfer von Vergewaltigungen. In ihrem autobiografischen Buch *Frau an der Front*[11] schildert Alaine Polcz auf erschütternde Weise diesen tragischen Aspekt des Zweiten Weltkrieges, der bis dahin kaum Beachtung gefunden hatte. Das Buch *Das Unsagbare erzählen*[12] der Historikerin Andrea Pető bietet eine wissenschaftliche Zusammenfassung des Themas, während der Film *Aurora Borealis – Nordlicht*[13] unter der Regie von Márta Mészáros die Vergewaltigung als integralen Bestandteil des Krieges darstellt.

Die lang anhaltenden Auswirkungen von Missbrauch und Misshandlung im Kindesalter wurden auch innerhalb der Evolutionspsychologie untersucht, die dazu eine sehr interessante Theorie vorgelegt hat. Das Grundprinzip der Evolutionspsychologie ist bekanntlich, dass der Hauptzweck unseres Verhaltens in der erfolgreichen Anpassung besteht: Ohne uns dessen bewusst zu sein, suchen wir ständig nach dem optimalen Weg, um zu überleben und unsere Gene weiterzugeben. Die Evolutionsforschung geht davon aus, dass wir zu diesem Zweck je nach Umweltbedingungen unterschiedliche Strategien entwickeln. Was bedeutet das im Zusammenhang mit einem Trauma? Ganz einfach: Nach den Gesetzen der Natur ist für ein Kind, das unter schwierigen Umständen aufwächst, das Überleben ungewiss, sodass es so schnell wie möglich erwachsen werden muss, um seine Gene weitergeben zu können. Unter diesen Voraussetzungen ist aber auch das Überleben der Nachkommen zweifelhaft, weshalb ihre Zahl möglichst groß sein sollte. Man bezeichnet dies als eine Strategie der beschleunigten Lebensgeschichte (Faster Life-History Strategy). Im Gegensatz dazu verspüren Menschen mit einem entspannteren Lebensumfeld nicht denselben evolutionären Druck und können daher eine langsamere Lebensgeschichte wählen (Slow Life-History Strategy). Und dabei ist nicht zu vergessen, dass die Strategie einer jeden Generation als unbewusstes Wissensgut an die Nachkommen weitergegeben wird, die ihr Leben unwillkürlich danach ausrichten.

Denkt man an die Probleme der sozialen Benachteiligung und der transgenerationalen Weitergabe von Armut, so ist dieser Aspekt eine Erwägung wert. Den davon Betroffenen wird oft ein Mangel an Verantwortungsbewusstsein sowie an langfristiger Planung und Durchhaltevermögen vorgeworfen. Aus Sicht der Evolutionspsychologie verfolgen Familien, die ihre Mittel rasch aufbrauchen und wenig davon zurücklegen, jedoch nichts anderes als eine Strategie der beschleunigten Lebensgeschichte. Es handelt sich dabei um eine Form von Weisheit, die es von jeher im Leben der Menschen gegeben hat – man denke nur an das Sprichwort »Lieber den Spatz in der Hand als die Taube auf dem Dach«.

Der Verlust der Bindung

So ist der Mensch, werter Herr, er hat zwei Gesichter. Er kann nicht lieben, ohne sich selbst zu lieben.

Albert Camus, *Der Fall*

Sigmund Freud, der Begründer der Psychoanalyse, vertrat die Ansicht, dass die geistige Gesundheit von zwei Kriterien abhängt: der Fähigkeit zu arbeiten und der Fähigkeit zu lieben. Aber diese Fähigkeiten werden uns nicht in die Wiege gelegt. Während wir aufwachsen, müssen wir lernen, mit Ausdauer und Motivation zu arbeiten, aber auch Liebe zu geben und zu empfangen.

Aber wie wird aus der Anlage dazu eine Fähigkeit? Die Fähigkeit zu lieben ist in dieser Hinsicht so etwas wie die Fähigkeit, uns der menschlichen Sprache zu bedienen. Alle Neugeborenen haben eine besondere Sensibilität für die Laute ihrer eigenen Muttersprache. Sie vernehmen sie bereits im Mutterleib und reagieren daher bei der Geburt lebhafter und positiver, wenn jemand in diesen bereits vertrauten Klängen mit ihnen spricht. Ihr Nervensystem nimmt die Informationen auf, auch wenn sie diese noch nicht reproduzieren können: Sie müssen diese Laute jedoch ständig hören können, sich darin erproben und versuchen, sie wiederzugeben. Kinder, die – aus welchen Gründen auch immer – ohne menschlichen Kontakt aufwachsen, lernen in der Regel nie das Sprechen. Dafür gibt es nur ein begrenztes Zeitfenster, das bei der Geburt weit geöffnet ist und sich danach allmählich schließt. Erhalten wir ausreichend Reize, während das Fenster offen ist, erlangen wir die Fähigkeit zu sprechen; andernfalls ist diese Möglichkeit für immer verloren.

Der wohl bekannteste Fall dieser Art ist der von Victor von Aveyron, der im Frühling des Jahres 1797 auf dem Hof eines französischen Bauern auftauchte. Der wilde Junge bewegte sich und verhielt sich genau wie ein kleines Tier. Die Menschen versuchten vergeblich, mit ihm zu sprechen: Er reagierte einfach nicht auf menschliche Ansprache. Als man ihn schließlich einfing und versuchte, ihm etwas beizubringen, stellte sich heraus, dass Victor nicht in der Lage war, mehr als ein paar Worte zu lernen. Joseph Sing, ein Missionar in Nordindien, machte eine ähnliche Erfahrung, als er 1920 zwei Mädchen im Alter von fünf und sieben Jahren fand, die unter Wölfen aufgewachsen waren. Vergeblich versuchte er, sie zu unterrichten. Die Kinder waren ebenfalls nicht in der Lage, die menschliche Sprache zu erlernen. Es gibt also eine sensible Zeitspanne, in der angemessene Reize eintreffen müssen, damit sich diese potenzielle Fähigkeit entfalten kann. Fehlen solche Anreize, verkümmert die Anlage für alle Zeit.

Nicht viel anders verhält es sich – wenn auch nicht ganz so ausgeprägt – mit der Liebe, der Fähigkeit, tiefe und innige Beziehungen einzugehen. Natürlich zeigt sich das hier nicht so deutlich wie bei der Sprache, aber die Forschungsergebnisse sind recht überzeugend. Die Fähigkeit zu lieben erwächst uns aus der sehr frühen körperlichen Erfahrung, geliebt zu werden, die wir unbewusst in uns tragen. Sie findet ihren Ausdruck in unseren Beziehungen, aber auch in den verschiedenen Aspekten unserer eigenen Elternschaft.

Das Ausmaß an Fürsorge, das uns als Kindern zuteilwird, wirkt sich auf unser gesamtes späteres Leben aus. Um dafür entsprechende Belege zu finden, experimentiert man in der Forschung in der Regel mit Ratten oder Mäusen, denn ihre schnelle Fortpflanzungsrate macht es möglich, in einem relativ kurzen Zeitraum mehrere aufeinanderfolgende Generationen zu beobachten. Selbst bei diesen kleinen Nagetieren ist deutlich erkennbar, welche die guten Mütter sind: Es sind diejenigen, die sorgfältig Nester für ihre Jungen bauen und sie ausgiebig ablecken. Rattenbabys, die auf diese Weise umsorgt werden, genießen eine Reihe von Vorteilen. Der wichtigste davon ist vielleicht, dass ihr Nervensystem widerstandsfähiger wird. In Stresssituationen reagieren sie weniger panisch und kehren leichter in den Ruhezustand zurück – mit anderen Worten, sie sind ausgeglichener. Zudem sind sie abenteuerlustiger bei ihren Erkundungen (wären sie Menschen, würde man sie als selbstbewusst bezeichnen). Sie sind neugieriger auf ihre Umgebung und zeigen sogar bessere Gedächtnisleistungen.

Was nun die weniger umsorgten Nachkommen betrifft, die von eher nachlässigen oder unachtsamen Müttern aufgezogen werden, so erscheinen sie vergleichsweise teilnahmslos. Wissenschaftlich gesprochen ist ihre Erkundungsaktivität reduziert, das heißt, sie zeigen wenig Interesse an ihrer Umgebung, und es fehlt ihnen an der entsprechenden Motivation, es ihren aktiveren Artgenossen gleichzutun. In Stresssituationen tendieren sie zur Passivität, sie finden sich nur schwer in einem Labyrinth zurecht, und ihre Gedächtnisleistung ist reduziert.

Wenn liebevolle Fürsorge schon bei diesen kleinen Säugetieren so eindeutige Vorzüge hat, wie sehr wirkt sich dann erst das Maß an Liebe, Zärtlichkeit und einfühlsamer Zuwendung, das wir in unserer Kindheit erfahren, auf unser menschliches Schicksal aus?

Erst in den 1950er-Jahren begann die wissenschaftliche Forschung, sich eingehend damit zu befassen, was mit Kindern geschieht, die von ihren Eltern getrennt werden. John Bowlby, der Vater der Bindungstheorie, und sein Forscherteam filmten Kinder, die zur stationären Behandlung in ein Krankenhaus kamen. Damals durften die Eltern nicht bei ihren Kindern bleiben, da dies nicht als wichtig erachtet wurde, sondern nur an bestimmten Tagen »Krankenbesuche« machen. Einer der ersten Filme, *A Two-Year-Old Goes to Hospital*, dokumentiert den achttägigen Krankenhausaufenthalt eines kleinen Mädchens namens Laura. In den traurigen Aufnahmen ist die Verwandlung des Kindes auffallend. Zunächst protestiert es verzweifelt, als seine Mutter es allein lassen will. Später reagiert es wütend auf seine Mutter und erreicht schließlich einen resignierten, apathischen Zustand, in dem weder die Ankunft noch der Weggang der Mutter eine besondere Reaktion hervorruft. Aber nicht nur ihren Eltern gegenüber verhält sie sich so: Nach einigen Tagen interessiert sie sich für nichts und niemanden mehr. Es ist, als hätte sie den aussichtslosen Kampf um die Anwesenheit ihrer Mutter aufgegeben und sich in ihre eigene Welt zurückgezogen, um den Schmerz des Verlassenseins in Zukunft zu vermeiden. Es ist ihr sogar egal, als sie schließlich nach acht Tagen aus dem Krankenhaus entlassen wird. Als sie fünf Monate später erneut untersucht wird, stellt das Forscherteam fest, dass die Trennung bleibende Spuren in der Beziehung zwischen Mutter und Kind hinterlassen hat. Die kleine Laura hat für ihr Leben gelernt, dass Beziehungen zerbrechlich sind und Bindungen jederzeit abreißen können. Deshalb folgt sie ihrer Mutter überallhin, wie ein Schatten.

Eine meiner Klientinnen ist eine junge Mutter von vier Kindern im Vorschul- und Grundschulalter. Sie leidet unter wiederkehrenden Bauchschmerzen, unter Übelkeit und Panikattacken, für die ihre Ärzte keine somatische Ursache finden können, sodass sie als letzten Ausweg um einen Termin bei mir bittet. Im Laufe unseres Gesprächs taucht in mir eine Vermutung auf. Auch wenn das Leben mit vier Kindern kein

Zuckerschlecken ist, denke ich, dass es für ihre Beschwerden eine tiefere Ursache als die tägliche Erschöpfung geben muss. Ich frage sie, was für sie das Schwierigste am Muttersein sei. Sie denkt über die Frage nach und antwortet dann, das Schwerste für sie als Mutter sei es, dass immer mindestens eines der Kinder zu kurz komme. Denn sobald sie sich besonders um eines von ihnen kümmere, hätten die anderen drei das Nachsehen. Ständig konkurrierten die Kinder verzweifelt um ihre Zeit und Gunst, was sie völlig aus der Fassung bringe. Es breche ihr das Herz, dass sie für keines von ihnen ausreichend da sein könne. Als sie dies sagt, fängt sie an zu weinen.

Wir beschließen, das Thema der abwesenden oder unerreichbaren Mutter weiterzuverfolgen. War ihre Mutter in ihrem Leben abwesend? Hat sie jemals erlebt, dass ihre Mutter nicht an ihrer Seite war? »O ja, sehr oft«, lautet ihre Antwort. Es stellt sich heraus, dass sie zwischen ihrem zweiten und fünften Lebensjahr oft wochenlang mit einer chronischen Krankheit in einem Krankenhaus weit weg von ihrem Dorf lag. Ihre Eltern durften sie einmal in der Woche für ein paar Stunden besuchen. Dazu fällt ihr nur ein einziges Bild ein: das ihrer Mutter, wie sie den Korridor hinuntergeht und sie ihr verzweifelt nachschaut. »Was hätten Sie sich in dieser Situation gewünscht?« »Sie anzuschreien, dass sie mich nicht verlässt, dass sie mich nach Hause bringt.« Vergessen wir nicht: Ein Kind in diesem Alter lebt allein im Hier und Jetzt. Alle Beteuerungen, dass Mama in einer Woche wieder da sein werde und dass es nur noch fünfmal schlafen müsse, bis sie es mit nach Hause nimmt, gehen an der Erlebniswelt des Kindes vorbei: Solche Argumente sind für ein so kleines Kind bedeutungslos. Auch wenn meine Klientin dieser lang zurückliegenden Erfahrung keine große Bedeutung mehr beimisst, ist die Erinnerung an die frühe Trennung als schmerzhaftes Trauma in ihrem Unterbewusstsein verankert. Wenn ihre Kinder unruhig sind oder weinen und miteinander um ihre

Aufmerksamkeit konkurrieren, begibt sie sich, ohne sich dessen bewusst zu sein, auf eine ganz besondere Reise durch die Zeit. Die Spannungen im »Hier und Jetzt« rufen in ihr unmittelbar die bangen Erinnerungen an das »Damals und Dort« wach, das sie als kleines Mädchen im Krankenhaus erlebt hat. Ihr Körper und ihr Nervensystem stehen wieder unter dem gleichen Stress, und sie ist nicht mehr in der Lage, ruhig und beruhigend zu reagieren. In ihrer eigenen Mutterschaft erlebt sie den Bindungsverlust ihrer Kindheit wieder. Und mit seismografischer Empfindlichkeit nehmen die Kinder diese Verfassung wahr und übernehmen sofort das nervöse Muster. Dabei ist auch nicht zu vergessen, dass mit jedem Krankenhausaufenthalt das Stresssystem des kleinen Mädchens zusätzlich belastet wurde, das dadurch besonders anfällig geworden ist. Vermutlich hat das Stresserleben keine ihrer Zellen unbeeinflusst gelassen, sodass es bereits auf dem Weg der Keimzelle an ihre Kinder weitergegeben wurde. Hinzu kommen physiologische und psychologische Prozesse, durch welche die Folgen dieser traumatischen Kindheitserfahrung möglicherweise zusätzlich auf ihre Kinder übertragen wurden.

Wird ein Kleinkind auf diese Weise von seinen Eltern getrennt – die ihm ja primär das Gefühl der Sicherheit geben sollen –, und sei es auch aufgrund eines medizinischen Notfalls, besteht immer die ernsthafte Gefahr der Traumatisierung. Dabei ist es unerheblich, ob die Erinnerung an die Abwesenheit eines Elternteils auch bewusst vorliegt und verbalisiert werden kann oder nicht: Wird die emotionale Bindung wiederholt und über einen längeren Zeitraum hinweg durch die räumliche Distanz unterbrochen, erinnern sich unsere Zellen mit Sicherheit ein Leben lang daran. Als der Traumaexperte Bessel van der Kolk auf einer Tagung einmal mit der skeptischen Frage konfrontiert wurde, ob diese Art von Situation wirklich bleibende Spuren im Nervensystem von Kindern hinterlasse und als traumatisch bezeichnet werden könne, bejahte er dies, ohne zu zögern.

Wird eine Rattenmutter nur eine Stunde am Tag von ihren Jungen getrennt, steigt beim Nachwuchs der Stresshormonspiegel nachweisbar nachhaltig an. Jede Unterbrechung der Mutter-Kind-Bindung hat einen Preis, den das Kind mit seiner psychischen Unversehrtheit bezahlt. Dabei muss die Trennung nicht einmal in räumlicher Form erfolgen: Ist die Mutter (oder eine andere Bezugsperson) zwar anwesend, aber emotional nicht erreichbar, weil ihre eigenen Probleme und Schwierigkeiten sie daran hindern, sich voll und ganz dem Kind zu widmen, hinterlässt auch das seine Spuren. Die seelische Einsamkeit ist für Kinder nicht minder zerstörerisch als die körperliche.

(In dem Zusammenhang stellt sich mir die Frage, welche Folgen es für das sich entwickelnde Nervensystem von Kindern wohl hat, wenn deren Eltern handysüchtig sind? Von wem werden sie dann die Fähigkeit lernen, sich selbst zu beruhigen?)

Aus den Bindungsstudien von Mary Ainsworth geht eindeutig hervor, dass die ersten eintausend Tage nach der Empfängnis entscheidend für unser ganzes weiteres Leben sind. In dieser sensiblen Phase lernen wir, anderen zu vertrauen und unseren Glauben daran zu festigen, dass wir anderen genügen und sie uns. Wenn wir das Glück haben, von Menschen umgeben zu sein, die für unsere Bedürfnisse empfänglich sind und auf deren Zuwendung Verlass ist, tauchen wir in ein wunderbares Gefühl des Urvertrauens ein, das uns unser Leben lang begleiten wird. Wie gesagt, prägen sich unsere frühen Bindungserfahrungen nicht nur unserem unbewussten Gedächtnis ein, sondern sie beeinflussen auch die Entwicklung unseres Nervensystems. Unsere frühesten Erfahrungen formen unsere körperliche und seelische Entwicklung und damit unsere Persönlichkeit wie warme Hände das Plastilin.

Entsprechende Forschungen belegen, dass die in der Kindheit erlernten Bindungsmuster tiefe Spuren in unserer Psyche hinterlassen und sich in den Beziehungsstrukturen des Erwachsenenalters wiederfinden. »Sag mir, wie du geliebt wurdest, und ich sage dir, wie du liebst« – so formuliert es die belgische Paartherapeutin Esther Perel in einem ihrer Vorträge. Auch wenn die Aussage, dass sich diese frühen Bindungserfahrungen noch Jahrzehnte später auf die Form unserer Beziehungen auswirken, gewagt erscheinen mag, so wird sie doch von der Forschung bestätigt, der zufolge die jeweiligen Bindungsmuster in der Kindheit und im Erwachsenenalter in 68 bis 75 Prozent der untersuchten Fälle übereinstimmen. Erwähnenswert ist in diesem Zusammenhang auch, dass zwar eine in der Kindheit erfahrene sichere Bindung aufgrund von Verlusten und belastenden Lebensereignissen in ein unsicheres Bindungsverhalten münden kann, während der umgekehrte Fall der Verwandlung eines unsicheren Bindungsmusters in ein sicheres sehr viel unwahrscheinlicher ist.[14]

Die Bindungserfahrungen, die wir im Kleinkindalter machen, sind so tief in uns verankert, dass sie unsere engsten Beziehungen ein Leben lang maßgeblich beeinflussen werden. Diese frühen Erfahrungen, Eindrücke und Kontaktszenarien werden zu inneren Arbeitsmodellen, von denen wir geleitet werden, ohne dass wir uns ihrer prägenden Kraft bewusst sind. In unserem »rationalen Gehirn« mögen wir noch so klare Vorstellungen davon haben, welche Art von Liebe wir uns wünschen und wie wir sie zum Ausdruck bringen möchten: Wenn in unserem »emotionalen Gehirn« in dieser Hinsicht negative Erinnerungen gespeichert sind, werden sie das Drehbuch unserer Beziehungen schreiben, unabhängig davon, was wir bewusst anstreben. Hinter vielen zerbrochenen Ehen, schwierigen Partnerschaften und von Misstrauen beherrschten menschlichen Beziehungen steht die Prägung durch unsere frühesten Bindungserfahrungen. Im Grunde ist es dieses unbewusst erlernte Bindungsmuster, wenn es heißt, dass jemand »auf seine eigene Art und Weise liebt«.

Zudem wird diese »Art und Weise« von einer Generation zur nächsten weitergegeben. Schon vor seiner Geburt lässt sich ziemlich genau vorhersagen, wie das Bindungsverhalten eines Kindes im Alter von einem Jahr aussehen wird und wie sicher es sich in der Welt fühlen wird, indem man mit der werdenden Mutter über ihre eigene Kindheit spricht. Die ganze Art ihrer Schilderung – die Wahl ihrer Worte, die Stellen, an denen sie zögert, die spärlichen oder detailreichen Erinnerungen, ihre Körpersprache, der innere und äußere Kontext ihrer Berichte – gibt Aufschluss über ihre unbewussten emotionalen Muster. Diese Muster werden letztlich darüber bestimmen, wie viel Nähe und Zuwendung ihr Kind von ihr erfährt, wie sie mit Stresssituationen umgeht, wie sehr sie sich in ihrer Mutterrolle engagiert und ob sie andererseits die Entwicklung ihres Kindes zu einer selbstständigen Persönlichkeit zulässt und unterstützt. Das unsichtbare emotionale Milieu der Kindheit der Mutter wird so zum Kristallisationspunkt der Psyche ihres Kindes. All ihre eigenen emotionalen Defizite und persönlichen Schwachstellen werden auch in ihrer künftigen Mutterschaft eine Rolle spielen. Solange sie nicht ihre Vergangenheit aufarbeitet und sich mit ihren eigenen Traumata auseinandersetzt, wird es ihr schwerfallen, die Bedürfnisse ihres Kindes ausreichend wahrzunehmen und auf einfühlsame Weise darauf einzugehen. Sosehr sie auch für die praktischen Belange ihres Babys aufkommen mag – wenn sie nicht in der Lage ist, sich emotional auf ihr Kind einzustimmen, wird es innerlich dennoch allein bleiben.

Wenn wir uns ansehen, wie sich unsere frühesten Bindungserfahrungen in unseren Beziehungen im Erwachsenenalter manifestieren, dann sind zweifellos diejenigen am glücklichsten, die in der Lage sind, eine *sichere Bindung* einzugehen. Es ist eine Fähigkeit, die ihnen zwei große Vorteile bringt: Sie erfahren Geborgenheit innerhalb der Beziehung und können sich darin zugleich ihre Unabhängigkeit bewahren. Da sie als Kind eine einfühlsame und verlässliche Form der elterlichen Ansprache erfahren durften, hat sich in ihnen ein Urvertrauen gebildet, das ihnen ermöglicht, sich sowohl angstfrei auf eine enge Beziehung einzulassen als auch ihre Autonomie zu leben. Sie sind bereit, sich zu binden, können aber auch mit Phasen umgehen, in denen sie dauerhaft oder vorübergehend ohne Partner*in sind. In der Regel halten ihre Beziehungen länger und sind harmonischer. Kinder von Eltern mit einem sicheren Bindungsverhalten entwickeln mit drei- bis viermal höherer Wahrscheinlichkeit ebenfalls einen sicheren Bindungsstil.[15] Diese Eltern haben ein besseres Gespür für die emotionale Verfassung ihrer Kinder und sind daher eher in der Lage, dem Kind die nötige Zuwendung zu geben. Eine wesentliche Rolle spielt dabei auch, dass es ihnen aufgrund der effektiven Regulierung ihrer eigenen Emotionen besser gelingt, ihr emotional aufgewühltes Kind zu beruhigen. Einfühlungsvermögen und erfolgreicher Stressabbau begünstigen wiederum die gesunde Entwicklung des kindlichen Nervensystems. Wenn ich mit Menschen spreche, die über einen sicheren Bindungsstil verfügen, zeigt sich immer wieder, dass sie viele detaillierte Erinnerungen an ihre Kindheit haben, die sich zum Bild einer warmherzigen und unterstützenden Familie fügen, in der es möglich war, Konflikte zu benennen, und in der Gefühle, Gedanken und Wünsche offen und freimütig geäußert werden konnten. Die sichere Bindung ist also Gold wert, ein Schatz, den wir in unseren frühesten Lebensjahren von unseren Eltern empfangen.

Während sich die sichere Bindung als Grunderfahrung von Mensch zu Mensch nicht wesentlich unterscheidet, kann die unsichere Bindung ganz unterschiedliche Formen annehmen.

Menschen vom *unsicher-ambivalenten Bindungstyp* richten den größten Teil ihrer Aufmerksamkeit auf ihre Beziehungen;

man könnte sagen, dass sie süchtig nach Liebe sind. Während sie in einem Liebes- oder Freundschaftsverhältnis vor allem Sicherheit und Geborgenheit suchen, fürchten sie sich zugleich davor, abgelehnt, hintergangen oder verlassen zu werden. Da sie in der Kindheit Zuneigung und Zuwendung als ein instabiles Gut erfahren haben, das nur sporadisch verfügbar war, reagieren sie besonders sensibel auf die Signale von Nähe und Distanz. Ihre Partner*innen können sie gar nicht oft genug ihrer Liebe versichern, denn auch nach dem x-ten Mal bleiben sie diesbezüglich voller Unsicherheit und vom Verlangen nach Bestätigung getrieben. Ohne dass sie sich dessen bewusst sein müssen, weist ihr Selbstbild zahlreiche negative Elemente auf; ihr Selbstwertgefühl ist hauptsächlich von außen gespeist, sodass es sie ständig nach positiven Rückmeldungen von anderen verlangt. Daher verharren sie oft in einer Beziehung, die sie nicht erfüllt, auch um den Preis der Unterdrückung ihrer eigenen Gefühle. Sie neigen dazu, ihre Beziehungspartner*innen zu idealisieren und höher einzuschätzen als sich selbst. Ihre Beziehungsunsicherheit verbraucht viel innere Kraft, was zu unbeherrschtem Verhalten führen kann. Die emotionale Erschöpfung aufgrund ihres anhaltenden Erregungszustands, das Ausbleiben der Aufmerksamkeit, nach der sie sich sehnen, und die panische Angst davor, verlassen zu werden, können sie dazu verleiten, fordernd oder gar aggressiv aufzutreten, woraufhin sie verzweifelt um Vergebung und Versöhnung bitten. Oft wird auch aus der Art, wie sie über ihre Eltern sprechen, ersichtlich, dass sie noch als Erwachsene voller Groll über alte Kränkungen sind, der sie in einer emotional unreifen, infantilen Position festhält.

Nun begegnet man natürlich auch Menschen, die anscheinend überhaupt keine engen Beziehungen einzugehen bereit sind. Wie mögen sie in ihrer Kindheit behandelt worden sein? Vermutlich wurden ihre emotionalen Bedürfnisse übergangen oder mit Aussagen wie »Mach nicht so ein Theater: Große

Jungs weinen nicht!« bagatellisiert; möglicherweise wurde umgekehrt auch in übertriebener oder unverhältnismäßiger Weise auf ihre emotionalen Bedürfnisse reagiert, sodass sich in ihrer inneren Erlebniswelt die Vorstellung festgesetzt hat, dass Gefühle etwas Gefährliches seien, das es zu meiden gilt. Ein wesentliches Merkmal des *unsicher-vermeidenden Bindungsstils* ist daher das gegenüber dem Bindungswunsch sehr viel stärker betonte Verlangen nach Unabhängigkeit. Nähe und Innigkeit wirken auf Menschen dieses Bindungstyps eher bedrohlich, weshalb sie selbst in ihren engsten Beziehungen darauf bedacht sind, Abstand zu wahren. Sie mögen keine »Herzensaussprachen« oder »Seelenerkundungen«, so als ob sie der Sprache der Gefühle nicht mächtig wären. Auch ausgiebige Selbstoffenbarungen oder tiefschürfende Selbstanalysen sind von ihnen nicht zu erwarten: Ihre innere Welt bleibt den Menschen in ihrer Umgebung in aller Regel verborgen. Auf Konfrontationen reagieren sie vorzugsweise mit Schweigen oder Rückzug. Arbeit und Leistung spielen die Hauptrolle in ihrem Leben, und sie messen ihren Selbstwert an ihrem beruflichen Erfolg. Sie sehen sich selbst als tatkräftige Naturen, ihr Selbstbild ist überwiegend positiv, und falls daran doch einmal Zweifel aufkommen, gelingt es ihnen meist rasch, sie vor sich selbst zu verbergen. Andererseits haben sie keine besonders gute Meinung von anderen Menschen und neigen dazu, ihnen selbst kleine Fehler übermäßig nachzutragen. Nach ihren Kindheitserlebnissen befragt, vermögen sie nur relativ wenige anzuführen. Auch wenn diese positiver Natur sind, vermitteln sie einen eher oberflächlichen und unpersönlichen Eindruck. Sie sehen selten einen Zusammenhang zwischen ihren Kindheitserlebnissen und ihrem Leben als Erwachsene, so als ob die Vergangenheit keinen Einfluss auf ihr Heute hätte.

Der *desorganisierte Bindungsstil* stellt eindeutig die schwierigste Konstellation dar. Den Hintergrund bilden hier frühkindliche Erfahrungen von Verletzung, Missbrauch, Misshandlung und Vernachlässigung, die das Kind durch eben die Person erlitten hat, die ihm eigentlich Liebe und Fürsorge entgegenbringen sollte: Zwei Wörter, die im Zuhause von Kindern misshandelnder, aggressiver, alkoholkranker oder psychisch kranker Eltern häufig ohne Bedeutung sind. Für diese Kinder gibt es keine Ruhepause, keine Sicherheit, sondern nur die ständige Angst vor dem, was sie heute erwartet: Wird es etwas zu essen geben, werden die Eltern nach Hause kommen, und wenn ja, in welchem Zustand werden sie sein? Kein einziger Tag ist vorhersehbar – so als würde das Boot der Familie ständig auf rauer See treiben, wo das bloße Überleben zur wichtigsten Herausforderung wird. Angst und Furcht sind für sie die vertrauteste Art von Gefühlen. Schon in frühester Kindheit sind sie gezwungen, die elterliche Rolle zu übernehmen, indem sie für sich selbst, ihre Geschwister und auch ihre Eltern zu sorgen haben, sowohl körperlich als auch emotional. Wenn sie heranwachsen, sehnen sie sich einerseits nach Nähe, andererseits fürchten sie sich vor der Aussicht, aufs Neue verletzt zu werden. Der desorganisierte Typus erlebt häufig emotionale Stürme: Seine Beziehungen sind immer wieder durch lang anhaltende Konflikte gekennzeichnet. Menschen dieses Bindungstyps können weder mit der anderen Person noch ohne sie auskommen. Wegen ihrer unzureichenden Fähigkeit, ihre Gefühle zu regulieren, werden sie leicht aggressiv und können sogar mit dem Gesetz in Konflikt geraten. Sowohl ihr Selbstbild als auch das Bild, das sie von anderen Menschen haben, ist negativ. Die Geschichten aus ihrer Kindheit sind bruchstückhaft, und wenn man ihnen dabei zuhört, kann es schwierig sein nachzuvollziehen, wie sie sich tatsächlich zugetragen haben. Häufig können sie sich nicht an die Jahre vor ihrer Teenagerzeit erinnern – und wenn doch, handelt es sich um kaum mehr als eine Aneinanderreihung traumatischer Situationen.

Wir sollten uns vor Augen halten, dass Bindungsstile weitgehend aus unbewussten Elementen bestehen und daher vor allem in den wiederkehrenden Mustern unserer Beziehungen erkennbar werden. Dabei muss man sich auch immer wieder klarmachen, dass jeder Mensch sein Leben als wehrloses Kind begonnen hat. Wenn wir an die Verletzungen denken, die uns unsere Eltern zugefügt haben, wenn wir an ihre Unzulänglichkeiten, ihre mangelnde Aufmerksamkeit oder Fürsorge denken, wenn uns ihr kaltes oder forderndes Verhalten schmerzlich in Erinnerung ist: Dann sollten wir uns daran erinnern, dass auch sie damit nur den Bindungsmustern folgten, die sie von ihren Eltern übernommen haben. Waren diese Muster untauglich oder unzulänglich, hatten sie kaum eine Chance, uns etwas anderes zu vermitteln. Niemand entscheidet sich dafür, als Mutter oder Vater die eigenen Kinder zu traumatisieren oder ihnen gegenüber abweisend und kalt zu sein. Was Menschen als Eltern zu bieten haben, ist weitgehend das Resultat dessen, was ihnen selbst im Rahmen ihrer frühesten Bindungserlebnisse mitgegeben wurde.

Um ein wirklich freies und unabhängiges Leben zu führen, um nicht die Macht alter Verletzungen über unser Schicksal bestimmen zu lassen, müssen wir uns zu einer verständnisvollen Annäherung an das Leben unserer Eltern bereitfinden. Dazu müssen wir herausfinden, was sie durchgemacht haben, mit welchem Gepäck sie belastet waren, oft schon vor ihrer Geburt. Wenn wir etwas über ihre Vergangenheit erfahren und die Zusammenhänge zwischen ihren Kindheitserlebnissen und ihrem Verhalten als Eltern verstehen, sind wir auch in der Lage, uns selbst besser zu begreifen. Wir erkennen dann ebenfalls, dass nicht wir die Schuld an den Vorfällen unserer Kindheit tragen. Nicht wir waren die Ursache für das Geschehene, sondern das Verhalten unserer Eltern wurde durch Traumata bestimmt, die möglicherweise seit Generationen innerhalb der Familie weitergegeben wurden.

Verluste, Ängste, Reue, Ablehnung: All das kann in den unbewussten Regionen unseres Erlebens tiefe Spuren hinterlassen und die Gefühle von Bindung, Sicherheit und Vertrauen über Generationen hinweg zersetzen. Die schmerzlichsten aller Traumata sind die Verletzungen, die uns von den Menschen zugefügt wurden, die uns am nächsten stehen. Es sind auch diejenigen Traumata, von denen wir uns am schwersten erholen, da wir durch sie gelernt haben, die Person zu fürchten, die uns am meisten zur Seite stehen sollte – es ist, als würden wir aus Angst vor dem Wasser an der Quelle verdursten.

Eines Tages saß mir in meiner Praxis ein junges Paar gegenüber, dessen Zusammenleben sich äußerst schwierig gestaltete. Im Alltag war alles in Ordnung – aber in angespannten Situationen (die im wirklichen Leben nun einmal nicht rar sind) wurden die Probleme deutlich. Bei solchen Gelegenheiten zog sich der Mann zurück und verließ geradezu fluchtartig das Haus. Ganz gleich, ob es um Probleme auf seiner Arbeitsstelle ging oder um eine ärztliche Untersuchung, über deren Ausgang er in Sorge war: Er mied dann die Nähe zu seiner Frau und ging stattdessen zum Angeln, was seine Frau verständlicherweise aufbrachte. Während er den Wunsch hatte, sich an ein ruhiges Flussufer zurückzuziehen, hätte sie es vorgezogen, die Dinge zu besprechen. Warum hat er auf diese Weise reagiert? Aus seinen Kindheitserinnerungen ging hervor, dass er als Kleinkind oft Bauchweh hatte und viel weinte. Als seine Eltern alles Mögliche versucht hatten, er aber dennoch weiterhin schrie, setzten sie ihn unter den großen Walnussbaum am Ende des Gartens und ließen ihn dort weinen, so viel er wollte. Schließlich wurde er still, und es schien, als habe er sich beruhigt. Später wurde diese Geschichte gerne unter viel Gelächter in der Familie erzählt. Es kam offenbar niemandem in den Sinn, dass das Baby in solchen Momenten nicht nur mit seinen Bauchschmerzen zu kämpfen hatte, sondern auch mit dem furchterregenden Gefühl, alleingelassen zu werden. Ist darin ein grausames Verhalten seiner Mutter zu sehen? Ganz und gar nicht. Es fehlte ihr nicht an Liebe, sondern an der Fähigkeit zum Aufbau einer sicheren Bindung, die sie in die Lage versetzt hätte, mit dem aufgewühlten Zustand ihres Babys zurechtzukommen und es zu beruhigen. Es ist ein Fall, der deutlich macht, dass es nicht unbedingt einer massiven Verletzung oder einer entsprechenden Absicht bedarf, damit es zu einer Traumatisierung kommt, die lebenslang über die Qualität unserer Beziehungen bestimmt.

So viel zunächst zu der wichtigen Rolle, die der Bindungsqualität in unserem Leben zukommt und für die tatsächlich spätestens mit der Geburt die Weichen gestellt werden. Die Natur hat dafür gesorgt, dass zu diesem Zeitpunkt bereits die neuronalen Schaltkreise ausgebildet sind, die Mutter und Kind als ein unzerreißbarer Faden miteinander verbinden. Je weniger dieser Prozess gestört ist, desto besser kann die Natur ihr Werk verrichten und beide Seiten in ein harmonisches Verhältnis zueinander setzen. Eine völlig ungestörte Schwangerschaft und Geburt ist heute jedoch eine seltene Ausnahme.

Katalin Varga, Leiterin des Fachbereichs Psychologie an der Eötvös-Loránd-Universität in Budapest, zeigt in einem interessanten Vortrag auf, was passiert, wenn in diese natürlichen Abläufe übermäßig eingegriffen wird. Mit dem Einsetzen der Wehen wird vom Gehirn der Mutter der Botenstoff Oxytocin freigesetzt. Ein Teil davon wird in den Körper abgegeben, wo er als Hormon zur Regulierung der Gebärmutterkontraktionen beiträgt, die Blutung hemmt und die Milchproduktion anregt. Dies wird als sein peripherer Wirkungsanteil bezeichnet, der sich vom Zentrum aus (dem Gehirn) zur Peripherie (dem Körper) hin ausbreitet. Der im

Gehirn verbleibende Anteil des Oxytocin überschwemmt dagegen als Neurotransmitter die für die Mutter-Kind-Bindung zuständigen Bereiche und sorgt dafür, dass die Geburt trotz aller Schmerzen ein beglückendes Erlebnis ist und in der Gebärenden die ersten Wellen von Zärtlichkeit für ihr Baby aufkommen lässt – zumindest würde dies so geschehen, wenn man der Natur ihren Lauf ließe. Im Jahr 1953 ereignete sich jedoch etwas, das die natürliche Ordnung der Dinge grundlegend veränderte: Damals gelang es erstmals, Oxytocin zu synthetisieren, das daraufhin ab den 1960er-Jahren zur Wehenförderung eingesetzt wurde. Das war eine wichtige Entwicklung, denn wenn die Mutter während der Geburt übermäßig blutet, kann eine intravenös verabreichte Dosis Oxytocin die Blutung stillen und ist daher oft lebensrettend. Leider begann man dann aber, Oxytocin routinemäßig in den Kreißsälen einzusetzen, um den natürlichen Geburtsvorgang, unter anderem die Ablösung der Plazenta, zu beschleunigen. Und genau das ist der Haken an der Sache: Denn aufgrund der Infusion stellt die Gebärende die körpereigene Produktion von Oxytocin ein. Die intravenöse Gabe kann die Blut-Hirn-Schranke nicht überwinden, gelangt also nicht ins Gehirn und der Botenstoff verfehlt damit seine zweite Hauptwirkung. Ohne diesen ersten Schub des »Liebeshormons« sind aber die primäre Annäherung zwischen Mutter und Kind und die Entwicklung einer sicheren Bindung erschwert, was potenziell langfristige Folgen hat.

Dazu gibt es eine aufschlussreiche Studie, in der Mütter in zwei Gruppen eingeteilt wurden: In der ersten Gruppe befanden sich die Mütter mit einer sicheren Bindung, in der zweiten Gruppe diejenigen mit einer unsicheren Bindung. In beiden Gruppen wurde den Frauen ein Bild ihres weinenden Babys gezeigt, während man mithilfe eines bildgebenden Verfahrens jeweils die entsprechenden Vorgänge im Gehirn beobachtete. Die Mütter mit sicherer Bindung reagierten auf den Anblick spontan positiv und verspürten sofort den Impuls, etwas zu unternehmen, um das Baby zu besänftigen, während bei den Müttern mit unsicherer Bindung diejenigen Hirnregionen aktiviert wurden, die für die Wahrnehmung von Normverstößen und für Gefühle des Ekels zuständig sind – mit anderen Worten: Wenn ihre Babys weinen, reagieren Mütter mit unsicherer Bindung zunächst eher mit Abneigung als mit Fürsorge. Natürlich kümmern auch sie sich um ihr Kind, aber nicht ohne Überwindung, da hier die natürliche Basis einer sicheren Bindung fehlt.

Kreative Ansätze

Wie bestürzt sie sind über meine tränengeröteten Augen. Sie, die Glücklichen, wissen nicht, was mich innerlich quält, was mich erstickt, als würde die Luft um mich herum immer dünner werden … Ich spüre die Leere in mir, den Teil meines Herzens, der unerfüllt ist … Ich bin so gut zu allen, doch niemand liebt mich! Lieblosigkeit! Deine Kälte ist grausamer als der Schwefel der Verdammten …

József Kármán, *Fannis Vermächtnis*[16]

Hier ein Ausschnitt aus einer Psychodrama-Sitzung: Eine Frau, die als Kind vernachlässigt und misshandelt worden war, arbeitete an ihrer Beziehung zu ihrer Mutter. Ohne auf die Einzelheiten des langen Prozesses einzugehen, möchte ich an dieser Stelle nur diese eine denkwürdige Äußerung der Klientin wiedergeben: »Mama, ich weiß nicht einmal, wer ich bin! Du hättest mir doch zu einer Identität verhelfen sollen!« Wie werden wir zu dem, was wir sind? Warum sehen wir die Welt so, wie wir es tun? Warum denken, fühlen und reagieren manche Menschen so anders als wir? Wir alle werden mit einem großartigen Potenzial geboren, mit einer psychologischen Ausstattung, die extrem offen für Möglichkeiten und Erfahrungen ist. Die Botschaften aus unserer Umwelt werden von uns aufgesogen wie Flüssigkeit vom Lackmuspapier. Bei der Geburt haben wir noch keine Ahnung, wer wir sind. So wie wir nicht sitzen, stehen oder gehen können, haben wir auch noch keinerlei Vorstellung von uns selbst. Diese Erfahrung machen wir erst in der Beziehung zu einer anderen Person (in erster Linie zu unserer Mutter). Wie der ungarische Komponist und Musikpädagoge Zoltán Kodály sagte: »Eine Mutter nährt ihr Kind nicht nur durch ihren Körper, sie baut auch seine Seele aus sich auf.«

Kodály war kein Psychologe, aber er hat das Wesentliche auf brillante Weise erfasst. Die Mutter (und natürlich auch der Vater) formt aktiv die empfindsame Seele des Kindes, indem sie in ihm ein fühlendes und denkendes Wesen sieht. Im Spiegel der Eltern beginnt das Kind zu lernen, wer es in Wirklichkeit ist – deshalb ist es so wichtig, was dieser Spiegel zeigt. Im Idealfall lesen die Eltern einfühlsam, was in ihrem Kind vorgeht, erfassen es in seiner Befindlichkeit und in seinen Bedürfnissen und nutzen dieses Wissen, um sich im Umgang mit ihm danach zu richten – das heißt, es findet eine *Mentalisierung* statt. Aber was genau bedeutet dieses Wort?

Bevor ich das näher erläutere, auch dazu ein kleines Beispiel aus meiner Praxis. In einer unserer Therapiesitzungen streitet sich ein junges Paar schon seit einigen Minuten so heftig, dass die Atmosphäre immer aufgeladener wird. In den Augenwinkeln des Mannes erscheint eine Träne. Seine Frau bemerkt es nicht einmal und fährt in der Aufzählung ihrer Vorwürfe fort. Ich unterbreche sie und bitte sie, ihren Mann anzuschauen und sich zu fragen, was er wohl in diesem Moment fühlt. »Woher soll ich das wissen?« war die darauffolgende Reaktion. Leider kein untypischer Fall.

Viele Beziehungskonflikte beruhen auf diesem Mangel an Wahrnehmung und Verständnis, also auf dem Fehlen von *Mentalisierung*. Etliche Paare leben so zusammen, dass ihnen die innere Welt des anderen völlig fremd ist – *Terra incognita,* unbekanntes Terrain. Mentalisierung ist die Fähigkeit, die

Gedanken, Gefühle und Intentionen des anderen in der Abgrenzung von unseren eigenen wahrzunehmen, sodass sich die Frage nach den Motiven für die Handlungsweise des Partners / der Partnerin / eines Elternteils / des Kindes nur selten stellt. Ein wesentlicher Aspekt dieser Fähigkeit ist, dass wir zugleich in unserer eigenen inneren Welt zu Hause sind, sodass wir unsere eigenen Gefühle klar benennen können. Wir sagen nicht einfach nur: »Ich bin angespannt«, sondern können zwischen verschiedenen Formen der Anspannung unterscheiden und erkennen, ob es Wut, Angst, Furcht oder Verunsicherung ist, was uns zu schaffen macht. Das ist ein großer Vorteil, denn wenn wir unseren Gefühlen einen Namen geben können, gelingt es uns auch besser, sie angemessen zu kommunizieren und zu regulieren. Wenn ich mich selbst und auch mein Gegenüber verstehe, weil ich in der Lage bin, mich innerlich mit seinem psychischen Mikrokosmos zu verbinden, dann gibt es weniger innere und äußere Konflikte. Eine Voraussetzung dafür ist jedoch, nicht nur sich selbst zu kennen, sondern auch den anderen in seiner Eigenart wahrzunehmen.

Der in Ungarn geborene britische Psychologe und Psychoanalytiker Peter Fonagy, von dem das Konzept der Mentalisierung stammt, und seine Kolleg*innen sind allerdings der Meinung, dass es sich dabei nicht um eine angeborene Fähigkeit handelt, sondern um eine, die wie eine Sprache erlernt werden muss. Erst im Alter von drei oder vier Jahren wird Kindern bewusst, dass das, was in ihrem Kopf vorgeht, nicht unbedingt mit dem übereinstimmt, was andere denken. Und im Laufe der Zeit wird immer deutlicher, dass jeder Mensch ein Universum für sich ist, um dessen Verständnis wir uns ständig neu bemühen müssen. Natürlich offenbaren Sätze wie »Ich dachte, das wäre dir klar« oder »Ich hätte nicht gedacht, dass es dich stört«, dass es auch für Erwachsene oft eine Herausforderung darstellt, sich in der Welt eines anderen Menschen zurechtzufinden.

Es gibt eine schöne Übung, deren man sich in der Forschung bedient, um zu ermitteln, auf welcher Entwicklungsstufe sich Kleinkinder bei der Fähigkeit zur Mentalisierung befinden. Den Kindern wird die folgende Geschichte erzählt:

> Max hilft seiner Mutter, in der Küche die Sachen wegzuräumen. Er legt die Schokolade in den GRÜNEN Schrank. Er merkt sich genau, wo er sie hinlegt, damit er sie später wiederfindet, und geht dann spielen. In der Zwischenzeit braucht Max' Mutter etwas Schokolade zum Backen, also holt sie sie aus dem GRÜNEN Schrank und nimmt etwas davon. Dann legt sie sie zurück, aber nicht in den GRÜNEN, sondern in den BLAUEN Schrank. Danach geht sie aus dem Haus, um Eier zu kaufen. Max ist mit dem Spielen fertig und hat Lust auf Schokolade.

Die Frage lautet nun: »Wo wird Max nach der Schokolade suchen?« Kinder, die diese Aufgabe richtig lösen, verstehen bereits, dass das, was in ihnen vorgeht, nicht identisch ist mit den Gedanken, Gefühlen und Wünschen anderer Menschen. Das ist die Grundlage für ihre spätere Fähigkeit, sich in eine fremde Gefühls- und Gedankenwelt hineinzuversetzen. Die Bedeutung dieser Befähigung ist gar nicht hoch genug zu veranschlagen. Um eine harmonische Beziehung zu entwickeln, müssen wir uns gegenseitig verstehen. Es hat keinen Sinn, clevere Tests zu ersinnen, um der »Beziehungssprache« des Partners oder der Partnerin auf die Spur zu kommen, wenn wir keine Ahnung haben, wie es ihm oder ihr geht, wenn er oder sie nach Hause kommt.

Was ist nötig, um sich in einer Beziehung sicher zu fühlen? Es ist vor allem die Gewissheit, dass wir auch ohne Worte verstanden werden und uns nicht ständig erklären müssen.

Vor allem in unseren ersten Lebensjahren ist es sehr wichtig, dass wir die Erfahrung machen, auf nonverbalem Weg verstanden zu werden, denn nur so können wir eine sichere Bindung entwickeln. Ein weiteres großes Bedürfnis ist es, uns intensiv auf einen anderen Menschen beziehen zu können, ohne befürchten zu müssen, dass uns seine Gedanken verwirren oder Angst machen. Was aber, wenn das doch der Fall ist? Wenn das, was uns von ihm entgegenkommt, lauter negative oder destruktive Emotionen sind wie Wut, Ärger, Stress, Aggression, Ablehnung oder Lieblosigkeit? Dann bleibt als einzige Möglichkeit, sich von dieser beängstigenden Erfahrung abzukoppeln und in die eigene kleine Welt zurückzuziehen. Viele ungeliebte, traumatisierte Kinder schützen sich auf diese Weise.

Ein Mangel an Mentalisierung setzt einen Teufelskreis zwischen den Generationen in Gang: Sind die Eltern nicht in der Lage, die Gefühle und Gedanken ihres Kindes intuitiv zu erfassen, lernt es weder sich selbst noch andere zu verstehen und kann als erwachsener Mensch wiederum nur diesen Mangel weitergeben. So reicht eine Generation die Erfahrung der seelischen Verarmung und inneren Einsamkeit ohnmächtig an die nächste weiter, ohne die verhängnisvolle Verkettung durchbrechen zu können.

Als 2018 die ersten Folgen der Fernsehserie *Patrick Melrose** ausgestrahlt wurden, erschienen etliche Artikel zum Thema Kindesmissbrauch. Der Tenor war dabei die Fragestellung, wie überhaupt jemand ein Kind verletzen und missbrauchen könne. Nach Ansicht von Expert*innen ist dies nur möglich, weil diese Menschen außerstande sind, angemessen zu mentalisieren, was ihnen erlaubt, sich von den Leiden ihrer Opfer innerlich zu distanzieren.

* Fünfteilige Miniserie aus dem Jahr 2018, die auf den autobiografisch inspirierten Romanen von Edward St Aubyn beruht.

Nach dem Zweiten Weltkrieg fragten sich sowohl Laien als auch Fachleute, wie das Grauen des Holocausts hat geschehen können, wie Menschen andere in die Hölle der Gaskammern schicken konnten. Es scheint, dass die mangelnde Fähigkeit zur Mentalisierung – die »Blindheit des Geistes« – dabei eine entscheidende Rolle gespielt hat. So heißt es in dem Fernsehfilm *Nürnberg – Im Namen der Menschlichkeit** aus dem Munde des Psychiaters, der die Naziverbrecher untersucht:

> Ich habe einmal gesagt, dass ich nach dem Wesen des Bösen suche. Ich glaube, ich bin seiner Definition nahegekommen: Es ist der Mangel an Empathie. Es ist ein Merkmal, das alle Angeklagten gemeinsam haben: eine totale Unfähigkeit, mit dem Schicksal anderer Mitmenschen mitzufühlen. Das Böse, denke ich, ist die völlige Abwesenheit von Empathie.

Wie schon gesagt, ist es vielleicht nicht übertrieben, dass es kaum eine Familie gibt, in deren Ahnengeschichte wir nicht auf schmerzhafte Erfahrungen, traumatische Verluste und belastende Ereignisse stoßen. Wir sind tatsächlich alle Nachkommen traumatisierter Vorfahren. Öffnen wir uns also für ihre Geschichte, gehen wir dem verdrängten oder vergessen geglaubten Schmerz auf den Grund, damit wir uns von den bedrückenden Schatten der Vergangenheit befreien können.

* Zweiteiliger US-amerikanisch-kanadischer Fernsehfilm aus dem Jahr 2000.

Fragen:

- *Gibt es in Ihrem Familienstammbaum Vorfahren, die am Krieg teilgenommen haben?*
- *Was wissen Sie über diese Ereignisse? (Falls es in der familiären Überlieferung darauf keine Hinweise gibt, können Ihnen Geschichtsbücher, Biografien, Memoiren oder Briefe bei der Rekonstruktion helfen.)*
- *Haben Ihre Eltern oder Großeltern Angehörige durch Krieg, Deportation, Völkermord oder ein anderes kollektives Trauma verloren?*
- *Hat es in der Familie Fälle von körperlichem, emotionalem oder sexuellem Missbrauch gegeben?*
- *Hat es in Ihrer Familie Fälle von körperlicher oder seelischer Vernachlässigung gegeben?*
- *Haben Sie sich in Ihrer Familie geliebt und akzeptiert gefühlt?*
- *Wie gut haben Sie sich von Ihren Eltern verstanden und mit Ihrer inneren Erlebniswelt wahrgenommen gefühlt?*
- *War die Liebe, die Ihnen entgegengebracht wurde, an Bedingungen geknüpft, und wenn ja, an welche?*
- *Welchem Bindungstyp würden Sie Ihre Eltern aufgrund der obigen Ausführungen zuordnen?*
- *In welchem Bindungstyp finden Sie sich selbst am ehesten wieder?*
- *Fällt es Ihnen leicht, sich in andere Menschen hineinzuversetzen, oder fragen Sie sich oft, was sie wohl fühlen oder denken und was sie innerlich bewegt?*

Kapitel 3

Familiengeheimnisse

Es gibt drei Mächte, nur drei Mächte auf dieser Erde,
die das Gewissen dieser schwächlichen Rebellen zu
ihrem eigenen Glück für immer besiegen und fesseln können:
das Wunder, das Geheimnis und die Autorität.

Fjodor Michailowitsch Dostojewski,
Die Brüder Karamasow

Die Geburtsstunde des Geheimnisses

Jede Geschichte müsse einmal erzählt werden, habe ich zu Miu gesagt. Sonst würde dieses Geheimnis für immer auf ihrer Seele lasten.

Murakami Haruki, *Sputnik Sweetheart*[1]

Familientherapeuten glauben, dass jede Familie ein Geheimnis hat und dass es nur eine Frage der Zeit ist, bis es ans Licht kommt. Manche vermuten auch, dass sich Familien überhaupt nur in Therapie begeben, damit die seelisch belastenden Geschichten, die oft jahrzehntelang versteckt, verschwiegen oder verleugnet wurden, endlich an die Oberfläche kommen. Natürlich kommen sie nicht sofort ans Tageslicht, meist gibt es ein Symptom, eine Tarngeschichte, wenn man so will, hinter der sich das Geheimnis verbirgt. Das Symptom ist nur ein Ersatz, ein Fingerzeig, der sich im geschützten Rahmen der Therapie aufgreifen lässt, um den Fokus allmählich auf das Wesentliche zu lenken – bis die Wahrheit zur Sprache kommen kann, um sich ihr zu stellen, was oft eine sehr spannende Dynamik in Gang setzt. Vielfach genügt es, die Wahrheit offen auszusprechen und anzunehmen, um die Blockaden aufzuheben, was dann etwa so ist, als würde man den Stöpsel aus der Badewanne ziehen.

Natürlich muss man bei der Aufdeckung eines Familiengeheimnisses sehr behutsam und mit viel Fingerspitzengefühl vorgehen. Wenn der Zeitpunkt ungünstig ist oder wenn Familienmitglieder, die von dem Geheimnis ausgeschlossen waren, in zu drastischer Form oder zu abrupt und ohne angemessene Vorbereitung mit der Wahrheit konfrontiert werden, können wir, ohne es zu wollen, Schaden anrichten. Wie es einer meiner Supervisoren einmal ausdrückte: »In jeder Familie gibt es mindestens eine Leiche im Keller, aber sei vorsichtig, wenn du sie hervorholst, damit sie dir nicht um die Ohren fliegt und die Therapie ruiniert!« So wie der Körper vermag auch die Seele nur eine gewisse Last zu tragen. Wenn sie nicht in der entsprechenden Verfassung ist, muss sie erst einmal fit gemacht und gestärkt werden, damit sie dem Gewicht des Geheimnisses, das ans Licht kommen soll, standhalten kann. Es ist ähnlich wie im Fitnessstudio: Am Anfang ist es nicht ratsam, sich den schwereren Gewichten zuzuwenden, denn anstatt sich zu kräftigen, könnte man sich dabei eine Zerrung oder gar einen Muskelriss zuziehen. So wie wir unsere Muskeln zunächst aufwärmen müssen und das Gewicht nur allmählich erhöhen dürfen, so muss auch die Seele trainiert werden, um ausreichend Kraft zu sammeln, bevor sie mit einem Geheimnis konfrontiert wird. Die Wahrheit, die uns brutal aufgedrängt wird, kann genauso schädlich sein wie die Lüge selbst.

In diesem Kapitel geht es um Geheimnisse und um das Schweigen – um unausgesprochene und uneingestandene Geschichten und Erfahrungen, die wir oft über viele Jahre oder gar Jahrzehnte in uns tragen. Wie Gabriel García Márquez einmal sagte: »Jeder Mensch hat drei Leben: ein öffentliches, ein privates und ein geheimes«. Und während wir mit diesen drei Leben jonglieren und versuchen, die Kontrolle über sie zu behalten, sind wir vor allem darauf bedacht, keines von ihnen »fallen zu lassen«.

Unser *öffentliches* Leben ist dasjenige, das wir der Außenwelt präsentieren. Es ist unser wohlerzogenes und gepflegtes Selbst. Wenn wir in die Welt hinausgehen, beginnen wir, »uns zu benehmen«. Unsere Körperhaltung, unsere Bewegungen, unsere Art zu sprechen und sogar unsere Stimme verändern sich. In Gegenwart anderer achten wir automatisch darauf, ein bestimmtes Gesamtbild zu wahren, sodass alle unsere Bewegungen und Äußerungen mit dem in Einklang sind, was wir von uns selbst vermitteln wollen. Der Soziologe Erving Goffman meinte, dass wir vor anderen grundsätzlich Theater spielen und uns eine Fassade schaffen, »ein standardisiertes Ausdrucksrepertoire mit Bühnenbild und Requisiten«.

Unser *privates* Leben ist dasjenige, das wir mit der Familie und dem Freundeskreis teilen. Hier sind wir viel ungezwungener und verhalten uns freier als etwa am Arbeitsplatz oder unter Fremden. Wir kontrollieren uns weniger und achten nicht so sehr auf Äußerlichkeiten.

Die dritte, intimste Ebene ist unser *geheimes* Leben. Nur wenige andere Menschen haben Zugang dazu, und in manchen Bereichen vielleicht auch niemand. Dieser geheime Bezirk ist zweigeteilt. Auf der einen Seite gibt es Dinge, die wir keinem Menschen mitteilen, weil sie niemanden außer uns etwas angehen. Wir haben ein Recht auf unsere Grenzen, ein Recht darauf, bestimmte Dinge für uns zu behalten. Ich möchte es nicht einmal ein geheimes Leben nennen, es geht hier eher um die gesunde Ausübung von Autonomie. Es ist unser unabhängiges, selbstbestimmtes Selbst. Vielleicht offenbaren wir uns damit in einer intimen Beziehung, aber vielleicht nicht einmal dort.

Andererseits gibt es aber auch einen Platz in unserer Seele, an den wir Erinnerungen, Gedanken und Gefühle verbannen, die wir für inakzeptabel halten. Dort bewahren wir die eigentlichen Geheimnisse auf, vor deren Preisgabe wir große Furcht haben. Sie sollen auf keinen Fall ans Licht kommen, niemand soll herausfinden, wie wir wirklich sind, denn sonst wären die Menschen enttäuscht von uns, würden sich von uns abwenden und uns am Ende vielleicht sogar verlassen. Es gibt nichts Beunruhigenderes als den Gedanken, uns plötzlich in einem menschlichen Vakuum wiederzufinden, getrennt von anderen und allein. Also verhehlen wir bestimmte Gedanken und Gefühle, verheimlichen Dinge, die wir anderen angetan haben oder die uns angetan wurden. Was sich hinter den meisten Lebensgeheimnissen verbirgt, ist Scham, ein Schandfleck, der unser ganzes Wesen betrifft und uns in unseren eigenen Augen schlecht und unannehmbar macht. Und Scham ist etwas, das von Generation zu Generation weitergegeben wird.

Dieses Gefühl der Scham ist nicht in uns angelegt, sondern wird in uns gelegt, ist erlernt im Kontakt zu unseren Bezugspersonen. Wie gesagt, bedürfen wir, um uns selbst kennenzulernen, eines Gegenübers, das uns einen Spiegel vorhält. Wenn dieser Spiegel uns zeigt, dass etwas mit uns nicht stimmt, dass wir mängelbehaftet und inakzeptabel sind, wird der Schmerz der Scham immer tiefer in uns verankert. Dieser Prozess beginnt in den meisten Familien schon sehr früh; und eine demütigende Erziehung reicht in der Regel viele Generationen zurück.

Zweifellos müssen Kinder erzogen und zu sozialen Wesen geformt werden, müssen sie lernen, sich zu benehmen, Regeln zu befolgen und sich in eine Gemeinschaft einzufügen. Doch tun wir in dieser Hinsicht des Guten oft zu viel und beschneiden sie unnötig in ihrer Persönlichkeitsentwicklung oder schneiden so tief in ihre Seele ein, dass sie ein Leben lang davon die Spuren trägt.

Betrachten wir zunächst das in dieser Hinsicht erste und häufigste Vorkommnis im Zusammenleben mit Kleinkindern. Kinder haben Freude daran, die Welt und sich selbst in ihr zu entdecken, einschließlich ihres Körpers. Sie wissen nicht, dass es bestimmte Körperteile gibt, die anzufassen »sich nicht gehört«, schon gar nicht vor anderen, weshalb sie auch keine Scheu haben, es zu tun. Sie ziehen ihre Windeln aus und laufen fröhlich nackt herum, berühren dabei auch ihre Genitalien oder zeigen sie sogar ohne jede Hemmung. Das bringt Eltern, die nicht unbedingt ein gesundes Verhältnis zu ihrem eigenen Körper haben, zunehmend in Verlegenheit. Beim Versuch, die Kleinen von ihrem »unanständigen« Tun abzubringen, wird der Tonfall schnell gereizt: »Pfui, das tut man nicht! Da fassen wir uns nicht an!« Und irgendwann geben die Kinder das unerwünschte Verhalten auf, aber indem sie lernen, dass es nicht richtig ist, nackt zu sein oder seine Genitalien in der Öffentlichkeit zu berühren, lernen sie auch, dass die Freude an der eigenen Körperlichkeit und die damit verbundenen Lustgefühle etwas Schändliches oder gar Sündhaftes sind. Da ist es nicht überraschend, dass neunzig Prozent der erwachsenen Frauen mit ihrem Körper unzufrieden sind, sich seiner schämen, ihn verstecken und am liebsten anders haben würden, wenn sie könnten. Und den Männern geht es in dieser Hinsicht nicht viel besser: Auch sie haben jede Menge Zweifel an ihrem Körper und ein zwiespältiges Verhältnis zu seinen natürlichen Funktionen. Und auch dies ist eine Prägung, die von Generation zu Generation weitergegeben wird …

Eine demütigende Erziehung wurzelt in den eigenen Kindheitserfahrungen der Eltern. Wer in seiner Kindheit häufig Sätze wie »Das gehört sich nicht!« oder »Was werden die Leute sagen?« zu hören bekommt, verinnerlicht damit für sein ganzes Leben, dass es Dinge gibt, für die man sich zu schämen hat, und dass man in dieser Hinsicht unter ständiger Beobachtung steht. Mit der eigenen Elternschaft greift dann erneut diese frühe Prägung, mit der nun ein Positionswechsel einhergeht: Nun sind es die einstmals Beschämten, die sich ihres Kindes schämen, wenn es sich nicht anständig benimmt, und ihm so das eigene Schamgefühl einpflanzen. Leider handelt es sich dabei um unbewusst übernommene Muster, sodass wir, auch wenn wir uns schwören, nie so zu werden wie unsere Mutter oder unser Vater, am Ende oft genauso wie sie reagieren und dieselben Worte benutzen, die wir von ihnen gehört haben.

Ein demütigender Erziehungsstil ist so verbreitet, dass er sich praktisch überall und jederzeit beobachten lässt. Erst kürzlich wurde ich wieder Zeugin davon, als ich in einer Warteschlange stand. Es war in einer Zoohandlung, in die Kund*innen häufig ihre Haustiere mitbringen. Hinter mir in der Schlange stand ein kleines Mädchen von etwa zwei Jahren mit ihrer Mutter, und hinter ihnen ein Mann mit einem niedlichen Bulldoggenwelpen. Das kleine Mädchen wollte den Hund unbedingt streicheln, und der Besitzer ließ es gewähren – doch der Welpe zuckte bei den lebhaften Bewegungen des Kindes ängstlich zusammen. Da sagte die Mutter zu dem zweijährigen Mädchen: »Du bist einfach immer zu grob! Sogar der Hund hat Angst vor dir!« Daraufhin starrte das Kind einfach nur vor sich hin, und ich hatte Mühe, mich zu beherrschen. Eine unangenehme Situation. Schließlich war ich hier auch nur Kundin und konnte nicht anfangen, die Leute zu erziehen. Also schwieg ich zu dem Vorfall, obwohl ich der Mutter gerne das Folgende gesagt hätte:

1. Das kleine Mädchen ist keineswegs grob, sondern ein neugieriges Wesen, das dabei ist, die Welt zu erkunden, auch bekannt als Kind. Sie sollten froh sein, dass es so ist!
2. Welpen sind oft ängstlich, weil auch sie erst dabei sind, die Welt kennenzulernen. Das ist ganz natürlich und nicht die Schuld des kleinen Mädchens. (Übrigens: Auch wenn sich der kleine Hund vor dem Mädchen erschreckt hat, ist daran nichts Schlimmes. Vielmehr wäre das eine gute Gelegenheit gewesen, dem Kind zu zeigen, wie man sich einem Tier vorsichtig nähert.)
3. Sagen Sie bitte Ihrem Kind nicht, dass es grob sei (und am besten denken Sie es nicht einmal!), denn eine solche Aussage kann sich tief in seine Seele einprägen – und wird sie

> oft genug wiederholt, wird es lernen, sich seiner Wünsche und seiner Begeisterung zu schämen. Es wird anfangen, sich selbst für grob zu halten, wenn es sich für etwas interessiert, und seinen Enthusiasmus zügeln. Auf diese Weise kann man die Freude, die Spontaneität, die Initiative in ihm töten. Lassen Sie Ihrem Kind seine Freude an den Dingen, seine Entdeckungslust, sein Freiheitsgefühl! Wenn wir meinen, eingreifen zu müssen, weil die Situation gefährlich sein könnte – was sie nicht war –, dann sollten wir es weder auf eine Weise tun, die sein ganzes Wesen infrage stellt, noch indem wir es demütigen …

All das hätte ich dieser Mutter gerne gesagt, ohne dabei zu vergessen, dass ihre Reaktion auch nur Ausdruck ihrer eigenen frühen Erfahrungen war. Irgendwann, vor langer Zeit, muss auch sie auf diese Weise angeprangert und dazu erzogen worden sein, sich zu schämen. Die Botschaft lautet: »Sei nicht, wer und wie du bist, denn das ist schlecht, verboten und verwerflich« – und so bringen wir einander bei, unser wahres Wesen zu verhehlen, denn das Verheimlichen hat immer etwas mit dem Du, einer Bezugsperson zu tun, der gegenüber es seinen Anfang nimmt. Wir glauben, unserer Bezugsperson die Wahrheit nicht zumuten zu dürfen. Woher stammt diese Vorstellung? Aus unseren früheren Erfahrungen. Aus jenen scheinbar unbedeutenden Situationen, in denen wir uns von unserem Gegenüber nicht akzeptiert, sondern kritisiert und verurteilt gefühlt haben, in denen wir gespürt haben, dass es in dieser Verbindung keine Gegenseitigkeit, keine Unterstützung gibt. Es sind die Momente, in denen wir uns verschließen und lernen, immer weniger von uns zu zeigen. Hier beginnt das, was Experten als *Dynamik des Geheimnisses* bezeichnen. Wenn wir auf Feindseligkeit, Ablehnung oder Missbilligung stoßen, überlegen wir sehr genau, was wir in Zukunft noch von uns preisgeben wollen und können. In einer gefühllosen Umgebung kann es keine Selbstoffenbarung geben. Unter solchen Umständen ziehen wir uns in unser Schneckenhaus zurück, weil wir Angst haben, angegriffen, verletzt, verurteilt oder verdammt zu werden. Ob und in welchem Maße in einer Familie bei einem Kind die Entfaltung seines wahren Selbst gefördert wird, lässt sich schnell an der emotionalen Atmosphäre ablesen, die in ihr herrscht. Um sie zu spüren, genügt es, das Haus der Familie zu betreten. Manchmal macht sich die Anspannung sofort bemerkbar. Alles wirkt unnatürlich und aufgesetzt. Selbst im Kreis der Familie sind sie angestrengt damit beschäftigt, die Fassade aufrechtzuerhalten.

Als ich ein Kind war, wurden wir eingeladen, entfernte Verwandte zu besuchen. Sie lebten in Budapest, und wir waren die Verwandtschaft vom Land. Sie hielten es wohl für »angebracht«, uns einzuladen, und wir konnten kaum Nein sagen. Meine Eltern hielten es wahrscheinlich für besser, die Sache hinter sich zu bringen. Sobald wir ihr Haus betraten, wurde uns mulmig zumute. Der Teppich im Flur war mit Plastikfolie bedeckt, die in regelmäßigen Abständen mit Klebeband am Boden befestigt war. Wir mussten auf Zehenspitzen über den Teppich in das Wohnzimmer gehen, wo Sofa und Sessel ebenfalls mit Plastik überzogen waren. So lebte das ältere Ehepaar, und für sie war das Normalität. Sie saßen steif auf ihren Plätzen und boten uns stolz ihre leicht durchweichten Sandwiches an. Ich mochte sieben oder acht Jahre alt gewesen sein, aber nie werde ich diese Atmosphäre vergessen, die gestelzten Versuche, Konversation zu betreiben, und den verzweifelten Blick meiner Mutter, die fürchtete, ich könnte meinen Orangensaft verschütten. Nie zuvor war ich an einem solchen Ort gewesen. Damals erfuhr ich zum ersten Mal, dass man auf diese Weise leben kann, und wusste auch, dass so zu leben sich nicht lohnt.

Wie viele Familien halten die Wahrheit immer noch unter

Plastikfolie bedeckt! Wie viele Menschen kommen nach Hause, ohne jede Chance, sich den Personen gegenüber zu öffnen, zu denen sie die vertrauensvollste Beziehung haben sollten! Wie viele kommen nicht einmal auf die Idee, dort über ihre Ängste und Schmerzen zu sprechen, und wie viele können nicht einmal ihre tiefsten Besorgnisse mit ihren Angehörigen teilen! Die Familientherapeutin Virginia Satir bemerkte einmal, dass für die meisten Familien offene Kommunikation ein Fremdwort zu sein scheint. Sie artikulieren nicht, was sie fühlen oder denken, und wenn sie in eine emotional fordernde Situation geraten, fühlen sie sich angegriffen, gehen selbst zum Angriff über, fangen an, sich zu rechtfertigen, oder ziehen sich in sich selbst zurück.

Viele Dinge können zu einem Geheimnis werden, wobei die häufigste Form von Geheimnis das sogenannte *Tabu* ist. Dieses bildet sich um gesellschaftlich tabuisierte Themen, sodass der kulturelle und historische Kontext, in dem wir leben, stark beeinflusst, was als Tabu gilt. Aber es ist nicht nur die Gesellschaft, sondern auch die Familie selbst, die bestimmt, was als Tabu zu gelten hat. Alles, was schwierig, unangemessen, verpönt ist oder worüber man »bei uns« nicht spricht, fällt in diese Kategorie – beschämende, inakzeptable Dinge, mit denen man sich der Gefahr der Stigmatisierung oder der »Schande« aussetzt.

In vielen Familien ist ein solches Tabuthema die Sexualität. Der Großvater, der vor Jahrzehnten seine Familie wegen eines Mannes verließ, hat für die Familie aufgehört zu existieren. Den Enkelkindern wurde einfach erzählt, er sei »ins Ausland gegangen«, obwohl alle den wahren Grund ahnten; und nun ist die Enkelin – die unter Panikattacken leidet und deshalb kaum noch arbeitsfähig ist – so von Angst erfüllt, dass sie es nicht wagt, sich dazu zu bekennen, in ein Mädchen verliebt zu sein. Übrigens ist diese Art von Wiederholung gar nicht so selten. Erstreckt sich ein Tabuthema über Generationen hinweg, taucht es oft wieder auf, als würde auf diese Weise seine Verdrängung signalisiert.

Auch psychische Erkrankungen sind für viele Angehörige ein heikles Thema – manchmal wagen sie nicht einmal, es zu erwähnen, nicht einmal im engsten Kreis. Ein Beispiel: Eine junge Frau kam nach einer Reihe von Kinderwunschbehandlungen zu mir in die Therapie. Erst nach langer Zeit gestand sie mir, dass sie gemischte Gefühle gegenüber einem Kind hege. Der Grund für diese Ambivalenz war die psychische Störung ihrer Schwester: Sie befürchtete, dass auch ihr künftiges Kind die als schmachvoll empfundene Störung erben könnte. Wegen ihrer Unfruchtbarkeit hatte sie sich einer unangenehmen Behandlung unterzogen, aber innerlich blockierte sie den Prozess. Sie berichtete niemandem von ihren Ängsten, denn selbst innerhalb der Familie wurde nie offen ausgesprochen, was mit ihrer Schwester wirklich los war. Man tat so, als sei sie etwas unzuverlässig und bräuchte mehr Aufsicht, während in den versteckten Krankenakten von geistiger Behinderung die Rede war. Ihre Erkrankung erlebte die Familie als große Schande, die in keiner Weise mit ihrem Selbstbild in Einklang zu bringen war. Sie betrachteten sie als inakzeptabel und unverdaulich, als wäre sie eine schwere Schuld, die sie auf sich geladen hatten. Sie wagten auch nicht, offen über die vielen schwierigen Gefühle und Ängste zu sprechen, die sich im Laufe der Jahre angesammelt hatten. Sie führten einen Kampf im Stillen, kümmerten sich um die Kranke, konnten sich aber nicht entlasten, indem sie sich darüber austauschten. Die Angst hatte das gesamte Familiensystem erfasst und hinderte sie daran, um Hilfe zu bitten und sich so das Leben zumindest ein wenig zu erleichtern.

Ebenso kann eine frühere Ehe, Untreue, eine Scheidung, die wahre Vaterschaft eines Kindes, eine Abtreibung, jede Form von Missbrauch, Alkoholismus, Suizid oder auch der Tod selbst zum Tabuthema werden – also jedes Ereignis, das mit Schuld und Scham, Angst vor Verurteilung, Ausgrenzung oder unverarbeitetem Schmerz verbunden ist. Wie sehr dies der Fall ist, hängt zum Teil von der Familie und ihren einzelnen Mitgliedern ab. Je weniger psychologische Ressourcen eine Person oder eine Familiengemeinschaft zur Verfügung hat, desto unaussprechlicher erscheinen die Dinge. Je starrer und geschlossener das Beziehungssystem, desto schwieriger ist es für sie, sich mit Ereignissen auseinanderzusetzen, die ihnen Ärger und Not bereiten könnten. Geheimnisse zu haben bedeutet also, dass es unannehmbare Vorfälle gibt, nicht kontrollierbare Ereignisse, die so belastend sind, dass man einfach nicht darüber reden kann. »Was, wenn es herauskommt? Was werden die Leute über uns sagen?« Deshalb wird geschwiegen: weil es einfacher zu sein scheint. Verschweigen und verdrängen: Das ist die von Generation zu Generation weitergegebene Strategie der Bewältigung dessen, was nicht sein darf. Auf diese Weise wird das Verschweigen zu einer Familientradition. Wie einer meiner Klienten einmal sagte: »Bei uns zu Hause konnte man über nichts reden außer über den Geschmack der Suppe!« In solchen Familien zählt der Schein mehr als alles andere, und das Vermeiden und Verleugnen dient dazu, die perfekte Fassade der Familie aufrechtzuerhalten.

Aber wo verläuft die Grenze zwischen einer rein persönlichen Angelegenheit, zwischen Ereignissen, die niemanden sonst etwas angehen, privaten Erinnerungen und einem schädlichen Geheimnis, das Beziehungen vergiftet? Was kann ich mit Fug und Recht für mich behalten, weil es andere nicht betrifft, und womit muss ich mich offenbaren, so peinlich oder beschämend es auch sein mag oder wie sehr ich das Geschehene auch bereue?

Der vielleicht wichtigste Unterschied besteht darin, dass die Geheimhaltung das Vertrauen untergräbt und das Funktionieren des Familiensystems beeinträchtigt, während das legitime Bewahren der Privatsphäre keine derartigen Auswirkungen hat, insbesondere nicht über Generationen hinweg. Ein weiteres Unterscheidungsmerkmal ist, dass Geheimhaltung mit Gefühlen von Scham, Schuld, Unannehmbarkeit und Unaussprechlichkeit einhergeht, was für den gesunden Schutz der Privatsphäre nicht gleichermaßen gilt.

Geheimhaltung ist keine autonome Entscheidung, sondern eine unfreiwillige Art zu existieren: Sie ist nicht etwas, das wir »tun«, sondern jeden Tag leben. Sie ist nichts anderes als ständige Vorsicht und angespannte Wachsamkeit. Es ist ein bisschen wie der Gang durch ein Minenfeld, bei dem alle Sinne geschärft sein müssen, weil jeden Augenblick ein Unglück geschehen kann. Menschen, die ein wichtiges Geheimnis zu hüten haben, vor dessen Aufdeckung sie panische Angst haben, sind ständig auf der Hut, um sich nicht durch irgendeine Unvorsichtigkeit, irgendeinen kleinen Versprecher zu verraten. Entsprechende Studien haben gezeigt, dass die Betroffenen in der Regel weit häufiger an das heikle Thema denken, als eine reale Gefahr seiner Entdeckung besteht, etwa weil das Gespräch eine Wendung in diese Richtung nimmt. Im folgenden Abschnitt werden wir sehen, wie sich dies auf die Qualität unserer Beziehungen auswirkt.

Das trennende Geheimnis

Der Mensch: ein Ledersack voller Geheimnisse

Ádám Bodor, *Das Labyrinth der Interpretation*[2]

Wird in einer Familie ein Geheimnis gehütet, verändert sich die Funktionsweise des gesamten Systems. Um das Geheimnis herum bildet sich eine Grenze, welche die Familienmitglieder, die darum wissen, von den anderen absondert, vor denen es verborgen wird. Es ist, als ob die Familie in verschiedene Gruppen aufgeteilt würde, einen inneren und einen äußeren Kreis. Das Geheimnis schafft Subsysteme und trennt die, die zusammengehören sollten. Ein Geheimnis zwischen Menschen ist wie eine unüberbrückbare Kluft.

Anna, eine Frau mittleren Alters, wendet sich nach dem Tod ihres Vaters hilfesuchend an mich. Sie sagt, sie werde von Schuldgefühlen, Selbstvorwürfen und Schamgefühlen in den Wahnsinn getrieben und fühle nur noch Schmerz. Seit der Beerdigung hat sie weder gegessen noch geschlafen und wird langsam zu einem Schatten ihres früheren Selbst. Das Ganze nahm seinen Anfang, als sie etwa acht Jahre alt war und anfing, Leichtathletik zu betreiben. Meistens war es ihre Mutter, die sie zum Training brachte. Das Mädchen bemerkte bald (Kinder bekommen so etwas in der Regel recht schnell mit), wie angetan ihr Trainer von ihrer Mutter war. Dann begannen die Erwachsenen zu plaudern und zu flirten. Eines Tages sagte ihre Mutter zu ihr, sie solle im Auto auf sie warten. Von jenem Tag an, als diese Situation zur Gewohnheit wurde, wartete sie mit verkrampftem Magen und klopfendem Herzen im Wagen – denn was würde passieren, wenn die Leute herausfänden, was ihre Mutter und der Trainer taten? Und was, wenn sie herausfänden, dass sie, die kleine Anna, es die ganze Zeit über gewusst hatte? Ihre Mutter hatte nie mit dem Mädchen darüber gesprochen. Und Anna brauchte sich auch nicht sagen zu lassen, dass sie den Mund halten sollte. Jahrelang war sie die unfreiwillige Komplizin ihrer Mutter und fürchtete sich davor, dass das Geheimnis entdeckt werden könnte. So wuchs innerhalb der Familie eine Distanz, die sie ihrem Vater und ihrer Schwester entfremdete, und die Familie wurde in zwei Parteien gespalten. Auf der einen Seite sie und ihre Mutter, auf der anderen ihre Schwester und ihr Vater – das Geheimnis trennte sie wie eine unsichtbare Mauer. Lange Zeit hatte sie das Gefühl, dass ihr Schweigen ein Opfer war, das sie bringen musste, um das Familienleben zu erhalten. Doch nun, seit dem Tod ihres Vaters, schien daraus ein sinnloser, gar verbrecherischer Verrat geworden zu sein, für den es keine Hoffnung auf Vergebung gab. Es wird einige Zeit dauern, bis es ihr gelingt, sich mit diesem dunklen Schatten der Vergangenheit abzufinden, ihn zu akzeptieren und in sich zur Ruhe zu kommen. Es wird Zeit brauchen, bis sie ihrer Mutter und sich selbst verzeihen kann, dass sie wegen der schweren Bürde des Geheimnisses nie mehr in der Lage zu einem unbeschwerten Verhältnis zu ihrem Vater oder ihrer Schwester war. Was für eine Last auf den Schultern eines Kindes!

Es ist der klassische Loyalitätskonflikt eines missbrauchten Kindes: Stellt es sich auf die Seite des einen Elternteils, verrät es den anderen. Diese frühe Erfahrung wirkte sich dann auch auf Annas späteres Beziehungsleben aus, denn sie hatte in dieser Hinsicht für immer ihre Unbefangenheit verloren.

»Ich bin eine Verräterin« – mit dieser lapidaren Aussage brachte sie auf den Punkt, wie sie von sich selbst dachte.

Oft ist es ein einzelnes Familienmitglied, das Erinnerungen und Geschichten mit sich herumträgt, die es mit den anderen nicht zu teilen vermag, willens ist oder wagt. Und stets scheinen es die emotionale Distanz und die strikte Abgrenzung zu sein, die dazu verhelfen, das Geheimnis zu wahren. Wer darauf bedacht sein muss, einen wichtigen Teil seiner Vergangenheit vor der Familie zu verbergen, spürt wohl instinktiv, dass von der Nähe und Vertrautheit eine zu große Gefahr ausgeht, weil sie dazu verleiten kann, das Geheimnis in einem Moment der Unachtsamkeit auszusprechen. So geht man tieferen Gesprächen lieber aus dem Weg und hält sich hinter den Mauern versteckt, die man sorgfältig errichtet hat, um den Abstand zu wahren.

Eine meiner Klientinnen beschrieb ihren verstorbenen Vater als »in sich gekehrt«. Erst bei der Nachlasseröffnung stellte sich heraus, dass der stille, zurückhaltende Mann schon einmal verheiratet war und ein Kind aus der früheren Ehe hatte. Doch niemand in der Familie wusste davon. Auch in diesem Fall versuchte der Vater, seine geheime Vergangenheit mithilfe von Distanz und Isolation zu schützen – letztlich erfolglos, wie sich dann zeigte. Wer weiß, wie viele schöne gemeinsame Erlebnisse der Familie vorenthalten blieben, wie anders und um wie vieles liebevoller die Familie ihn würde in Erinnerung behalten können und vor allem: um wie viel intensiver er seine Vaterrolle hätte ausfüllen können, wenn dieses zwar nachvollziehbare, aber überwindbare (wenn vielleicht auch zunächst schockierende) Geheimnis nicht zwischen ihnen gestanden hätte. Denn schließlich haben sich die beiden Familien wohlwollend einander angenähert, und unter den Stiefgeschwistern ist ein ganz besonderes Verhältnis der Solidarität und gegenseitigen Unterstützung entstanden.

Auch der Fall, dass eine ganze Familie ein Geheimnis vor

der Außenwelt verbirgt, ist nicht ungewöhnlich. Man schottet sich als Familienverband ab, sodass keine Informationen nach außen dringen können. Als das sicherste Mittel dazu erweist es sich, alle Familienmitglieder unter strenger Kontrolle zu halten. So ist etwa den Kindern nicht erlaubt, Freundschaften zu schließen, Klassenkamerad*innen mit nach Hause zu bringen oder ihrerseits an geselligen Anlässen teilzunehmen. Es wird eine hermetisch abgeriegelte Welt geschaffen. Ich erinnere mich, dass ich etwa vierzehn Jahre alt war, als eine meiner Klassenkameradinnen plötzlich von der Schule verschwand. Sie war immer ein sehr verschlossenes, zurückgezogenes Mädchen gewesen, und in der Schule wussten wir kaum etwas über sie. Sie nahm niemals an Klassenfahrten oder außerschulischen Aktivitäten teil, weil sie das nicht durfte. Dann kamen Gerüchte auf, dass ihr Vater sie und ihren Bruder jahrelang missbraucht hatte, und zwar mit Wissen der Mutter. Auch hier schottete sich die Familie ab, und weder die verängstigten Kinder noch die Mutter erwähnten jemals irgendetwas. Sie gingen wie selbstverständlich davon aus, sich dadurch nur noch mehr Probleme einzuhandeln, und so litten sie im Stillen.

Jede Familie hat ihre eigenen Regeln für die Kommunikation. In einem gesunden Familiensystem muss man in der Regel nicht ängstlich darauf bedacht sein, was man Papa sagen darf, was man Mama fragen kann oder was man Oma gegenüber nicht zu erwähnen hat – wohingegen in Familien, in denen es Tabuthemen gibt, alle einen weiten Bogen um gewisse Dinge machen, voller Sorge, sich auf verbotenes Terrain zu begeben. Wo die Grenze zwischen dem Erlaubten und dem Unerlaubten verläuft, ist in der Regel leicht zu erkennen, denn sobald ein heikles Thema angesprochen wird, scheint sich ein dunkler Schatten auf die Anwesenden zu senken und das Verhalten der Familienmitglieder nimmt eine andere Form an. Um das Stoppsignal auszusenden, bedarf es keiner

Worte – ein plötzliches Verstummen, eine Veränderung im Tonfall, in der Mimik (etwa ein eingefrorenes Lächeln), in der Gestik und sogar in der Art und Weise der Atmung kann die Botschaft vermitteln, dass es besser ist, das Gespräch in eine andere Richtung zu lenken.

Wer in einem solchen Familiensystem aufgewachsen ist, hat schon früh gelernt, seine Neugier zu bezähmen und seine Spontaneität zu unterdrücken. Auf die kindliche Aufgeschlossenheit und Wissbegierde haben die Eltern vermutlich mit Missbilligung oder Zurechtweisungen reagiert. Vielleicht haben sie das Kind angeschnauzt, dass es sich um seine eigenen Angelegenheiten kümmern solle, oder ihm mit einem feindseligen Blick zu verstehen gegeben, dass es besser wäre, den Mund zu halten.

In einer häuslichen Atmosphäre, die von Geheimnissen und Tabus geprägt ist und in der eine offene Kommunikation regelmäßig unterbunden wird, bildet sich aus dieser immer wiederkehrenden Erfahrung schließlich die Überzeugung, dass es Dinge im Leben gibt, über die man einfach nicht sprechen darf. Auch wo das eigentliche Geheimnis unbekannt bleibt, unterliegen gewisse Themen von vornherein einem Verbot. Das folgende Beispiel soll etwas mehr verdeutlichen, was damit gemeint ist.

Als Zita ein Kind war, durfte niemand in der Familie einen Onkel erwähnen, der hinter Gittern gesessen hatte. Die Kinder wussten dies, ohne dass es nötig war, es ihnen gegenüber ausdrücklich zu betonen. »Es war einfach klar, dass es verboten war, seinen Namen auszusprechen«, sagt die Frau, die heute Mitte dreißig ist. Als junger Mann hatte der Onkel einen Verkehrsunfall verursacht, bei dem drei Menschen ums Leben kamen. Die Familie konnte das Geschehene nicht verarbeiten, und der Unfall war ein unauslöschlicher Schandfleck in ihrem bis dahin makellosen Selbstbild. Nicht nur der Onkel, sondern das ganze Thema Verkehrsunfall fiel unter das

Verdikt der Unaussprechlichkeit. Allenfalls gab es noch vage Andeutungen, und auf das schwarze Schaf, den Onkel, bezog man sich höchstens verklausuliert als »Du weißt schon, wer«. Wurde im Fernsehen ein Verkehrsunfall gezeigt, schalteten sie sofort um, als ob der böse Geist durch das Gerät in die Wohnung geschlichen käme. Erst als Erwachsene erfuhr Zita von einem entfernten Bekannten, was wirklich geschehen war, und es stellte sich heraus, dass ihr Onkel nur teilweise für den Unfall verantwortlich war, sodass die Strafe nicht so hart ausfiel, wie sie als Kind gedacht hatte. Unter dem Einfluss dieser familiären Atmosphäre des Verschweigens prägten sich ihr zwei Dinge für immer ein: dass Fehler unverzeihlich sind und dass sie keine Erwähnung dulden.

Es ist ein giftiges Glaubenssystem, denn es lässt keine Fehler zu, die im Leben kaum zu vermeiden sind, und außerdem erlaubt es – wenn das Unvermeidliche eingetreten ist – keine Absolution, keine Erleichterung durch Aussprechen. So ist es nicht verwunderlich, dass Zita und ihre Geschwister zu Perfektionist*innen geworden sind, denen es schwerfällt, ihre Unvollkommenheit zu akzeptieren. Und zu dem unerfüllbaren Anspruch an Perfektion gesellt sich die ständige Angst, etwas falsch zu machen. Seither hat sich diese Angst vor der Fehlbarkeit auf ihre eigenen Familien ausgeweitet, prägt die Beziehung zu ihren Partner*innen und hat auch die Kinder erfasst. So übertragen sich die in der Kindheit erlernten Muster schleichend auf das Leben der nachfolgenden Generationen. Und noch heute führt Zita einen verzweifelten Kampf, um den Schein der Perfektion zu wahren: Wenn sie mit den Schwächen ihres Mannes und ihrer Kinder konfrontiert wird, reagiert sie mit innerer Ablehnung und emotionalem Rückzug.

Die verzerrte Realität

> *… dass der Glaube keine Berge versetzt, wohl aber Berge hinsetzt, wo es keine gibt …*
>
> Friedrich Nietzsche, *Der Antichrist*

Eltern erlauben ihrem Kind bestimmte Dinge und verbieten ihm andere. Sie loben es für das eine, tadeln es für das andere – und formen damit seine Realität. Und wenn sie bestimmten Ereignissen Bedeutung beimessen und andere nicht wahrnehmen, zeigen sie damit auch, was im Leben wichtig ist und was nicht. Kinder sind wie Schwämme, die Informationen aufsaugen: offen und aufnahmebereit für alles, was sich ihnen bietet. Umwelteinflüsse prägen sich in sie ein wie in weiches Wachs. Sie akzeptieren und übernehmen die Sichtweise ihrer Eltern, identifizieren sich mit der Art und Weise, wie sie die Welt sehen, und übernehmen deren Reaktionen. So entwickeln sie ihre eigene Weltsicht. Daher spielt es eine große Rolle, ob und wie viele Geheimnisse die Familie verbirgt und welches Gewicht sie haben. Das Kind, das seine ganze Aufmerksamkeit auf die Eltern richtet, wird unweigerlich auf das Geheimnis stoßen und darin verwickelt werden. So wie es die Welt um sich herum mit seinen sensiblen Antennen wahrnimmt, so spürt es auch, wo etwas unstimmig ist. Wenn wir eine Lüge als Wahrheit ausgeben oder Tatsachen verschweigen, die das Kind betreffen, schaffen wir für es eine alternative Realität, an die es sich nur unter großen Opfern anpassen kann.

Die fünfjährige Tochter eines jungen Elternpaares wacht jede Nacht mit einem Schreck auf. Sie weint bitterlich und ist kaum zu beruhigen. Die Eltern fühlen sich hilflos, und das macht ihnen schwer zu schaffen. Natürlich wollen sie ihrem Kind helfen und herausfinden, wo die Ursache für seine Untröstlichkeit liegen könnte. Ihr Familienleben ist geordnet, beide lieben das kleine Mädchen sehr, und sie sind ratlos, was mit dem bis dahin so ausgeglichenen, fröhlichen Kind geschehen sein könnte. Sie wenden sich an eine Psychologin, die das Mädchen dazu auffordert, ein Bild von ihrer Familie zu malen, und da es sehr gerne malt, vertieft es sich sogleich in diese Aufgabe. Das Bild scheint fertig zu sein, alle Familienmitglieder sind vorhanden, als das Mädchen das Papier umdreht und eine zusätzliche Figur auf die Rückseite zeichnet. »Wer ist denn das?«, wird es gefragt. »Ich weiß es nicht, aber das ist jemand, der auch dazugehört«, antwortet es entschieden – worauf die Eltern fassungslos sind. Im Flüsterton bestätigen sie, dass es tatsächlich noch jemanden gibt, der zur Familie gehört oder vielmehr gehörte. Vor der Geburt ihrer Tochter kam ein anderes Mädchen zur Welt, das sie verloren, als es ebenfalls fünf Jahre alt war. Es war an Leukämie erkrankt, und die Eltern haben große Angst, dass sich diese Tragödie wiederholen könnte. »Wir sprechen niemals über sie, nicht einmal miteinander«, sagt die Mutter. »Wir wollen den Teufel nicht an die Wand malen. Daher haben wir das Thema komplett vermieden.« Umso bestürzter sind sie nun, dass es auf diese Weise ans Licht kommt.

Wie dieser Fall zeigt, wird der Teufel nicht an die Wand gemalt, wenn wir über unsere schmerzhaften Verluste reden und wagen, unsere Ängste auszusprechen. Im Gegenteil: Es sind die Erinnerungen, die wir zu vergessen und zu verdrängen versuchen, die Ängste, die wir am liebsten verbannen würden, die unsere Beziehungen belasten. Wenn wir versuchen, einen so schwerwiegenden Verlust innerhalb der Familie zu verheimlichen, wenn wir glauben, auf diese Weise das Ereignis irgendwie ungeschehen machen oder verhindern zu können, dass es sich wiederholt, dann irren wir uns gewaltig. Der Verlust eines Kindes kann nicht aus der Familiengeschichte getilgt werden – auch nicht für diejenigen, die danach geboren werden. Auch dieses kleine Mädchen hatte das Recht, zu erfahren, dass sie nicht die Erstgeborene war, dass es eine Schwester gab, die gestorben war. Dieses Wissen belastet nicht, sondern befreit von der Last des unausgesprochenen Geheimnisses. Wir neigen zu der Annahme, dass wir einen geliebten Menschen vor Leid bewahren, wenn wir ihm schmerzliche Dinge verschweigen. In diesem Fall ging es den Eltern eigentlich darum, sich selbst vor der Angst und dem Schmerz zu schützen, auch wenn sie glaubten, ihrer Tochter den Gedanken ersparen zu müssen, dass auch ein kleines Kind sterben kann. Die Verzerrung der Realität kann jedoch nur selten eine Schutzfunktion erfüllen, und doch wird sie immer wieder versucht. Ein durch Leugnung und Verdrängung künstlich schmerzbefreites Leben mag zwar auf den ersten Blick verlockend erscheinen, kann aber in Wirklichkeit ungemein gefährlich sein. Mich erinnert das an eine seltene Krankheit, von der ich einmal hörte. Wer an dieser genetischen Störung leidet, spürt keinen Schmerz und bemerkt nicht einmal eine schwere Verletzung. Menschen mit dieser Krankheit benötigen ständige Überwachung. Jemand muss immer ein Auge auf sie haben, sonst kann es zum Beispiel sein, dass sie sich unwissentlich schneiden und Gefahr laufen zu verbluten. Die Freiheit vom Schmerz sperrt sie zugleich in das Gefängnis einer ständig lauernden Gefahr und des Zwangs zu äußerster Vorsicht. Was ihnen auf der einen Seite erspart bleibt, müssen sie auf der anderen doppelt bezahlen.

Was für den Körper gilt, das gilt nicht minder für die Seele. Wenn wir eine alternative Realität erschaffen, indem wir ein Geheimnis in die Familienhistorie flechten, kann die sich entwickelnde Persönlichkeit eines Kindes davon gefangen genommen werden. Die erfundenen oder unvollständigen

Familiengeschichten warten nur darauf, umgeschrieben und wahr und vollständig gemacht zu werden.

Eines der am häufigsten und am sorgfältigsten gehüteten Geheimnisse betrifft die wahre Identität eines Kindes, seine Herkunft. In der Vergangenheit war es üblich, Adoptivkindern die grundlegenden Fakten zu verschweigen: Ihnen wurde einfach nicht gesagt, dass sie nicht die leiblichen Kinder ihrer Eltern sind. Die Adoptiveltern erfanden oft eine falsche Familiengeschichte, und oftmals zogen sie sogar in eine andere Stadt, um das Risiko der Entdeckung zu verringern. Wenn es eine alternative Realität gibt, dann diese!

Es ist kaum auszudenken, wie viele weitere Erfindungen, Unwahrheiten und irreführende Aussagen dieses eine Geheimnis zwangsläufig nach sich zieht. Zunächst wird dem Kind »nur« verheimlicht, dass es nicht wirklich das eigene ist. Dann wird eine Geschichte über seine Geburt erfunden, gefolgt von einer Geschichte darüber, warum es seinen Eltern nicht ähnlich sieht, und so weiter. Wie ein Stein, den man in die Mitte eines Teiches wirft, so zieht auch das Geheimnis um seine Abstammung immer weitere Kreise. Das ist die Verselbstständigung des Geheimnisses. Man stelle sich vor, wie anstrengend das für die Eltern sein muss, die ständig das ganze Netz ihrer Lügen im Auge behalten müssen. Das ganze Familienleben wird von den oft verzweifelten Versuchen, das Geheimnis zu verbergen, und der ständigen Angst, dass die Wahrheit ans Licht kommt, in Anspruch genommen.

Ich erinnere mich noch, wie ich im Alter von vier oder fünf Jahren im Kindergarten die Geschichte hörte, eines der anderen Kinder sei nicht das »echte« Kind seiner Eltern. Wochenlang konnte ich an nichts anderes denken. Ich war völlig fasziniert von der bis dahin unvorstellbaren Möglichkeit, dass jemandes Mama und Papa in Wirklichkeit nicht seine Mama und sein Papa waren. Aber wer waren sie dann? Und wer war das Kind? Neben der Faszination spürte ich aber auch ein wachsendes Gefühl der Angst. Was, wenn auch ich von woanders hergebracht und nicht bei meiner richtigen Familie war? Ich begann, meine Eltern zu fragen, ob sie wirklich meine richtigen Eltern seien. Sie erklärten mir geduldig alles, wiederholten die Geschichten von meiner Geburt, zeigten mir Fotos von meiner Mutter mit ihrem dicken Bauch und andere, die im Krankenhaus aufgenommen worden waren, aber nichts überzeugte mich. Ich war mir immer sicherer, dass sie nicht meine Eltern waren. Und als ich dann nochmals damit begann – zum Glück war das bei uns zu Hause möglich –, sagte mein Vater: »Noémi, leg bitte deinen Daumen neben meinen!« Ich tat es. Er war genauso wie seiner, nur kleiner. Und von da an war es sonnenklar. »Kannst du jetzt sehen, dass ich dein Vater bin?«, fragte er – und ich tat es. Von da an war ich beruhigt. Seitdem habe ich oft auf meinen Daumen geschaut und über den so einfachen wie genialen genetischen Nachweis meines Vaters gelächelt, der mir ein lebenslanges Gefühl der Sicherheit gab. Und ich habe auch gelernt, wie wenig Erwachsene doch von der kindlichen Welt der Fantasie und der Angst wissen.

Ein weiteres Familiengeheimnis, das sich im Zusammenhang mit der Abstammung häufig findet, ergibt sich daraus, dass der Vater der Familie nicht der biologische Vater ist. Das ist ein äußerst heikles und schwieriges Thema, das wir wegen seiner Auswirkungen auf das Familiensystem aber nicht außer Acht lassen können.

Die statistischen Angaben über die Häufigkeit dieser Situation gehen weit auseinander. Früher ging man davon aus, dass bis zu zwanzig Prozent der Kinder betroffen sind, während man heute von weitaus geringeren Prozentsätzen ausgeht. Manchmal trägt die Mutter allein die Last des Geheimnisses, manchmal weiß auch der Vater Bescheid, eventuell auch weitere Familienmitglieder. So oder so beeinflusst das Geheimnis der Abstammung die Entwicklung der Identität und der Persönlichkeit eines Kindes.

In einer Psychodrama-Gruppe lerne ich Klári kennen. Jeder, der schon einmal an einer solchen Gruppe teilgenommen hat, weiß, mit welch tiefen menschlichen Gefühlen, Leiden, Enttäuschungen, Traumata oder Beziehungsproblemen man es dabei zu tun hat – Dinge, die kaum zu bewältigen zu sein scheinen. In jeder der Sitzungen beklagt sich Klári darüber, dass die Ereignisse in der Gruppe sie furchtbar mitnehmen. »Es ist einfach zu viel für mich«, sagt sie, oder: »Bei dem Rollenspiel ist mir allein vom Zusehen schlecht geworden«, und man kann ihr ansehen, wie schwer es ihr fällt, sich den dabei aufkommenden Emotionen zu stellen. Besonders empfindlich reagiert sie auf Themen, die mit Sexualität zu tun haben, die für sie am schwersten zu verdauen sind. Mehrfach erklärt sie, dass sie es nicht für eine gute Idee halte, sich auf diese Ebene zu begeben, und dass es besser für sie sei, sich davor zu schützen. Dann präsentiert sie eines Tages die folgende Geschichte.

Ihre Eltern waren dabei, in ein kleineres Haus umzuziehen, und sie half ihnen beim Packen. Als sie den Dachboden aufräumte, stieß sie auf eine sorgfältig versteckte Schachtel mit der Heiratsurkunde ihrer Eltern und ihrer eigenen Geburtsurkunde. Sie zitterte am ganzen Körper, als sie einen näheren Blick auf die Dokumente warf, denn weder ihr Name noch das Hochzeitsdatum ihrer Eltern stimmten. In ihrem ersten Schock schloss sie die Schachtel schnell wieder, als wollte sie den freigelassenen Geist zurück in die Flasche stopfen, fand dann aber die Kraft, der Wahrheit ins Auge zu sehen. Sie hatte das Glück, dass ihre Eltern bereit waren, mit ihr darüber zu sprechen – die Aufdeckung des Geheimnisses mag auch für sie eine Erleichterung gewesen sein. In aller Ruhe erzählten sie Klári, dass ihr leiblicher Vater ein anderer sei. Der Mann, den sie ihren Vater nennt, kam erst in ihr Leben, als sie eineinhalb Jahre alt war. Ihre Mutter war während einer zunächst vielversprechenden, dann aber rasch zerbrechenden Beziehung schwanger geworden. Als sich herausstellte, dass sie ein

Kind erwartete, verschwand der junge Mann und ließ seitdem nichts mehr von sich hören. Für eine junge Frau, die »ihre Ehre verloren« hatte, war das Leben damals nicht einfach, und obwohl sie von ihren Eltern Unterstützung erhielt, war sie jeden Tag Zielscheibe missbilligender Bemerkungen. Dann lernte sie einen Mann kennen, der keine Vorurteile hatte, und sie heirateten. Sie beschlossen, die Vergangenheit ruhen zu lassen, das Kind brauchte ja nichts von alldem zu wissen – das wäre das Beste für das kleine Mädchen. Darüber, wie viele Mauern sie mit dieser Entscheidung errichteten, waren sie sich nicht im Klaren. Über Gefühle, Sehnsüchte und Ängste wurde zu Hause einfach nicht gesprochen, meist ging es um alltägliche, praktische Dinge: wer was zu tun hatte, wann was zu tun war. Sexualität war ein besonders großes Tabu, denn ihre Mutter fürchtete immer, dass Klári in die gleiche Situation geraten könnte wie sie selbst. Weiblichkeit und Sinnenlust galten als »sündhaft und unrein«, und man hielt es für klug, einen weiten Bogen darum zu machen. Und genau das tat Klári. Sie nahm eine prüde und ablehnende, um nicht zu sagen verurteilende Haltung gegenüber allem ein, was mit diesen Themen zu tun hatte. So wird nachvollziehbar, warum sie die Psychodrama-Gruppe zunächst als eine so große Belastung empfand, da der Rahmen, der ihr Sicherheit gegeben hatte, damit einfach gesprengt wurde. In dem Maße jedoch, in dem sich das Geheimnis auflöste, fügten sich auch die Teile ihres Lebens neu zusammen. Endlich hatte sie die Möglichkeit, all das, was sie über sich selbst, ihre Familie und die Welt dachte, neu zu definieren. Sie verstand nun auch, warum sie sich so oft von der Ebene ihrer Eltern ausgeschlossen gefühlt hatte. Während die Wahrung ihres Geheimnisses ihre Eltern enger zusammenschweißte, schuf es eine Distanz zwischen ihnen und ihrer Tochter.

Zerstörtes Vertrauen

Es gibt drei ehrliche Dinge auf der Welt, mein Sohn: ein kleines Kind, einen Betrunkenen und Leggings.

András Cserna-Szabó, *Der Kopf des Abtes steht auf dem Spiel*[3]

Vertrauen ist ein kreativer Prozess, ein Aufbauprozess. Es entwickelt sich durch wiederholte Erfahrung. Es erfordert Vorhersehbarkeit, Einfühlungsvermögen und – vielleicht als das Wichtigste: Glaubwürdigkeit. Wir vertrauen einem Menschen, der ehrlich und offen ist und dessen Worte mit seinen Gefühlen übereinstimmen. Authentische Kommunikation schafft ein Band zwischen zwei Menschen. Diejenigen, die sich trauen, sie selbst zu sein, geben uns ein gutes Gefühl, weil dann auch wir es wagen können, wir selbst zu sein. Die Familien, die der Selbstverwirklichung, der emotionalen Reife und der persönlichen Entfaltung ihrer Mitglieder am meisten förderlich sind, sind diejenigen, denen es gelingt, eine Atmosphäre des Vertrauens zu schaffen, in der Gefühle geäußert und angenommen werden können, in der es keinen Grund zur Vorsicht gibt und Ereignisse nicht in Schweigen gehüllt werden müssen. Vertrauen ist der Motor des Wachstums. Wo hingegen Ungewissheit herrscht, werden alle Ressourcen auf das Überleben und nicht auf die Entwicklung verwendet.

Bei einer meiner Klientinnen wurde vor Kurzem eine Krebserkrankung diagnostiziert. Eine schockierende Nachricht, die ihre Welt auf den Kopf gestellt hat. Sie ist eine alleinerziehende Mutter von zwei kleinen Kindern und weiß nicht, an wen sie sich wenden kann. In dieser Situation wäre sie auf die Hilfe ihrer Familie angewiesen, auf das beruhigende Gefühl, dass ihre Mutter und ihre Geschwister für sie da wären. Doch sie hat kein Vertrauen in sie, ist sich nicht einmal sicher, ob sie ihnen sagen soll, dass sie krank ist. Wo ist das Vertrauen geblieben? Warum kann sie nicht selbstverständlich um ihre Hilfe bitten? Warum versucht sie, allein zurechtzukommen?

Ihre Lebensgeschichte gibt Antworten auf diese Fragen. Sie ist das jüngste von drei Geschwistern. Als sie zehn Jahre alt war, starb unerwartet ihre Großmutter. Den Schwestern wurde gesagt, es sei ein Herzinfarkt gewesen, doch ihre ältere Schwester hörte ein Gespräch zwischen ihrer Mutter und ihrem Bruder mit, in dem es hieß, die Großmutter habe sich erhängt. Die beiden Mädchen haben nie weiter nachgefragt und so getan, als wüssten sie nichts davon. Auch in diesem Fall spaltete sich die Familie in zwei Allianzen: Auf der einen Seite entstand eine enge Beziehung zwischen ihr und ihrer Schwester, auf der anderen Seite zwischen ihrer Mutter und ihrem Bruder. Einige Jahre später beging ihre Tante ebenfalls Suizid, wovon sie natürlich auch nichts wissen durften. Auch das wurde verborgen unter dem Deckmantel des Tabus. Alle taten so, als hätte auch die Tante ein schweres Herzleiden gehabt, das zu ihrem Tod geführt hatte. Die Geheimhaltung wurde zur familiären Gewohnheit, niemand traute mehr dem anderen, denn alle wussten genau, dass sie sich gegenseitig täuschten. »Du sagst mir nicht die Wahrheit, und ich sage dir nicht, dass ich die Wahrheit kenne.«

Als sie dann mit ihrer Krebsdiagnose konfrontiert wurde, hatte meine Klientin das Gefühl, niemanden zu haben, an den sie sich wenden konnte. Schließlich gelang es ihr, ihre Familie davon zu überzeugen, an einer Familientherapie teilzunehmen, was sich für alle als ein glücklicher Weg erwies. Endlich brachte sie den Mut auf, den anderen zu sagen, dass sie krank ist und Angst vor der Zukunft hat. Ihre Verwandten waren so schockiert von der Nachricht, dass sie beschlossen, die Therapie um einige Sitzungen zu verlängern, um ihre noch ungelösten Probleme zu klären. Manchmal kann eine so schwere Problematik also auch eine positive Wendung nehmen.

Fragt man die Menschen, ob sie Ehrlichkeit als eine wichtige Eigenschaft in einer Beziehung erachten, so werden die meisten das wohl eindeutig bejahen. Wir erwarten im Allgemeinen, dass unser Partner oder unsere Partnerin uns die Wahrheit sagt, dass es keine unausgesprochenen Dinge gibt, kein Schweigen, das Unsicherheit in die Beziehung trägt. Würde man jedoch dieselben Personen fragen, ob sie selbst ihrer Partnerin oder ihrem Partner gegenüber vollkommen ehrlich sind, ergäbe sich vielleicht ein ganz anderes Bild! Es würde sich womöglich zeigen, dass diejenigen, die Ehrlichkeit erwarten und tatsächlich schätzen, es häufig nicht wagen oder sich nicht in der Lage sehen, offen über alle möglichen Dinge in ihrer Beziehung zu sprechen.

Anitas Vater, ein angesehener Anwalt, kam jeden Abend volltrunken nach Hause. Jahrelang wütete ihre Mutter hinter verschlossenen Türen und wurde ihm gegenüber sogar handgreiflich, während sie nach außen hin den Anschein einer vorbildlichen Familie aufrechterhielt, die in den besseren Kreisen der Stadt einen hervorragenden Ruf genoss. Nach einer Weile gewöhnte sich auch Anita an das Lügen. Wenn sie in einen neuen Kreis von Menschen kam, erfand sie alle möglichen Geschichten über ihre Mutter, die in Amerika lebte, über einen kleinen Affen, den sie im Wohnzimmer hielten, und wer weiß, was noch alles. Als sie schließlich erwachsen war, vertraute sie niemandem und niemand wollte ihr noch vertrauen. Sie war nicht in der Lage, sich wirklich auf jemanden einzulassen, spielte ständig Theater und blieb emotional distanziert. Echte Nähe, sich wirklich einem anderen Menschen zu offenbaren kam für sie nicht infrage.

Die Bürde des Geheimnisses

Heimliche Sorgen sind noch grausamer als öffentliche Leiden.

Voltaire, *Candide*

Die meiste Zeit über sind wir uns gar nicht bewusst, wie sehr die Sprache, die wir verwenden, unsere schwer fassbaren körperlichen und intuitiven Erfahrungen offenbart und wie sich in ihr die ganze Bandbreite dessen, was uns als menschlichen Wesen begegnet, symbolisch widerspiegelt. So sagen wir zum Beispiel von einem Geheimnis, dass es bedrückend, lastend, dunkel oder bedrohlich sei. Das heißt, wir drücken aus, wie es sich auf unseren Körper, unser Gemüt und unsere gesamte Existenz auswirkt, denn ein Geheimnis ist in der Tat eine Last, die getragen werden muss.

Stellen Sie sich vor, Sie würden mit einem Gewicht von, sagen wir, eineinhalb Kilo durchs Leben gehen, das ständig an Ihrem Körper hängt. Nach einiger Zeit würden Sie sich natürlich daran gewöhnen und es nicht mehr bemerken, aber Ihr Körper würde durch das zusätzliche Gewicht trotzdem aus der Harmonie geraten. Genauso wirkt sich ein Geheimnis auch auf unsere Psyche aus.

Das folgende Experiment veranschaulicht dies. Eine Gruppe von Proband*innen wurde gebeten, an ein gewichtiges Geheimnis zu denken, die andere Gruppe sollte sich an einen belanglosen Schwindel erinnern. Anschließend sollten sie die

Steigung eines Berges und die Länge eines Straßenabschnitts einschätzen. Diejenigen, die sich ein bedeutsames Geheimnis hatten vergegenwärtigen sollen, schätzten den Berg jedes Mal steiler und den Straßenabschnitt immer länger ein als diejenigen, die sich an unbedeutende Flunkereien erinnerten. Wer ein großes Geheimnis mit sich herumträgt, scheint sich also generell schwererzutun und empfindet auch die Vorstellung körperlicher Aktivität als belastender.

In einem anderen Experiment wurden die Teilnehmer*innen ebenfalls aufgefordert, sich ein persönliches Geheimnis vor Augen zu halten, woraufhin sie Bälle in Kisten werfen sollten. Diejenigen, die an ein belastendes Geheimnis dachten, schossen mit den Bällen tendenziell über das Ziel hinaus, so als müssten sie aufgrund des Gewichts der Bälle oder der Entfernung der Kiste besonders viel Kraft in den Wurf legen. Mit anderen Worten: Es ist unmöglich, dass der Körper nicht in den Prozess der Geheimhaltung involviert ist. Auch er spürt die Last und gerät unter Druck.

Wer es nicht wagt oder sich nicht in der Lage sieht, über maßgebliche oder einschneidende Ereignisse in seinem Leben offen zu sprechen, dessen seelisches Wohlbefinden leidet. Über kurz oder lang fühlen sich diese Menschen einfach nicht mehr wohl in ihrer Haut. Eine Zeit lang dachte man, dass die Wahrung von Geheimnissen vor allem deshalb problematisch für unsere Psyche sei, weil Menschen in der Regel versuchen, negative Dinge zu verbergen, sodass sie, wann immer ihnen das Verheimlichte in den Sinn kommt, mit etwas Negativem konfrontiert werden. Aber es gibt noch einen weiteren wichtigen Faktor, und zwar unsere Identität, unseren Selbstwert. Wir glauben, dass gewisse Dinge unserer Glaubwürdigkeit schaden, wenn sie ans Licht kommen, dass ein Teil unserer selbst nicht akzeptabel ist, weshalb wir anfangen, diesen Anteil geheim zu halten. In gewisser Weise gleicht dieses Verhalten demjenigen von Jugendlichen, die ihre plötzlichen körperlichen Veränderungen, die sie noch als fremd empfinden, durch weite Kleidung zu verbergen suchen. Das ist ein sehr anstrengender und frustrierender Prozess, in dessen Folge nicht nur die Lebenszufriedenheit sinkt, sondern sich auch Angstzustände, Bluthochdruck und Depressionen einstellen können. Auch das Immunsystem wird durch die Dauerbelastung geschwächt, und nicht zuletzt besteht für Menschen, die niemals das Gefühl haben können, ganz ehrlich zu sein, die Gefahr der Vereinsamung und Isolation. Heutzutage gibt es viele Onlineplattformen, auf denen jeder anonym seine Geheimnisse preisgeben kann. Um Frigyes Karinthy zu zitieren: »Da ich es niemandem sagen darf, werde ich es allen sagen.« Beliebte Websites wie postsecret.com oder e-admit.com sowie verschiedene Smartphone-Apps sorgen dafür, dass man sein Geheimnis sofort mitteilen kann, wenn der Wunsch danach plötzlich übermächtig wird.

Oder wie Carl R. Rogers sagte: »Was am persönlichsten ist, ist am allgemeinsten.« Wir sind nicht allein, selbst nicht mit unseren abgründigsten Gefühlen und den Geschichten, die wir als noch so beschämend empfinden. Es ist befreiend, dies zu erkennen. Ich erinnere mich an eine Gruppe, deren Teilnehmer*innen die Aufgabe gestellt wurde, ihre geheimsten Gefühle, die sie niemandem gegenüber zu benennen wagten, anonym auf ein kleines Blatt Papier zu schreiben. Die Zettel wurden in eine Schachtel gelegt und dann einer nach dem anderen vorgelesen. Schlechtes Gewissen wegen Untreue, Hass auf den alkoholkranken Vater, Überforderung im Beruf, das Gefühl, ungeliebt zu sein, Selbstzweifel, ambivalentes Verhältnis zur Mutter – so lauteten die Selbstoffenbarungen, die auf den Zetteln standen (die dann vernichtet wurden, um die Anonymität so weit wie möglich zu wahren). Diese Erfahrung war zugleich schockierend und befreiend, denn sie zeigte, dass wir viel mehr gemeinsam hatten, als uns voneinander trennte. Und von Zeit zu Zeit tut es gut, daran erinnert zu werden.

Fragen:

- *Wie war das emotionale Klima in Ihrer Familie? Warm, offen, ehrlich oder kalt, verschlossen, distanziert?*
- *Wie frei durften Sie in Ihrer Familie sprechen und Fragen stellen?*
- *Wie wurde die offene Kommunikation gefördert?*
- *Inwiefern wurde sie eingeschränkt?*
- *Hatten Sie das Gefühl, dass es Themen gibt, über die man besser nicht spricht oder zu denen man besser keine Fragen stellt?*
- *Wie wurde in der Familie damit umgegangen, wenn Sie ein Tabuthema angesprochen haben?*
- *Wissen Sie um größere Geheimnisse, die in Ihrer Familie oder auch in früheren Generationen eine Rolle gespielt haben?*
- *Wurden Sie oder andere Mitglieder der Familie gedemütigt oder beschämt?*
- *Hatten Sie je Zweifel an Ihrer Herkunft? Haben Sie sich getraut, mit jemandem darüber zu sprechen?*

Kapitel 4

Die Formung des Familienschicksals

Die Frage ist, kurz gesagt, ob sich die erste Person, ob Singular oder Plural, hinter allem verbirgt, was wir sagen oder denken.

Thomas Nagel, *Das letzte Wort*[1]

Die Geburt des Selbst

Die Vergangenheit lebt in uns weiter, in unseren Gesten, in unserer Sprache, und wenn wir durch den Müll wandern, versteckt sich die Zeit der Ahnen in unseren Genen und geht weiter.

Krisztián Grecsó, *Willkommen*

Wenn das eigene Ich stets im Vordergrund steht, wird es immer schwieriger, uns als Teil eines größeren Familienverbandes zu sehen, geschweige denn zu glauben, dass das Leben unseres Großvaters oder unserer Urgroßmutter bei der Gestaltung unseres Schicksals eine Rolle spielen kann.

Der Mensch von heute sieht sich selbst an erster Stelle. Und an zweiter Stelle. Er ist mit seinen eigenen Bedürfnissen, seinen eigenen unerfüllten Wünschen beschäftigt. Er lebt in einem Magnetfeld von Bedürfnissen, denen er zu entkommen versucht, indem er ihnen immer mehr Aufmerksamkeit schenkt. »Ich bin unglücklich. Ich habe keine Beziehung. Die Liebe ist weg. Ich habe keine Motivation, keine Zukunft, keinen Glauben.« Und viele fügen hinzu: »Eine Familie habe ich auch nicht: Ich habe sie abgeschnitten, weil wir uns nicht verstanden haben.« Wir leben also, wie Vilmos Csányi betont, in individuellen Einheiten und suchen vergeblich nach Lösungen, die nur in Verbindung mit anderen – in Beziehungen und in Familien – gefunden werden können.

Familie. Wenn ich das Wort ausspreche, haben Sie ein ganz

anderes Bild vor Augen als dasjenige, das mir mein inneres Kino zeigt. Ich sehe meinen Vater am Kopfende des Tisches sitzen, eine Geschichte erzählen, lachen, wir lachen auch, und dann reden wir in die Worte des anderen hinein, das Haus hallt von unseren Stimmen wider. Eine echte italienische Atmosphäre. Mit dem Bild ist auch ein Gefühl verbunden: das der Geborgenheit, der Zusammengehörigkeit, der Freude. Die Familie ist weit davon entfernt, eine Gemeinschaft von Menschen zu sein, die durch Blutsbande oder ihren Stammbaum zusammengehören, sondern durch einen Eindruck von Gefühlen, Erinnerungen und Erfahrungen, der sich auf einer zellulären Ebene einprägt.

Wenn ich mit einer Klientin oder einem Klienten zu arbeiten beginne, bitte ich sie oder ihn normalerweise, die Augen zu schließen und sich eine Szene mit ihrer oder seiner Familie zu vergegenwärtigen. Ich bitte um eine Beschreibung, welche Personen darin vorkommen, wie alt sie sind, wo sie sich befinden sowie der Ereignisse und der Stimmung der Szene. Im Allgemeinen ist ein guter Ausgangspunkt für unsere Arbeit dieses früheste Beziehungsgeflecht unseres Lebens: die Familie und ihre interne Kartierung. Ferenc Pál, der katholische Priester, Dozent und Schriftsteller, hat mir einmal erzählt, dass er mit einer befreundeten Familie zu Abend gegessen hat und dann noch geblieben ist, um mit ihnen zu reden. Die Kinder waren bereits zu Bett gegangen, aber eines der kleinen Mädchen erschien plötzlich in der Küche. Die Mutter fragte es etwas entrüstet: »Was machst du denn hier?« Da antwortete das kleine Mädchen mit aller Selbstverständlichkeit: »Ich wohne hier.« Das ist das Gefühl, das die Familie repräsentiert. »Ich lebe hier und nicht woanders; ich gehöre zu euch und zu niemand sonst« – und das alles steht außer Frage. Das ist das Gefühl, das uns an unsere Familienmitglieder bindet. Wir alle wissen, ohne zu zögern, ob wir jemanden als Mitglied unserer Familie betrachten oder nicht – so als gäbe es eine unsichtbare Grenze zwischen unserer Familie und der Außenwelt. Das gilt selbst dann, wenn Sie zum Beispiel seit zwanzig Jahren nicht mehr mit Ihrer Schwester gesprochen haben, weil sie Ihnen alles allein überlassen hat, als Ihre Mutter im Sterben lag. Sie ist unbestreitbar immer noch ein Teil Ihrer Familie – Sie haben nur keinen Kontakt mehr zu ihr.

In der Familie erleben wir zum ersten Mal das Gefühl des »WIR«. Es gibt »UNS«, und es gibt »SIE«, die Kovaks, die Szabos, diejenigen, die nicht zu uns gehören, die nicht Teil unserer Familie sind. Ein Kind im Alter von knapp zwei Jahren kann diese Trennung, die Grenzen um die Familie herum, bereits spüren. Es versteht bereits, dass Mama, Papa, die Geschwister, Oma und Opa nicht einfach für sich existierende Menschen sind, sondern Teil einer Einheit. »Du gehörst nicht hierher!«, sagte der dreijährige Sohn meiner Freundin, als ich zum Abendessen kam. Er war sich bewusst, dass ein fremdes Element, nämlich ich, in das vertraute Familiengefüge, in das »Wir«-Territorium eingedrungen war, und dachte, die Ordnung wiederherstellen zu müssen. Glücklicherweise verstanden die Eltern die Situation: Anstatt ihn zurechtzuweisen und zu verlangen, dass er sich sofort entschuldigt, weil man so nicht mit Gästen spricht, sagten sie ihm, dass er recht habe und dass ich zwar nicht zur Familie gehöre, aber eine Freundin sei, die von Zeit zu Zeit mit ihnen zu Abend esse (und sie mit mir).

Es sind unsere familiären Erfahrungen, die uns zuerst zeigen, in welch unterschiedlichen Welten wir leben. Eines Tages flehte mich meine damals sechsjährige Tochter an, bei ihrer besten Freundin übernachten zu dürfen. Sie brauchte ewig, um alles vorzubereiten, und bekam fast kalte Füße, aber schließlich ging sie doch. Als ich sie am nächsten Tag abholte, war sie ungewöhnlich still und sprach erst ein Wort, als wir schon im Auto saßen. »Mama, das ist so eine komische Familie! Es gibt keine Gutenachtgeschichte, und zum Frühstück essen sie nur Müsli!« Ich glaube, in diesem Moment wurde meiner Tochter erstmals bewusst, wie sehr unterschiedliche Gewohnheiten, Regeln oder sogar Tagesabläufe die verschiedenen Familien prägen. Die Gewohnheiten unserer eigenen Familie betrachten wir als selbstverständlich – und wenn wir normalerweise Plundergebäck zum Frühstück essen, finden wir es seltsam und befremdlich, wenn es stattdessen Müsli gibt.

Auch die Entfaltung der Identitätserfahrung beginnt in der Familie. Die Familienmitglieder sind ein ständiger uns vorgehaltener Spiegel: Wir schauen ihnen in die Augen und sehen uns selbst. Da das »Ich« nicht für sich selbst existiert und nur über seine Beziehung zu anderen verstanden werden kann, sind unsere frühesten Erfahrungen davon, wie unsere Familie uns sieht und mit uns umgeht, von größter Bedeutung. Wenn wir Glück haben, sehen wir uns von unseren Familienmitgliedern als ein Wesen wahrgenommen, das geschätzt wird, das liebenswert und wertvoll ist. Ist unsere Grunderfahrung die der Liebe und Akzeptanz, kleidet uns das in einen psychischen Schutzmantel, der uns für den Rest unseres Lebens wärmt. Wenn jedoch die Akzeptanz infrage gestellt und die Liebe an Bedingungen geknüpft ist, werden wir es sehr viel schwerer haben, Selbstwertgefühl aufzubauen.

Familiäre Glaubenssätze

Es ist klar, dass die Familie einen sehr glücklich machen oder zur unerträglichen Last werden kann. Wie sie ausfällt, hängt in großem Maße davon ab, wie viel psychische Energie die Mitglieder für die gegenseitigen Beziehungen einsetzen, besonders für die Ziele des anderen.

Mihaly Csikszentmihalyi, *Flow*[2]

Jede Familie ist eine Miniaturgesellschaft mit eigenen, teils bewussten, teils unbewussten Ansichten zu den grundlegenden Fragen des Lebens – so zum Beispiel, ob der Existenz ein erkennbarer Sinn zugrunde liegt oder nicht. Haben wir die Kontrolle über unser Leben, oder wird das, was mit uns geschieht, weitgehend von äußeren Kräften bestimmt? Gibt es Sicherheit außerhalb der eigenen vier Wände, oder ist die Welt da draußen ein gefährlicher, ja feindlicher Ort? Es sind Überzeugungen, die wir schon mit der Muttermilch aufgesogen haben und die für uns so selbstverständlich sind, dass wir ihren Wahrheitsgehalt nicht einmal hinterfragen. András Feldmár sagt, dass Eltern ihre Kinder tatsächlich hypnotisieren: Sie sind diejenigen, die die Realität für uns filtern, und unsere frühesten Erfahrungen werden uns durch sie vermittelt. Ihre Einstellungen sind unser erstes Modell, nach dem wir unser eigenes Bild von der Welt formen.

Möglicherweise haben wir noch niemals gründlich über die Auswirkungen des Glaubenssystems nachgedacht, mit dem wir aufgewachsen sind. Eine meiner Klientinnen, eine attraktive junge Frau, die in ihrem Beruf sehr erfolgreich war, fand einfach nicht den Weg in eine Beziehung. Als sie über ihre Kindheit sprach, wurde langsam klar, wie tief ihre Überzeugungen verwurzelt waren. »Vorsicht ist besser als Nachsicht« war die immer wiederkehrende Warnung ihrer Eltern – und sie wiederholten sie nicht nur ständig, sondern lebten ihr diese Haltung auch vor: voller Misstrauen gegenüber der Welt, ohne einen Freundeskreis oder Kontakt zu Verwandten. So etwas wie Sicherheit gab es nur in den eigenen vier Wänden, im Schoße der Familie, während draußen die harte Realität herrschte, wo Horden rücksichtsloser Menschen lauerten, einzig auf ihren eigenen Vorteil bedacht. Als meine Klientin heranwuchs, wirkte diese Grundüberzeugung wie eine Bremse: Sobald sie sich jemandem annäherte, tat sie sofort ihre Wirkung und verhinderte eine weitere Vertiefung des Kontaktes. Sosehr sie sich im Grunde nach einer Partnerschaft sehnte: Das auf der Zellebene codierte Misstrauen erwies sich immer als stärker. Wir sind uns unserer tiefsten Überzeugungen in Bezug auf Sicherheit, die Außenwelt und andere Menschen selbst nicht bewusst. Wir nehmen sie nur auf dem Umweg über unsere wiederkehrenden Beziehungsmuster und charakteristischen Reaktionen wahr. Wenn die Familie davon überzeugt ist, dass man sich vor der »Außenwelt« fürchten müsse, wenn sie uns auf verbalem oder nonverbalem Weg die Botschaft vermittelt, dass die Welt ein unberechenbarer und gefährlicher Ort und das Leben ein ständiger Kampf sei, dann ist es kein Wunder, wenn unser Bauchgefühl uns zur Vorsicht mahnt. Wahrscheinlich werden wir es vorziehen, in unserer gewohnten Umgebung zu bleiben, und keine Anstalten machen, die Welt zu umsegeln. Haben wir jedoch Eltern, die der Welt offen und aufgeschlossen gegenüberstehen, dann ist die Wahrscheinlichkeit groß, dass auch wir neuen Situationen mit Neugier und Interesse entgegengehen.

Ein solches System von Überzeugungen schleicht sich von Kindheit an unbemerkt unter die Haut und bestimmt darüber, auf welche Weise wir unser Leben führen. So erinnere ich mich zum Beispiel an ein junges Mädchen, das in einer sehr engen familiären Bindung aufwuchs. Auch wenn es ihr zu Hause gut ging, hatte sie ein eher düsteres Bild von der Welt. Ihre Eltern versuchten, sie vor allem zu beschützen und von neuen Situationen fernzuhalten, wobei sie die tatsächliche Gefahr regelmäßig überschätzten. Als ihre Klasse in der Oberstufe einen zweitägigen Ausflug machte, war sie die Einzige, die ihre Eltern nicht mitgehen ließen. Es kam der Zeitpunkt, an dem dieses ansonsten brillant begabte Mädchen nicht mehr in der sicheren Umarmung der Familie gehalten werden konnte. Als sie zum Studium zugelassen wurde, ahnte sie nicht, wie schwierig es für sie sein würde, ihre Angst vor dem Unbekannten zu überwinden, die sie mit der Muttermilch und später mit der elterlichen Fürsorge aufgesogen hatte. Es dauerte lange, bis sie erkannte, dass das Weltbild, das sie von zu Hause mitgebracht hatte, nicht in Stein gemeißelt war, sondern umgestaltet und revidiert werden konnte.

In anderen Familien hingegen herrscht die Überzeugung, dass die Welt im Grunde genommen ein guter Ort ist, voller aufregender und attraktiver Möglichkeiten, und dass wir die Möglichkeit haben, in ihr ein erfülltes, selbstbestimmtes Leben zu führen. Mit dieser Einstellung lassen sich auch schwierige Lebenssituationen leichter bewältigen und in Chancen zur Reifung und Weiterentwicklung verwandeln. Lassen Sie mich die Geschichte einer sehr lieben Freundin von mir, Dóri Pásztory, erzählen. Dóri wurde 1984 mit missgebildeten Armen geboren. Sie kam ohne linken Unterarm und mit nur drei Fingern an der rechten Hand zur Welt. Nachdem sie den ersten Schock überwunden hatte, beschloss ihre Familie, das Problem bei dem kleinen Mädchen nicht noch durch die falsche innere Einstellung zu verstärken. Sie ermutigten und unterstützten sie, wo sie nur konnten, und ließen sie ihre eigenen Lösungen finden: wie sie ihre Schnürsenkel mit insgesamt nur fünf Fingern binden oder eine Schere benutzen konnte, vor allem aber, wie sie ein Leben führen konnte, in dem es um Möglichkeiten und nicht um Einschränkungen ging. Dóri entwickelte sich zu einem kreativen und einfallsreichen Menschen. Dank ihrer Beharrlichkeit gewann sie, der Stolz Ungarns, bei den Paralympics in Sydney und Athen nacheinander Goldmedaillen im Schwimmen. Heute ist sie eine glückliche Ehefrau und Mutter sowie eine großartige Journalistin. So wie sie Mitte der 1980er-Jahre in einem kleinen ungarischen Dorf geboren wurde, hätte es für sie ein Leben mit endlosen Kompromissen, Frustrationen und Enttäuschungen bedeuten können. Aber das war nicht Dóris Schicksal, denn das Glaubenssystem ihrer Familie half ihr, die Situation für sich positiv zu verwandeln.

Familiäre Grenzen

Früher beruhte der Zusammenhalt der Familie auf der gemeinsamen Erzeugung von Dingen, die die Familie benötigte, während sich die Aktivität der Familie heute darauf konzentriert, bestimmte Dinge gemeinsam zu konsumieren.

Bruno Bettelheim, *Ein Leben für die Kinder – Erziehung in unserer Zeit*[3]

Wenn wir unsere Familie als ein System betrachten und auf diese Weise zu analysieren beginnen, können wir dabei wertvolle und interessante Dinge feststellen. Beginnen wir mit der Frage der Grenzen, die in unserem Leben eine so wichtige Rolle spielen – zum Beispiel die äußere Grenze des menschlichen Körpers, die Haut. Es ist schon erstaunlich, dass sich unsere Haut aus demselben ektodermalen Keimplasma entwickelt hat wie unser Nervensystem, weshalb man sagt, sie sei gewissermaßen ein umgekehrtes Nervensystem. Wenn ich mir vorstelle, dass Mutter Natur es so eingerichtet hat, dass unsere Haut aus der gleichen kleinen Gruppe von Zellen hervorgeht wie unser Nervensystem, dann muss sie sich etwas dabei »gedacht« haben, nämlich dass unsere äußere Begrenzung eine sehr wichtige Rolle spielt.

Grenzen erfüllen einerseits eine Schutzfunktion und bieten als Kontaktfläche zum Außen andererseits die Möglichkeit, uns mit unserer Umwelt zu verbinden. Auch Familien haben

Grenzen – sogar deren zwei. Die eine ist die physische Grenze, die durch die Wände des Hauses repräsentiert wird; die andere ist eine unsichtbare, psychologische Grenze, innerhalb deren es ein »WIR« gibt und außerhalb ein »SIE«, nämlich diejenigen, die nicht zu unserer Familie gehören. In dem Sprichwort »My Home is my Castle« finden beide Arten von Grenzen ihren Ausdruck. Einerseits ist darin ausgesagt, dass es keine freie Passage zwischen dem Haus und der Außenwelt gibt. Jede Familie kann selbst entscheiden, wen sie einlässt, denn die Mauern einer Burg sind stark, und nur der, dem das Tor geöffnet wird, erhält Zutritt. Andererseits kommt darin zum Ausdruck, dass innerhalb des Hauses / der Burg unsere eigene Ordnung, unsere eigenen Regeln und unsere eigenen Bräuche gelten. Aber auch der Umgang mit den physischen Grenzen hängt davon ab, welche psychologischen Grenzen eine Familie hat und wie ihre Mitglieder über die Welt denken.

Ich erinnere mich noch, wie ich in der Grundschule einmal von meiner Klassenlehrerin gebeten wurde, einer Mitschülerin, die in dieser Woche krank war, die Hausaufgaben zu bringen. Wie es sich gehörte, nahm ich eine Tafel Schokolade mit, um nicht mit leeren Händen zu gehen, denn das war bei uns zu Hause nicht üblich. Ich läutete und wartete. Schließlich, nach langer Zeit, öffnete meine Mitschülerin die Tür – aber nur einen Spalt weit. So hatte ich sie noch nie gesehen: Sie blinzelte irritiert, mit einem ängstlichen Ausdruck in den Augen, was ich wohl wollen könnte. Ich fühlte mich in diesem Moment selbst ziemlich unwohl, denn ich hatte erwartet, sie würde sich freuen, mich zu sehen, und mich zu einem Gespräch hereinbitten. Stattdessen stand sie da, und es war gar nicht daran zu denken, ihre Wohnung zu betreten. Verwirrt übergab ich ihr die Schokolade und die Hausaufgaben und machte mich verstimmt auf den Heimweg. Als ich sie Jahre später wieder traf, erzählte sie mir, dass nie jemand zu ihr nach Hause kommen durfte, weil ihr Vater fremde Leute einfach nicht leiden konnte.

Hinter geschlossenen, starren Grenzen herrscht Misstrauen. Von der Außenwelt können Bedrohungen und Gefahren ausgehen, deshalb sollten wir uns in Acht nehmen und niemanden hereinlassen. Vor ein paar Jahren gab es eine Fernsehserie über amerikanische Familien, die sich auf den »Weltuntergang« vorbereiteten. Diese Familien investierten gewaltige Summen in die Anhäufung von Lebensmittel- und Wasservorräten, aber vor allem in den Bau supersicherer Schutzräume. Die Bunker, so erklärten sie, seien notwendig, um sich angesichts der bevorstehenden Apokalypse vor der Anarchie der hungrigen Horden zu schützen. Die meisten von ihnen waren angespannt, ihre Gesten und Worte drückten ein hohes Maß an Angst aus, wobei sie voller Stolz, ja fast selbstgefällig über ihre Verteidigungsmaßnahmen sprachen. Dabei handelt es sich offensichtlich um Extremfälle – aber auch wenn tatsächlich nur wenige Familien sich einen physischen Schutzraum zulegen: Wie viel mehr leben dann in einer Art geistigem Bunker, in den sie niemanden einlassen? »Wenn wir uns verbarrikadieren, sind wir in Sicherheit«, so denken sie und ziehen ihre Kinder in diesem Sinne auf. Aber eine Familie in dieser Situation ist tatsächlich sehr gefährdet, denn wenn jemand von ihnen in Schwierigkeiten gerät, sind sie nicht in der Lage, um Hilfe zu rufen oder auf externe Unterstützungssysteme und Sicherheitsnetze zurückzugreifen.

Grenzen gibt es aber nicht nur zwischen der Familie und der Außenwelt, sondern auch zwischen den einzelnen Familienmitgliedern. Im Idealfall sind diese Grenzen klar und eindeutig gezogen, sodass man nicht darüber nachdenken muss, ob und wo sie bestehen. Die einzelnen Mitglieder der Familie wissen, wie weit sie gehen können, und respektieren die Tatsache, dass jenseits dieser Grenze die Privatsphäre eines anderen Menschen beginnt. Zugleich sind gesunde Grenzen auch flexibel: Wenn es die Umstände erfordern, kann eine Lockerung eintreten. Eine typische Lebenssituation, in der auch körperliche Grenzen durchlässiger werden müssen, ist zum Beispiel eine Erkrankung. Wenn ein Familienmitglied, das sich schlecht bewegen kann, gewaschen werden muss, wird die übliche körperliche Grenze überschritten. Es ist gut, flexibel genug zu sein, um sich auf die veränderte Situation einstellen zu können – und natürlich müssen wir in der Lage sein, zu dem ursprünglichen Zustand zurückzukehren, sobald die Schwierigkeit behoben ist. In vielen Familien gibt es jedoch *starre Grenzen* – sodass man aufpassen muss, was man sagt, und vor allem, was man tut: etwa, wenn man sich Vaters Schreibtisch nur unter »Androhung von Strafe« nähern kann. Eine Bekannte von mir zum Beispiel kann mit ihrem Vater, der einen hohen Posten bekleidet, nur sprechen, wenn sie zuvor einen Termin mit seiner Sekretärin vereinbart – als wäre sie eine völlig Fremde. Solche allzu starren Grenzen hindern Familienmitglieder daran, einander näherzukommen. Denn wer möchte sich schon nur auf offizieller Terminbasis mit dem eigenen Vater persönlich besprechen dürfen?

Allzu starre Grenzen blockieren auch die Kommunikation. »Lieber nichts sagen, nichts fragen, am besten gar nicht darüber sprechen« lautet mehr oder weniger die Botschaft. Wer in solchen Familien aufwächst, wird es schwer haben, mit den eigenen Gefühlen in Kontakt zu kommen, denn wenn wir in der Kindheit nicht gelernt haben, dass wir über alles reden können, auch über unsere Gefühle, wird es uns als Erwachsenen schwerfallen, sie in Worte zu fassen. Und wenn wir nicht sprechen, wird es stattdessen unser Körper für uns tun, in Form von Symptomen und Krankheiten.

Wenn es in einer Familie zu viele Auflagen gibt, wenn die psychologische Distanz zwischen den einzelnen Familienmitgliedern zu groß ist, wird die unterstützende Funktion der

Familie geschwächt. In einem gesunden Familienmilieu finden wir es ganz selbstverständlich, dass wir uns mit unseren Sorgen und Nöten vertrauensvoll an die Familie wenden können. Wir rufen unsere Verwandten an, um uns trösten oder auf konkrete Weise helfen zu lassen, weil wir wissen, dass wir dort Gehör finden. Sind wir jedoch daran gewöhnt, Abstand zu halten, bleiben wir selbst in der größten Not isoliert.

Umgekehrt können es gerade auch allzu *diffuse, unscharfe Grenzen* sein, woraus die Probleme resultieren. Jeder steckt bis zum Hals im Leben des anderen, und wenn mit einem Familienmitglied irgendetwas ist, gerät sogleich das gesamte System in Aufruhr. Es ist interessant, wie die modernen Informationstechnologien dazu beitragen, dieses Phänomen zu verstärken. Heutzutage höre ich immer wieder von WhatsApp- oder Viber-Familiengruppen, in denen jeder mehrmals am Tag erfährt, was bei den anderen vor sich geht. Es ginge ja noch an, wenn sich die Nachrichten auf bestimmte Ereignisse beschränken würden – wo man gewesen ist, was man unternommen hat –, aber die Kommunikation hört auf dieser Ebene nicht auf. Man schreibt sofort, wenn man sich mit dem Partner oder der Partnerin gestritten hat oder wenn es einen frustrierenden Abend mit Freunden gab – das heißt, die unverarbeiteten Emotionen ziehen sich sofort durch das gesamte Familiensystem, und jede Woche kommt es zu einer Krisensituation. Da verlautbart die Mutter, dass sie über eine Scheidung nachdenkt, weil der Vater wieder einmal zu spät nach Hause gekommen ist, oder eines der Kinder verlässt wütend die Gruppe, weil seinem Bruder das von ihm hochgeladene Foto nicht »gefällt«, woraufhin alle gegen den unsolidarischen Abtrünnigen Partei ergreifen. Es liegt wohl auf der Hand, dass es dabei nicht mehr um die unterstützende Funktion geht, die hier ebenso wie in Familien mit starren Grenzen fehlt, sondern um ein Phänomen allzu durchlässiger Grenzen. Das beobachten wir immer häufiger.

Wenn wir Glück haben, lernen wir in der Familie, dass wir unsere Gefühle mit anderen teilen können, aber auch, wie wir allein mit ihnen zurechtkommen. Dabei geht es um emotionale Selbstregulierung: Man kann sich selbst beruhigen, zumindest vorübergehend, und man muss nicht sofort nach einem missglückten Arbeitstreffen seine Mutter anrufen, weil man sonst durchdreht. Das bedeutet natürlich nicht, dass wir mit dem, was uns beschäftigt, nicht uns mitteilen und um Beistand bitten sollen – aber es ist eine Sache, ob man sich an die Familie wendet, um sich besser zu fühlen, und eine ganz andere, ob man dies tut, um nicht von einem Tsunami von Emotionen überrollt zu werden. Sind in unserer Kindheit unsere Eltern und andere Erwachsene in unserem Umfeld in dieser Hinsicht mit gutem Beispiel vorangegangen und haben uns gezeigt, dass wir mit unseren Emotionen umgehen und sie regulieren können, dass wir auch in Stresssituationen eine gewisse Macht über sie haben, dann werden wir auch als Erwachsene dazu in der Lage sein. Auch die Fähigkeit, emotionale Belastungen zu ertragen, wird in der Familie erlernt (beziehungsweise nicht erlernt).

Auch die Entwicklung einer autonomen Persönlichkeit wird durch diffuse Grenzen sehr erschwert. Eine meiner Klientinnen erzählte mir einmal, dass sie sich erst mit 25 Jahren zum ersten Mal ohne den Segen ihrer Mutter ein eigenes Kleidungsstück gekauft hat. Da stand sie nun mit einem safrangelben T-Shirt, fast erschrocken über ihren eigenen Mut. Dabei wurde ihr bewusst, dass sie noch nie daran gedacht hatte, eigene Entscheidungen zu treffen, und nicht einmal wusste, dass dies überhaupt möglich war. Ihre Mutter nahm ihr all das aus der Hand, und sie akzeptierte ihre Entscheidungen, als wäre sie eine Marionette. Sie dachte, das sei der Lauf der Welt und dass sie in ihrem eigenen Leben nichts zu sagen hätte. Seither liegt dieses T-Shirt in einer Schublade, und manchmal, wenn sie sich unsicher fühlt oder eine Bestätigung braucht, holt sie es hervor, um sich daran zu erinnern, dass sie über einen freien Willen verfügt.

In diesem Fall war das Subsystem zwischen Eltern und Kind so diffus und durchlässig, dass die Tochter nicht in der Lage war, sich altersgemäß von ihrer Mutter abzugrenzen. Das bringt mich auf ein anderes Beispiel. Vor einigen Jahren musste ich mich einer Zahnbehandlung unterziehen. Damals waren viele Zahnarztpraxen in privaten Wohnräumen untergebracht: Mein Zahnarzt zum Beispiel hatte seine Praxis in der Wohnung seiner Mutter. Während eines der Termine kam die alte Dame auf einmal in den Behandlungsraum und fragte, als sei es das Selbstverständlichste auf der Welt: »Hast du dir die Hände gewaschen, mein Sohn?« Das war in der Tat so erheiternd, dass ich Gefahr lief, den Bohrer zu verschlucken! Seinem Gesichtsausdruck nach zu urteilen war meinem Zahnarzt allerdings gar nicht zum Lachen zumute. Auch dieses Beispiel macht deutlich, wie diffus familiäre Grenzen sein können: Die Mutter bemerkt nicht, dass ihr kleiner Junge inzwischen Mitte dreißig ist und ein angesehener Mediziner. Vermutlich hat sie ihren Sohn schon immer als ihr eigenes, erweitertes Ich behandelt und nicht als eigenständige Person, zu der sie entsprechend seiner persönlichen Entwicklung einen angemessen respektvollen Abstand hätte wahren müssen. Schließlich kaufte der Zahnarzt, der zwei kurzlebige Ehen hinter sich hatte, eine Wohnung in der Nähe seiner Mutter, in der er jetzt allein lebt.

Schon seit Längerem ist ein interessanter gesellschaftlicher Wandel zu beobachten. Eltern, die selbst mit starren Regeln und im Geist elterlicher Autorität aufgewachsen sind, wollen ihren eigenen Kindern keine solchen Grenzen mehr setzen: »Lasst sie frei sein: keine Zwänge, keine Einschränkungen!« Von klein auf wird das Kind als Partner betrachtet, dessen Meinung zu allem befragt wird. Hier werden jedoch die Generationengrenzen aufgehoben. Kinder können nicht über die

Angelegenheiten von Erwachsenen entscheiden – das müssen wir tun, und dazu müssen wir Grenzen setzen. Wie Salvador Minuchin, ein Experte für Familientherapie, schreibt:

> Von Kindern und Eltern – gelegentlich auch von Therapeuten – wird die ideale Familie häufig als eine Demokratie beschrieben. Dabei nimmt man zu Unrecht an, dass eine demokratische Gesellschaft eine führerlose Gesellschaft beziehungsweise dass die Familie eine Gemeinschaft von Gleichgestellten sei. Wenn die Familie gut funktionieren soll, dann müssen Eltern und Kinder die Tatsache akzeptieren, dass der differenzierte Einsatz von Autorität für das elterliche Subsystem notwendig ist.[4]

Ich kann Sie beruhigen: Das Kind wird nicht schockiert sein, wenn es mit drei Jahren nicht selbst entscheidet, in welchem Hotel die Familie übernachten soll. Vielmehr vermitteln ihm angemessene und flexible Grenzen ein Gefühl der Sicherheit.

Im Zusammenhang mit der Wahrung und Verfehlung familiärer Grenzen erwähnt Minuchin ebenfalls eine gefährliche, aber nicht selten vorkommende Situation. Kinder, die spüren, dass die Eltern nicht in der Lage sind, ihrer Verantwortung voll gerecht zu werden, überschreiten die unsichtbare, aber entscheidende Grenze zum elterlichen Subsystem und machen sich quasi zu den Eltern ihrer Eltern. Es kommt auch häufig vor, dass dieser Rollentausch von den Eltern selbst initiiert wird, die das Kind sozusagen in den Kreis der Erwachsenen ziehen. Schauen wir uns dazu ein Beispiel aus dem wirklichen Leben an.

Ich spreche mit einer freundlichen, aber sehr traurig wirkenden Frau, die von der Pflege ihrer bettlägerigen Mutter völlig erschöpft ist. Sie will keine Hilfe annehmen und kümmert sich selbst um alles. Zudem hat ihr Mann das Gefühl, zu kurz zu kommen, und ihr deshalb ein Ultimatum gestellt: Wenn sie ihn weiterhin vernachlässigt, werde er sich von ihr scheiden lassen. »Ich tue mein Bestes, aber ich kann es nicht allen recht machen«, sagt sie und winkt enttäuscht ab. Ich beschließe, mir das Pensum, das sie sich auferlegt, näher anzusehen. Warum glaubt sie, dies tun zu müssen? Was hat sie dazu gebracht, sich mehr aufzuladen, als sie bewältigen kann? »Ich war schon immer so«, sagt sie. Sie beginnt von ihrer Kindheit zu erzählen: von ihrem alkoholkranken Vater, vor dem sie und ihre Mutter Angst hatten und um den sie Angst hatten, wenn er betrunken nach Hause stolperte, weil sie befürchteten, er könne von einem Auto überfahren werden; von ihrer erschöpften Mutter, für die sie die einzige Stütze war. Sie war gerade einmal fünf Jahre alt, als sie anfing, im Haushalt zu helfen. Sie erinnert sich noch genau, wie sie darüber nachdachte, auf welche Weise sie ihre arme Mutter entlasten könne. Sie kochte und putzte, wenn es nötig war, und ging auch allein einkaufen, wobei sie dann die schweren Taschen über den Boden nach Hause schleifte. Neben der körperlichen Arbeit versuchte sie auch, ihre Mutter seelisch zu unterstützen. Wenn ihre Mutter weinte, nahm das Mädchen sie in den Arm, tröstete und ermutigte sie, dass alles gut werden würde, oder flehte sie an, dass sie nicht aufgeben und durchhalten solle. Das Helfen wurde ihre Identität. Später wurde sie Krankenschwester, der »Schutzengel« des Krankenhauses, der immer bemerkte, wenn jemand bedürftig war oder Hilfe benötigte. In ihr hatte sich ein spezielles »Radar« entwickelt, mit dem sie Menschen in Not aufspüren konnte, noch bevor diese selbst ihre Not spürten. Inzwischen kümmerte sie sich kaum noch um sich selbst, denn ihrer Welt war Genüge getan, wenn sie nach den Mustern leben konnte, die sie in ihrer Kindheit gelernt hatte, um all ihre Kräfte in den Dienst an anderen zu stellen. So besuchte sie jeden Tag ihre Mutter, während sie sich gleichzeitig ausgiebig um ihren Mann und ihren erwachsenen Sohn kümmerte. Dieser extrem anstrengende, aber zugleich stabile Zustand erreichte einen Wendepunkt, als ihre Mutter krank wurde und sie weniger Zeit für ihren Mann und ihren Sohn zu Hause hatte. Bei der Betrachtung ihrer Familiengeschichte stellt sich heraus, dass sich das Muster der Frauen, die früh erwachsen werden, um allen anderen zu dienen, seit drei Generationen wiederholt. Für sie gab es keinen anderen Weg, und jedes Mal gab die Mutter es an ihre Tochter weiter.

»Parentifizierung« bezieht sich auf Situationen, in denen sich die natürliche Richtung von Fürsorge, Unterstützung und Sicherheit umkehrt und die Kinder die Rolle ihrer eigenen Eltern übernehmen. Dies markiert das schmerzlich frühe Ende der Kindheit, da das Kind plötzlich in die Welt der Erwachsenen gedrängt wird und ihm eine Verantwortung aufgebürdet wird, die es kaum zu tragen vermag. Wie die Fachliteratur zur Familientherapie zeigt, kann dies auf zweierlei Arten geschehen.

Bei der *physischen* Parentifizierung übernehmen Kinder Aufgaben, die für ihr Alter und ihre körperlichen Kräfte noch zu anspruchsvoll sind: Sie kochen, waschen, kaufen ein, pflegen kranke Verwandte, versorgen Tiere, kümmern sich um ihre jüngeren Geschwister und begleiten sie in den Kindergarten oder die Schule.

Emotionale Parentifizierung liegt vor, wenn ein Kind zum Seelenverwandten, zur Vertrauensperson und zur emotionalen Stütze wird. Ein Elternteil bespricht mit ihm seine finanziellen Probleme oder Beziehungskonflikte, weint sich mit seinen Sorgen bei ihm aus und erwartet, dass das Kind zwischen ihm und seinem Ehepartner oder seiner Ehepartnerin beziehungsweise einem anderen Erwachsenen vermittelt. Typische Sätze, die sich auf diese Erwartungen beziehen, beginnen mit »Sag deinem Vater / deiner Mutter, dass …«.

Körperliche und emotionale Aufgaben, die zu früh kommen und zu anspruchsvoll sind, verzerren die gesunde Entwicklung der kindlichen Persönlichkeit. Das Kind erlebt widersprüchliche Gefühle: Einerseits möchte es ausgesprochene oder unausgesprochene Erwartungen erfüllen, andererseits weiß es selbst, dass es Aufgaben, die auf einen Erwachsenen zugeschnitten sind, nicht bewältigen kann. Infolgedessen kommt es bei einem Kind, das ansonsten als frühreif und klug erscheint, zu schweren Störungen des Selbstwertgefühls. Während diese Kinder nach außen hin ein selbstbewusstes Bild abgeben, quält sie innerlich das Gefühl: »Ich kann nie gut genug sein«. Die früh übernommene beschützende und unterstützende Elternfunktion ist auch auf der Persönlichkeitsebene verankert, sodass sie im späteren Leben oft die Bedürfnisse anderer über ihre eigenen stellen. Menschen, die als Kinder durch Parentifizierung geprägt waren, sind häufig in Pflegeberufen zu finden, da sie schon früh gelernt haben, auf die Bedürfnisse und Ansprüche anderer zu achten und sich selbstlos für Benachteiligte oder Beeinträchtigte einzusetzen.

Im Unterschied zu Misshandlung und anderen Arten von Missbrauch ist die Parentifizierung kein so auffälliges oder unmittelbar sichtbares Phänomen, und die Gefahren, die in dieser Fehlentwicklung liegen, sind weniger gut bekannt. Häufig wird die frühe Übernahme der Erwachsenenrolle durch das Umfeld sogar noch gefördert und bestärkt, indem es heißt »Wie klug du schon bist!« oder »Deine Mutter muss sehr stolz auf dich sein, dass du das ganz alleine schaffst!«.

Bei der Untersuchung der Funktionsweise von Familien wird deutlich, wie intensiv diese falsche Rolle von einer Generation zur nächsten weitergegeben wird. Wenn durch Parentifizierung geprägte Kinder selbst Eltern werden, erwarten sie oft von ihren eigenen Kindern, dass sie sie von klein auf unterstützen. Laut Iván Böszörményi-Nagy, einem ungarischstämmigen Familientherapeuten, liegt dem folgende Dynamik zugrunde: Da Menschen, die als Kinder Opfer von Parentifizierung wurden, oftmals das Gefühl haben, von ihren Eltern einer unbeschwerten Kindheit beraubt worden zu sein, glauben sie, dass diese ihnen gegenüber faktisch zu Schuldnern geworden seien, und erwarten nun von ihren Kindern, dass sie an ihrer statt die Rechnung begleichen. Umgekehrt gibt es Eltern, die nach einer missglückten Kindheit beschließen, alles zu tun, um ihren Kindern dieses Schicksal zu ersparen. Und dennoch folgen ihre Kinder sehr oft diesem Muster, indem sie versuchen, sich um ihre Eltern zu kümmern. Unbewusste Modelle sind hartnäckiger als bewusste Entscheidungen.

Familienlegenden

Es gibt Menschen, mit denen zu leben nicht leicht und die zu lassen unmöglich ist.

Thomas Mann, *Doktor Faustus*

»Manchmal braucht ein Mensch eine Geschichte mehr als Nahrung, um zu überleben« – so der amerikanische Schriftsteller Barry Lopez. Unsere Vorfahren saßen abends ums Feuer und erzählten einander Geschichten. Auf diese Weise gaben sie ihre Erfahrungen an die anderen Stammesmitglieder weiter, und die nachfolgende Generation erwarb so das zum Überleben notwendige Wissen. Auch das Gefühl der Zusammengehörigkeit im Stamm und die Gruppenidentität wurden durch das Geschichtenerzählen gestärkt und entwickelt.

Wie Vilmos Csányi in seinem Buch *Ecce Homo* feststellt, sind Geschichten Träger wichtiger sozialer Informationen: Sie sind regelrechte Lebenskarten, die uns helfen, uns zurechtzufinden, und uns den richtigen Weg weisen. In diesem Zusammenhang erwähnt Csányi die Beobachtung des kanadischen Anthropologen Richard Borshay Lee, der jahrelang mit Buschleuten in der Kalahariwüste unter extremen Bedingungen gelebt hat. Allein die Beschaffung der Nahrung für das tägliche Leben stellt die Mitglieder des Stammes vor eine große Herausforderung. Man könnte meinen, dass die Buschmänner mit kaum etwas anderem als der Nahrungssuche beschäftigt seien. Interessanterweise zeigt sich jedoch, dass sie nur zwei Tage in der Woche mit der Nahrungsbeschaffung zubringen; den größten Teil ihrer Zeit, nämlich sechzig Prozent, verbringen sie mit Gesprächen. Natürlich führen sie keine wissenschaftlichen Diskussionen oder theoretischen Debatten, sondern unterhalten sich einfach darüber, was geschehen ist, während die anderen weg waren, um sie ins Bild zu setzen. Es ist die enge Gemeinschaft der Buschmänner, die das Überleben ihrer einzelnen Mitglieder sichert, und um diese enge Verbindung zu entwickeln, muss man den anderen kennen, muss man wissen, was er erlebt, was er durchgemacht hat. Gespräche sind eine Quelle des Zusammenhalts, das Bindemittel der Gruppe.

Auch im Familienleben spielen Geschichten eine wichtige Rolle. Familiengeschichten, die über drei oder vier Generationen hinweg weitergegeben werden, stärken nicht nur die Beziehungen zwischen den Familienmitgliedern, sondern sind auch hinsichtlich ihrer Botschaft von Bedeutung. Ihrem Wesen nach vermitteln diese Geschichten – die manchmal interessant, manchmal lustig, manchmal tragisch sein können – ein ganzes System von Überzeugungen. Sie geben uns einen Einblick in das Wertesystem einer Familie, in ihr Verhältnis zur Welt und in die Beziehungsmuster, die zwischen den einzelnen Familienmitgliedern bestehen. Die Familienlegende ist ein Leitfaden für das Leben: Sie zeigt uns unsere Möglichkeiten auf, bietet uns Schlüssel zur Lösung von Problemen, sagt uns aber auch, welchen Erwartungen wir gerecht werden müssen. Geschichten lenken unser Leben, indem sie uns auf unmerkliche Weise zeigen, was wir vermögen und was nicht. Selbst die Erinnerung an die alltäglichsten Ereignisse kann wichtig sein, da sie die charakteristische Sicht der Familie auf die Welt einfängt und weitergibt. Geschichten sind die besondere Sprache der Familie, mit der sie die Welt für ihre Mitglieder übersetzt. Kinder haben noch wenig Ahnung von der Welt: Sie lernen sie durch die Geschichten und Reaktionsweisen ihrer Eltern und Großeltern kennen. Natürlich wird nicht alles in den Kanon der Familie aufgenommen. Was immer wieder erzählt wird, gilt aus irgendeinem Grund als wichtig, und wenn man es regelmäßig in Erinnerung ruft, wird dadurch seine Bedeutung unterstrichen.

Wenn wir in der Familie schon millionenfach gehört haben, dass das Leben nur eine Aneinanderreihung von Prüfungen und Schicksalsschlägen ist, können wir uns nur schwer etwas anderes vorstellen. Was dann auch immer Gutes in unserem Leben geschehen mag, wird uns nicht wirklich erfreuen können, weil wir immer damit rechnen, dass es nicht von Dauer sein wird. Lautete die Botschaft der Geschichten, die wir in der Kindheit gehört haben, dass es besser ist, niemandem zu vertrauen, weil die Menschen nur ihr eigenes Interesse im Auge haben, dann werden alle gegenteiligen Erfahrungen vergeblich sein, und wir werden sie bestenfalls als Ausnahmen betrachten, die die Regel bestätigen. Wir werden einfach alles verwerfen, was nicht in unser Weltbild passt.

Solche Familiengeschichten, die von einer Generation an die nächste weitergegeben werden, haben einen großen Einfluss selbst auf die alltäglichsten Lebenssituationen. Ein Paradebeispiel ist der Fall einer Frau, die immer mit dem Gefühl kämpfte, im Leben zu kurz zu kommen und nicht zu erhalten, was ihr zusteht. Wenn sie in ein Restaurant ging, fand sie immer etwas, worüber sie sich beschweren konnte, sei es, dass die Portion zu klein war oder dass man ihr zu viel berechnet hatte. Auf ihrer Arbeitsstelle geriet sie ständig in Konflikt mit ihrem Chef, der ihrer Meinung nach ihre Stunden nicht richtig abrechnete und ihr im Vergleich zu ihren Kolleg*innen unverhältnismäßig viele Aufgaben übertrug, ohne dafür einen Ausgleich zu schaffen. Auch in Beziehungen führte sie innerlich Buch darüber, was sie selbst gab und im Gegenzug erhielt, und siehe da, auch hier war sie stets der Meinung, mehr zu investieren als ihr Partner. Zeigt sich in der Therapie ein regelmäßig wiederkehrendes Problem, lohnt es sich, Zeit darauf zu verwenden, denn es lenkt die Aufmerksamkeit auf eine wesentliche psychologische Funktion, eine grundlegende Blockade oder eine charakteristisch verzerrte Wahrnehmung der Realität. Dieses Gefühl, zu kurz zu kommen, betrogen und ausgenutzt zu werden, war so auffällig und allgegenwärtig, dass ich beschloss, zu untersuchen, was sich in ihrer individuellen Lebensgeschichte verbarg, was sie, wenn man so will, in ihrem transgenerationalen Gepäck hatte.

Als wir begannen, uns mit ihrer Familiengeschichte zu befassen, wurden die Wurzeln ihrer negativen Einstellung schnell deutlich. Nach dem Zweiten Weltkrieg wurde der Grundbesitz ihrer Großeltern verstaatlicht. Alles, wofür sie ihr ganzes Leben lang hart gearbeitet hatten, wurde ihnen weggenommen. Das Anwesen und der Weinberg, ebenso wie das von alten Bäumen umstandene Herrenhaus und sogar der geliebte Retriever des Großvaters. Als sie ihr Haus verlassen mussten, durften sie nur das mitnehmen, was sie auf einen Karren laden konnten. Dieser Verlust – die Tatsache, dass so etwas überhaupt passieren konnte – zerstörte für immer das Gefühl der Sicherheit in der Familie. Meine Klientin, die in ihrer Kindheit viel Zeit mit ihren Großeltern verbrachte, hörte sie immer wieder mit Tränen in den Augen von diesen schmerzlichen Ereignissen berichten. Immer wieder erzählten sie ihr, wie unerträglich schwer es war, die Sachen zu packen, und wie grausam sie von den Leuten behandelt wurden, die ihren Umzug beaufsichtigten – insbesondere dieser Umstand wurde immer wieder genannt. »Die Menschen sind Ungeziefer. Ungeziefer!«, fasste ihr Großvater die Ereignisse zusammen. Und vor Ungeziefer muss man sich in Acht nehmen, denn man weiß nie, wann diese Leute einem wieder alles wegnehmen können. Ihre Enkeltochter nahm dieses Menschenbild als unumstößliche Wahrheit an und baute es in ihr eigenes Glaubenssystem ein.

Eines der wichtigsten Merkmale von negativen Glaubenssystemen ist, dass sie Informationen aus der Außenwelt herausfiltern und nur das zulassen, was ihre Gültigkeit untermauert. Indem sie allein das akzeptieren, was in ihr Weltbild passt, schaffen sie eine willkürliche Verzerrung der Realität. Gibt es etwas, das diesem etablierten Weltbild widerspricht, wird es entweder ausgeblendet oder aktiv geleugnet, da das Gefühl von Sicherheit, das aus der Überzeugung erwächst, die Welt zu verstehen, oft als wichtiger erscheint als alles, was sich durch das Umschreiben eines negativen, von Misstrauen geprägten Glaubenssystems gewinnen ließe. Für meine Klientin fiel die Bilanz also immer negativ aus. Natürlich kam diese Lebenseinstellung nur bei wenigen Menschen gut an, und wer ihre Gesellschaft meiden konnte, tat dies auch. Allmählich wurde sie zu einer mürrischen, einsamen Frau, und wir mussten lange und hart daran arbeiten, bevor die Grundpfeiler ihres Glaubenssystems zu wanken begannen. Es ist ein Beispiel, das sehr gut verdeutlicht, wie ein Verlust, der mehrere Generationen zurückliegt, und eine daran geknüpfte bittere Familiengeschichte über das bestimmen können, was uns im Hier und Jetzt widerfährt.

Es gibt eine spannende Forschungsmethode, die zunehmend in den Sozialwissenschaften zum Einsatz kommt: die »Inhaltsanalyse«. Mit ihrer Hilfe wird ein Text daraufhin untersucht, welche Wörter in ihm am häufigsten und in welchem Zusammenhang vorkommen. Auf diese Weise lässt sich die verborgene, nicht ausdrücklich benannte Botschaft eines Textes offenbaren, also das, was »zwischen den Zeilen steht«. So haben inhaltsanalytische Untersuchungen ergeben, dass die Anzahl der Wörter in Texten aus Werbung, Büchern und Zeitungsartikeln, die sich auf die eigene Person beziehen, seit dem Jahr 2000 sprunghaft angestiegen ist. Heutzutage werden Wörter und Ausdrücke wie *ich, für mich, über mich* und *ich verstehe* häufiger verwendet als solche, die Verbundenheit und Zugehörigkeit ausdrücken, wie *wir, für uns* und *gemeinsam.* Das ist ein interessanter Befund, der den Eindruck zu bestätigen scheint, dass die Welt immer narzisstischer, egoistischer und egozentrischer wird: Der Zeitgeist, das Lebensgefühl und die Grundstimmung unserer Gesellschaft, die ganze Art und Weise, wie die Menschen miteinander umgehen, all das scheint sich in ihren Texten widerzuspiegeln.

Schon die Art und Weise, wie wir über eine Situation sprechen, bestimmt darüber, wie wir uns zu ihr verhalten. Wenn wir zum Beispiel auf eine »Herausforderung« im Leben stoßen, bedeutet das etwas ganz anderes als ein »Problem«. Auch wenn es sich um ein und dasselbe Ereignis handelt, haben wir allein aufgrund der Bezeichnung, die wir ihm geben, eine andere innere Einstellung dazu. Wenn es sich um eine Herausforderung handelt, mobilisieren wir unsere Ressourcen und suchen nach Lösungen, während wir, wenn wir es als Problem betrachten, zurückhaltend, angespannt oder kleinmütig reagieren. Eine Herausforderung übt auf uns eine gewisse Anziehungskraft aus, vor allem, wenn wir glauben, dass wir sie bewältigen können; ein Problem hingegen stößt uns ab und ist etwas, dem wir lieber aus dem Weg gehen. Auch das gesprochene Wort wirkt sich auf unser Nervensystem aus. Eine »Herausforderung« stimuliert und energetisiert uns auf zellulärer Ebene, während die Verwendung des Wortes »Problem« unser Stressniveau ansteigen lässt.

Die Inhaltsanalyse lässt sich hervorragend in der Einzeltherapie einsetzen, und inzwischen gibt es dazu verschiedene Methoden. Wenn wir mit Klient*innen darüber sprechen, welche Worte und Sätze in ihrer Familie typischerweise Verwendung fanden, werden das Beziehungsmilieu und das emotionale Klima, in dem sie aufgewachsen sind, sehr deutlich. Manchmal ergeben sich daraus wirklich verblüffende Einsichten.

Zu mir in die Therapie kommt eine junge Frau, die seit Jahren allein lebt. Sie bittet mich, ihr bei der Suche nach einer Erklärung für diesen Umstand zu helfen, denn ihre bisherige Behauptung, sie habe keinen Partner, weil alle Männer dumm seien, ist selbst für sie nicht mehr glaubwürdig. (Genau das ist der erste Schritt auf dem Weg zur Veränderung: zu erkennen, dass unsere bisherigen Erklärungen und Bewertungen möglicherweise einer Überprüfung nicht standhalten.) Es stellt sich heraus, dass sie kein Problem damit hat, Menschen zu treffen und auf Männer zuzugehen, aber sobald eine Beziehung ernster wird, tritt bei ihr ein Gesinnungswandel ein. An diesem Punkt verspürt sie den Antrieb, aus der Beziehung auszusteigen, aus Sorge, der Mann könne ihr zur Last werden.

Die Atmosphäre im Elternhaus kommt zur Sprache, wie sie die Beziehung ihrer Eltern zueinander als Kind erlebt hat, wie sie miteinander geredet haben und wie ihr Umgang miteinander war. Als ich die Inhaltsanalyse erwähne, mit der wir uns ein ziemlich genaues Bild von den versteckten Botschaften unserer Familie machen können, ist sie so begeistert, dass sie bei ihrer Heimkehr sogleich die alten Familienvideos ausgräbt. Tagelang schaut sie sich die Aufnahmen von vergangenen Weihnachtsfesten, Geburtstagen und Feiertagen an und notiert sich alle Bemerkungen, die in emotionaler Hinsicht auffällig sind. Als sie zu ihrer nächsten Sitzung kommt, erklärt sie: »Jetzt verstehe ich alles!« Als kleines Mädchen hat sie nicht bemerkt, wie sehr ihre Mutter ihren Vater kritisierte, wie häufig sie abfällige, herabsetzende Bemerkungen über ihn machte. Damals nahm sie das als selbstverständlich hin, und irgendwann begann sie selbst, ihren Vater als einen Einfaltspinsel zu behandeln, dem man alles erklären musste und dem nichts zuzutrauen war. Der Vater, ein stiller, in sich gekehrter Mann, hatte gegen diese Übermacht keine Chance, bis er schließlich sogar aus dem Haus auszog, um in seine kleine

Werkstatt am Ende des Gartens zu ziehen, wo er fortan isoliert von der Familie lebte. Als Kind empfand meine Mandantin auch das als ganz natürlich, sodass sie sich über die tiefere Problematik der Situation nie irgendwelche Gedanken machte. »Mein Vater wohnt im Geräteschuppen – so ist das eben!«

Natürlich gab es Erklärungen: Ihr Vater rauchte abends, und das gefiel der Mutter nicht. Er sah bis spät in die Nacht fern, was sie ebenfalls störte. Aber nie hatte meine Klientin über die Beziehungsdynamik ihrer Eltern nachgedacht und darüber, wie ihre eigenen Probleme damit in Zusammenhang stehen könnten. Diese Hausaufgabe machte ihr klar, dass sie die Erfahrungswelt ihrer Mutter eins zu eins übernommen hatte und sich Männern gegenüber genauso verhielt, wie sie es ihr vorgelebt hatte. Man könnte es als ein mentales »Copy-and-paste« bezeichnen, wenn man die Sichtweise der Eltern (oder anderer wichtiger Bezugspersonen) unverändert als die eigene übernimmt. Die Gefühle dieser jungen Frau in Bezug auf Männer spiegeln also eher die Erfahrungen ihrer Mutter wider als ihre eigenen.

Die Beziehungsmuster, mit denen wir als Kinder aufwachsen – die Art und Weise etwa, wie unsere Eltern miteinander und übereinander sprechen –, lassen bereits erahnen, was wir später als Erwachsene in einer Beziehung als normal und selbstverständlich erachten. Solange wir diese Muster nicht gründlich überprüfen und in ihrem Geltungsanspruch hinterfragen, folgen wir ihnen blindlings, ohne zu wissen, wie uns geschieht.

Familiengeschichten können aber auch ein Rettungsanker und eine wertvolle Ressource in schwierigen Lebenssituationen sein. In ihrem Buch *Märchenpsychologie in der Praxis*[5] erwähnt Annamária Kádár einige interessante Forschungsarbeiten zweier Psychologieprofessor*innen der Emory University in Atlanta, Robyn Fivush und Marshall Duke, eines Experten für Familienriten und -mythen. In ihrer Forschung konzentrieren sie sich auf die Einbettung des autobiografischen Gedächtnisses in den größeren Rahmen familiärer Überlieferungen in Form von Geschichten. Sie gingen der Frage nach, welche Vorteile es für ein Kind hat, wenn es die Geschichte seiner Familie kennt und dadurch eine sogenannte *generationenübergreifende Identität* entwickelt – das heißt, hinsichtlich seiner Herkunft nicht das Gefühl hat, in der Luft zu hängen, sondern sich in einer größeren Familiengemeinschaft, die mehrere Generationen umfasst, aufgehoben fühlt. Dazu mussten sich die Forscher*innen zunächst ein Bild davon machen, was die Kinder über ihre Familie wussten, wie vertraut sie mit ihren verwandtschaftlichen Beziehungen waren, welche alten Geschichten sie kannten und wie sehr ihnen der ganze Fundus familiärer Überlieferung geläufig war. Zu diesem Zweck entwickelten sie einen Katalog von zwanzig Fragen, die sogenannte »Weißt-du?«-Skala:

1. *Weißt du, wie sich deine Eltern kennengelernt haben?*
2. *Weißt du, wo deine Mutter aufgewachsen ist?*
3. *Weißt du, wo dein Vater aufgewachsen ist?*
4. *Weißt du, wo deine Großeltern (mütterlicher- oder väterlicherseits) aufgewachsen sind?*
5. *Weißt du, wo sich deine Großeltern (mütterlicher- oder väterlicherseits) kennengelernt haben?*
6. *Weißt du, wo deine Eltern geheiratet haben?*
7. *Weißt du etwas über die Zeit, als du geboren wurdest?*
8. *Weißt du, warum dir deine Eltern diesen Vornamen gegeben haben?*
9. *Weißt du etwas über die Zeit, als deine Schwester oder dein Bruder geboren wurde?*
10. *Weißt du, welchem Mitglied deiner Familie du am ähnlichsten siehst?*
11. *Weißt du, welchem Mitglied deiner Familie du vom Verhalten her am ähnlichsten bist?*

12. *Weißt du, welche Krankheiten oder Verletzungen deine Eltern hatten, als sie jünger waren?*
13. *Weißt du etwas über die guten oder schlechten Erfahrungen, die deine Eltern früher gemacht und was sie daraus gelernt haben?*
14. *Weißt du etwas über die Dinge, die deiner Mutter oder deinem Vater passiert sind, als sie noch zur Schule gingen?*
15. *Weißt du, aus welchem Land oder welcher Gegend deine Familie ursprünglich stammt?*
16. *Weißt du, was deine Eltern beruflich gemacht haben, als sie jünger waren?*
17. *Weißt du etwas über Auszeichnungen, die deine Eltern erhalten haben, als sie jünger waren?*
18. *Kennst du den Namen der Schule, auf die deine Mutter gegangen ist?*
19. *Kennst du den Namen der Schule, auf die dein Vater gegangen ist?*
20. *Kennst du Verwandte, die ein mürrisches Gesicht bekommen haben, weil sie nicht genug gelächelt haben?*

Die Studie wurde 2001 in New York durchgeführt und umfasste fünfzig Familien, die zu diesem Zweck in ihrem privaten Umfeld aufgesucht wurden, um so zugleich ihr Verhalten in ihrer alltäglichen Umgebung beobachten und die Unterhaltungen am Esstisch verfolgen zu können. (Ich muss an dieser Stelle anmerken, dass es in Ungarn immer schwieriger wird, Familien zu finden, die noch gemeinsam zu Abend essen und einander wirklich Aufmerksamkeit schenken. Gemeinsame Mahlzeiten kommen langsam aus der Mode, denn die Menschen bringen nicht mehr die Energie auf, den Tisch zu decken, oder finden kaum noch die Zeit, um sich zusammenzusetzen, abgesehen von der Schwierigkeit, die verschiedenen Tagesabläufe der einzelnen Familienmitglieder zu koordinieren. Wer Hunger hat, holt sich stattdessen einfach etwas aus dem Kühlschrank. Dennoch bilden regelmäßig gemeinsam eingenommene Mahlzeiten sowohl für Kinder als auch für Erwachsene eine wichtige psychologische Komponente des Sicherheitsgefühls.)

Bei der Auswertung der Ergebnisse zeigten sich interessante Zusammenhänge. So ist zum Beispiel das Selbstwertgefühl eines Kindes umso stärker ausgeprägt, je häufiger es die Fragen der »Weißt-du?«-Skala mit »ja« beantworten kann, das heißt, je mehr Details es über seine Familiengeschichte weiß. Das ist ein ganz erheblicher Vorteil, denn das Selbstwertgefühl ist die tragende Basis, wie das Fundament eines Hauses: Ist es stark und stabil, ist auch die Persönlichkeit belastbar und widerstandsfähig. Ein Mensch mit ausgeprägtem Selbstwertgefühl akzeptiert sich selbst und andere, stellt keine überhöhten Ansprüche an sich und andere und hat keine Angst vor den eigenen Schwächen.

Je mehr Geschichten ein Kind über seine Familie kennt, desto sicherer steht es im Leben und desto weniger gefährdet wird es in schwierigen Zeiten sein. Wie der ungarische Dichter Mihály Babits in einem Essay schrieb: »Es gibt keine Zukunft ohne Vergangenheit, und je reicher die Vergangenheit ist, desto mehr Fäden gibt es, die uns mit der Zukunft verbinden«. Auch Verhaltens- und Angststörungen treten bei Kindern, die ihre Familienvergangenheit kennen, seltener auf. Diese Kinder glauben an ihre Fähigkeit, die Herausforderungen, die sich ihnen stellen, zu bewältigen. Sie haben nicht das Gefühl, hilflos und ohnmächtig durchs Leben zu treiben, sondern erfahren sich mit einer gewissen Handlungs- und Selbstmächtigkeit gegenüber dem, was ihnen widerfährt – und dieses Gefühl von Kontrolle ist eine wesentliche Voraussetzung für psychisches Wohlbefinden. So erfreulich dies an sich schon ist, zeigen sich die positiven Effekte des Wissens um die eigene Geschichte aber nicht nur auf individueller Ebene, sondern auch auf der Ebene der Familie. Familien, in denen über die Vergangenheit gesprochen wird und Geschichten von früher erzählt werden, bilden ein harmonischeres und gesünderes System. Sie überwinden Hindernisse leichter und sind erfolgreicher im Umgang mit Konflikten.

Zwei Monate nach der Auswertung der Studiendaten von Duke und Fivush ereignete sich der Anschlag auf die Zwillingstürme in New York. Dieses Trauma wurde zu einem gemeinsamen Bezugspunkt im Leben der untersuchten Familien. Die Forscher*innen besuchten sie erneut, um herauszufinden, wie sich die Ereignisse auf die Kinder ausgewirkt hatten, und stellten fest, dass die Kenntnis der Familiengeschichten auch in dieser Situation einen großen Vorteil bot. Kinder, die ihre familiären Wurzeln kannten, erholten sich schneller und litten weniger unter posttraumatischen Störungen. Die Geschichten wirkten wie ein Polster, das den harten Zusammenstoß mit der Realität aufzufangen vermochte.

»Wenn das so ist«, so könnte man nun denken, »dann lassen wir von jetzt an Englisch, Mathe und Biologie beiseite und füllen den Kopf des Kindes stattdessen mit Familiengeschichten, damit es den Herausforderungen des Lebens gewachsen ist«. Aber ganz so einfach ist es leider nicht. Duke und Fivush fanden ebenfalls heraus, dass es weniger auf das eigentliche Faktenwissen ankommt als auf die Prozesse, durch die es dem Kind vermittelt wird. Familiengeschichten werden nicht in einer hübsch verpackten Schachtel bei einer einzigen Gelegenheit überreicht, sondern immer wieder neu erzählt, unzählige Male wiederholt. Anstatt zum Beispiel beim Abendessen aufs Handy oder in den Fernseher zu starren, wenden die Familienmitglieder ihre Aufmerksamkeit einander zu. In dieser Atmosphäre eines harmonischen Miteinanders kommen ganz natürlich und spontan Geschichten auf, etwa über Großmutters Kindheit, darüber, wie Papa zum ersten Mal mit Mama ausgegangen ist oder als eines der Kinder geboren wurde. Es ist dieser Rahmen entspannter familiärer Zusammengehörigkeit, in den das Geschichtenerzählen eingebettet ist, in dem es fast unmerklich geschieht und ganz natürlich seinen Lauf nimmt.

Wenn die Familie auf diese Weise zusammen ist, wird das Nervensystem mit dem Botenstoff Oxytocin überflutet, der unter anderem bei der Entwicklung der Eltern-Kind-Bindung und anderer menschlicher Bindungsprozesse eine wesentliche Rolle spielt. Wird dieser Neurotransmitter ausgeschüttet, beruhigen und entspannen wir uns fast augenblicklich, weil damit zugleich der Spiegel der im Körper zirkulierenden Stresshormone gesenkt wird. Oxytocin wirkt als ein echter chemischer Bindungsstoff zwischen Menschen, der dazu beiträgt, Gefühle des Vertrauens zu entwickeln und den sozialen Zusammenhalt zu fördern. Das Rezept lautet also: Verbringen Sie so viel Zeit wie möglich mit Ihrer Familie in einer möglichst entspannten Atmosphäre. Es mag seltsam klingen, aber es ist eine wissenschaftlich erwiesene Tatsache, dass man sich bald besser fühlt, wenn man sich zusammensetzt und einander Geschichten erzählt.

Wenn Sie bestimmte Details über die Vergangenheit Ihrer Familie nicht kennen, sollten Sie auf keinen Fall eine Geschichte erfinden, um Ihrem Kind etwas in die Hand zu geben – davor wird seitens der Forschung ausdrücklich gewarnt. Falsche Geschichten können keinesfalls den Platz echter Geschichten einnehmen, aber sie können das Vertrauen zwischen den Familienmitgliedern untergraben.

Zu Beginn der Therapiesitzungen bitte ich meine Klient*innen häufig, schriftlich ein wenig über ihre Familie zu berichten: über ihre Herkunft im Allgemeinen, ihre Erinnerungen oder besondere Erlebnisse und Ereignisse. Auf diese Weise gelangen sie oft schon zu vielen interessanten Einsichten. Normalerweise analysieren wir die Geschichten unter mehreren Aspekten. Zunächst einmal betrachten wir die allgemeine Form der Erzählungen. Wie Duke und Fivush anmerken, lassen sich dabei drei charakteristische Muster von Familiennarrativen unterscheiden.

Zunächst gibt es Geschichten vom *Aufstieg* der Familie. Diese handeln in der Regel von einer verarmten oder mittellosen Familie, von der harten Arbeit und dem Durchhaltevermögen ihrer Mitglieder, die nicht den Mut sinken ließen und sich schließlich ein besseres Leben aufbauen konnten. Natürlich stießen sie dabei auf viele Schwierigkeiten, aber irgendwie haben sie es geschafft, sie immer wieder zu überwinden.

Sodann gibt es die Geschichten vom *Abstieg* der Familie, die von ihrer »Vertreibung aus dem Paradies« handeln. Das typische Szenario ist hierbei das folgende: Die Familie war einst wohlhabend, aber dann kam der Krieg, die Vertreibung, die Wirtschaftskrise oder ein anderes Unglück, und sie verloren alles. Ihr früherer Wohlstand ist nun eine unerreichbare Fata Morgana.

Bei der dritten – und nach Duke und Fivush vielleicht glücklichsten – Art von Familiennarrativ handelt es sich um einen *wechselhaften* Verlauf. In diesem Erzählbogen geht es darum, dass die Familie sowohl Höhen als auch Tiefen und vielleicht sogar sehr harte Zeiten erlebt hat, wobei sich für sie zuletzt aber alles zum Guten wendete. Dieses Auf und Ab in den Geschicken der Familie vermittelt die Botschaft, dass es Hoffnung gibt, dass Rückschläge überwunden werden können und dass es auch wieder aufwärtsgeht. In denjenigen, die mit einem solchen Narrativ aufwachsen, ist die Hoffnung gewissermaßen auf einer zellulären Ebene verankert, gemeinsam mit der Überzeugung, dass es sich lohnt, sich für etwas einzusetzen. »Ich gebe mein Bestes, weil ich zutiefst davon überzeugt bin, dass es der Mühe wert ist und ich etwas bewirken kann«: Dies ist eine der gesündesten Lebenseinstellungen, die uns auch aus den schwierigsten Situationen heraushelfen kann.

Anhand der Familiengeschichten können wir auch untersuchen, in welcher Form sie die Qualität menschlicher Beziehungen beschreiben. Welche Rolle spielen andere Menschen in den Familiennarrativen? Gibt es Freunde, die helfen, auf die man sich verlassen kann, die uns unterstützen und zu uns stehen? Oder gibt es im Gegenteil Menschen, die eine Gefahr darstellen, die uns ausnutzen und daran hindern, unsere Ziele zu erreichen? Diese Beziehungselemente in den Geschichten geben ein Modell dafür ab, wie wir uns zu den Menschen in unserem Umfeld verhalten: Wagen wir es, ihnen zu vertrauen, oder begegnen wir ihnen eher mit Vorbehalten? Was wir in dieser Hinsicht in unseren frühesten Lebensjahren aufnehmen, kann für unser ganzes Leben prägend sein.

Es lohnt sich ebenfalls, darüber nachzudenken, wie sich das Familiennarrativ zu Fragen des Wandels und der Kontinuität verhält. Fördert es die persönliche Weiterentwicklung oder warnt es eher davor, Veränderungen anzustreben, und empfiehlt, in einem vertrauten Rahmen zu bleiben? Hilft es nicht nur, sich in der Familientradition verwurzelt zu fühlen, sondern ermutigt es auch zum Aufbruch? Als zum Beispiel ein Freund von mir eine Arbeitsstelle im Ausland annehmen wollte, sah er sich der ganzen Wucht des familiären Glaubenssystems ausgesetzt, das ihn zurückhielt. Zu Hause erzählte er begeistert von dem großartigen Angebot, das er von der deutschen Niederlassung seines Unternehmens erhalten hatte, stieß dort aber auf großen Widerstand. Seine Eltern versuchten alles, um ihn davon abzubringen, bis hin zur Drohung, die Beziehung zu ihm abzubrechen, sollte er an seinem Vorhaben festhalten. Ihre ablehnende Haltung ging auf ein tragisches Ereignis zurück, das in der Familiengeschichte eine besondere Bedeutung erlangt hatte. Im Jahr 1956 beschloss ein Familienmitglied, das in einem kleinen Ort auf dem Land lebte, Ungarn zu verlassen. Bis zu diesem Zeitpunkt war noch nie jemand weggezogen: Alle hatten seit Generationen dort gelebt. »Wir sind keine Vagabunden« war ein oft zitierter Ausspruch in der Familie, und man war stolz darauf. Dann kam der Aufstand von 1956, als »die Menschen ihren Verstand verloren und jeder dorthin floh, wohin er konnte«. Der junge Mann war nach Deutschland gegangen, doch einige Monate später kam er dort bei einem Autounfall ums Leben. Nach Auffassung der Familie »wäre er noch am Leben, wäre er auf der heimatlichen Scholle geblieben«. Diese Tragödie bestärkte die Familie in ihrer Überzeugung, dass diejenigen, die weggehen, »unter die Räder kommen«. Am Ende führte diese Geschichte zu seiner Kapitulation: Mein Bekannter gab dem Druck der Familie nach und »blieb auf der heimatlichen Scholle«.

Wieder und wieder erzählt, werden Geschichten, die wichtige Botschaften transportieren, schließlich zu Mythen. In schriftlosen Kulturen wurde das Wissen der Vorfahren durch das Erzählen solcher Mythen an die nächste Generation weitergegeben. Sie können von heldenhaften Mitgliedern der Familie handeln oder von »schwarzen Schafen«, die durch ihr abweichendes Verhalten die Missbilligung der Gemeinschaft auf sich gezogen haben. Diese Geschichten bieten Orientierung im Hinblick auf bevorstehende Entscheidungen, klären aber auch über die Konsequenzen auf: »Wähle weise, denn sonst endest du vielleicht wie sie!«

Es gibt auch »Herkunftsgeschichten«, die weit in die Vergangenheit der Familie zurückreichen und davon erzählen, woher wir kommen und wo unsere Wurzeln liegen. Ich werde zum Beispiel oft gefragt, woher mein Nachname kommt. Meist wird vermutet, dass es sich um einen Doppelnamen handelt, der durch Heirat zustande kam – mit anderen Worten, dass ich den Namen meines Mannes neben meinem eigenen angenommen habe. In Wirklichkeit ist Orvos-Tóth mein Geburtsname. Es heißt, dass irgendwann in der Mitte des achtzehnten Jahrhunderts das Habsburgerreich von einer sehr schweren Rinderpest heimgesucht wurde. Viele Tiere verendeten, und alle fürchteten, dass die Verluste unersetzlich sein würden. Alten Dokumenten und der Familienmythologie zufolge zog einer unserer Vorfahren unermüdlich durch das Land und half, die Seuche mit verschiedenen Mitteln und allerlei Gebräuchen einzudämmen. Schließlich gelangte die Kunde davon an den Wiener Hof, wo man beschloss, dass eine solch edle Tat nicht in Vergessenheit geraten dürfe: Man verlieh ihm den Titel »Orvos« (Arzt), den er mit seinem ursprünglichen Familiennamen zu Orvos-Tóth verband und den seine Nachkommen fortan trugen. Auch wenn die Anerkennung nicht mit einer wirtschaftlichen Besserstellung verbunden war, verdanken wir als Familie dieser fast dreihundert Jahre alten Geschichte, die über mehrere Generationen hinweg erzählt wurde, sehr viel. In meiner Familie wurde beispielsweise nie infrage gestellt, dass wir in der Lage sind, auch die schwierigsten Situationen zu meistern, und dass es die natürlichste Sache der Welt ist, zu helfen, wenn wir gebraucht werden. Diese Geschichte von Unbeugsamkeit ist ein wichtiger Baustein unserer familiären und persönlichen Identität geworden.

Mythen tragen dazu bei, die Identität der Familie zu formen und zu festigen. Sie stellen die großen Bezüge her, vermitteln grundlegende Werte und helfen uns, unserem Leben einen Sinn zu geben. Wenn man anfängt, über Familienmythen zu sprechen, verrät man dabei viel mehr über sich selbst, als man vielleicht denkt. Es wäre nicht übertrieben zu sagen: »Erzähle mir von deinen Familienmythen, und ich sage dir, wie du im Leben zurechtkommst!« Wie die Forschung zeigt, haben die Geschichten, mit denen wir von Kindheit an umgeben sind, und die Weltanschauung, die wir durch sie entwickeln, tatsächlich eine schicksalprägende Kraft.

Einen nachdenklich stimmenden Aspekt davon führt Mária Koltai an, eine führende Expertin auf dem Gebiet der transgenerationalen Übertragungen. Ihre Untersuchungen ergaben, dass in Familien, in denen es über mehrere Generationen hinweg eine hohe Selbstmordrate gab, häufig Mythen mit destruktiven Elementen vorherrschten. Was in den Familiennarrativen besonders auffiel, waren die erklärte Unmöglichkeit von Veränderungen und Unvermeidbarkeit von Tragödien – als ob die Vorfahren die Botschaft vermittelten, dass wir in der Welt keine Wahl haben und Probleme letztlich unlösbar sind. Wer sich in einer schwierigen Situation befand, für den war Selbstzerstörung der einzig mögliche Weg.

Auch die Geschichten selbst scheinen zur Entstehung von psychischen Störungen beitragen zu können. Laut Bernadett Péley, einer Expertin für Erzählpsychologie, ist zum Beispiel eine zu große Diskrepanz zwischen der tatsächlich erlebten und der erzählten Vergangenheit – wenn also zu viele unwahre Elemente in einer Geschichte enthalten sind – ein wesentlicher Faktor bei der Entwicklung von psychischen Störungen. Zusammenfassend lässt sich sagen: Wenn die Sprache trügt, leidet die Seele.

Aufgaben/Fragen:

- *Sammeln Sie Geschichten, die in Ihrer Familie häufig erzählt wurden.*
- *Achten Sie auf die Richtung, die die Geschichten nehmen. Handelt es sich um Erzählungen von einem Aufstieg, einem Abstieg oder um solche mit einem wechselhaften Verlauf?*
- *Welche wichtige(n) Lebensweisheit(en) vermitteln sie?*
- *Welche Art von Geschichten überwiegen in der Familienlegende?*
- *Welche Werte vermitteln diese Geschichten?*
- *Was sagen sie aus über das Selbstverständnis der Familie?*
- *Was sagen sie über den Wandel aus? Gibt es Möglichkeiten*

für Veränderungen oder betonen sie die Unmöglichkeit von Veränderungen?

- *Wie stellt sich die Familienlegende zur Frage von Sesshaftigkeit und Mobilität? Gelten Umzüge in fremde Gegenden oder Länder als positiv besetzt, als ein Weg nach vorn, oder als etwas, das nur aus der Not heraus geschieht?*
- *Herrscht Offenheit in Bezug auf den persönlichen Lebensweg, oder gibt es Vorgaben hinsichtlich der Berufswahl? (Zum Beispiel: »Alle männlichen Mitglieder unserer Familie sind Anwälte geworden: Du wirst sicher auch mal einer sein …«)*
- *Welcher Wert wird der Bildung in der Familie zugeschrieben?*
- *Was sagen die Geschichten über das Vorankommen im Leben aus? (»Studiere, denn nur so bringst du es zu etwas«, »Nur durch harte Arbeit kommt man zu etwas im Leben« oder »Wissen ist der Schlüssel zum Erfolg«?)*

Kapitel 5

Im Sog des Erbes

»In einem bestimmten Stadium unterstellt man jedem mehr Wissen, als er preisgeben will.« […] »Und meistens liegt man damit richtig […] Nur hat es oft nichts mit dem Fall zu tun, um den es gerade geht […], sondern mit irgendeiner Jugendsünde, oder die Leute haben Angst davor, dass ihre schmutzige Wäsche in der Öffentlichkeit gewaschen wird.«

Agatha Christie, *16 Uhr 50 ab Paddington*

Das familiäre Unbewusste

Einen glänzenden Pfennig empfing ich
hell von Sturmesblut

Blaue Adern an meinen Schläfen
Tränen für meine Toten

Meine Blume schreit vor Farben
mein Brot schmeckt nach Erde und Blut

Unter lügenden Stimmen singe ich
ein Lied von stählernem Klang

Ein Lied von Tod und Liebe
ob unser Vorväter Schuld

Läutende Glocken sind meine brüllenden Worte
goldene Stöcke in Bettlerhänden

Ferenc Birtalan, *Erbe*[1]

So alt wir auch werden, so weit entfernt wir auch von unserer Familie leben, so viel oder so wenig wir auch über sie wissen: Sie bleibt immer in unserem Leben präsent. Sie hält uns unsichtbar an der Hand und zieht uns mit auf dem Weg, der uns durch sie vorgezeichnet ist. Viele Menschen erfahren das Leben so, dass es ihnen einfach widerfährt, dass sie sich vergeblich abmühen und im Grunde keine Kontrolle über die Ereignisse haben. Sie lassen sich treiben, haben wenig Freude an ihrem Alltag und erleben in ihm dafür umso mehr Anspannung, Ärger und Frustration. In der Mitte ihres Lebens schauen sie sich resigniert um: eine eingeschlafene Beziehung, eine ungeliebte Arbeit, eine Krankheit, ein Gefühl der Leere, das mit Alkohol oder auf andere Weise betäubt wird. In vielen Fällen ist dieses Lebensgefühl Resultat ungelöster Probleme, nicht betrauerter Verluste und schmerzhafter Traumata, die von früheren Generationen weitervererbt wurden. Solange die Vergangenheit nicht aufgearbeitet ist, haben wir keine andere Wahl, als hilflos zu leiden und uns zu sagen, dass das Leben nun einmal so ist. Aber das Leben bietet uns viel mehr Spielraum, als wir glauben. Um das Beste daraus zu machen, müssen wir die Vergangenheit unserer Familie und die damit verbundenen Geschichten kennenlernen, um die Teile wie ein komplexes Puzzle zusammenzufügen. Denn diese Aspekte des Lebens unserer Vorfahren sind zugleich auch Aspekte unseres eigenen Schicksals. Deshalb kommt für viele von uns irgendwann der Moment, in dem wir verstehen wollen, warum sich unser Schicksal so entwickelt hat, warum wir die Entscheidungen getroffen haben, die wir getroffen haben, und welchem inneren Kompass wir dabei gefolgt sind. In solchen Momenten neigen wir auch dazu, uns zu fragen, in welchem Maße unsere Geschichte »vorherbestimmt« war, ob wir die Freiheit hatten zu wählen.

Mit diesen Fragen beschäftigte sich der bekannte Arzt und Psychiater Leopold Szondi, als er seine »Schicksalsanalyse« entwickelte. Szondi war der Ansicht, dass unser Schicksal nichts anderes als eine endlose Reihe von Entscheidungen sei: Wir wählen einen Partner oder eine Partnerin, einen Freundeskreis, einen Beruf, aber auch eine Krankheit und sogar den Tod. Seiner Theorie zufolge werden diese Entscheidungen von einer unsichtbaren Kraft, dem »familiären Unbewussten«, gelenkt. (Während Freud die Wissenschaft der Psychologie mit seinem Konzept des persönlichen Unbewussten und Jung mit dem des kollektiven Unbewussten bereicherte, lenkte Szondi die Aufmerksamkeit auf die unbewussten Impulse, die tief im Familiensystem verborgen liegen.) Er war der Meinung, dass unsere Vorfahren uns eine Reihe von Schicksalsoptionen anbieten, unter denen wir selbst eine Auswahl treffen, indem wir einige davon in unser Leben einlassen und andere verwerfen. Um diese Wahl jedoch bewusst und frei vornehmen zu können, müssen wir unser Familienerbe aus dem unbekannten Dunkel ans Licht bringen und in vollem Wissen entscheiden, was wir weiterführen und was wir loslassen wollen. Nur wenn wir unsere Familiengeschichte aufdecken und unser transgenerationales Erbe enträtseln, können wir unser Schicksal vollkommen verstehen und unser Leben selbst in die Hand nehmen.

Mir selbst wurde das klar, als ich einen emotionalen Schock erlebte, der seine Wurzeln in der Geschichte meiner Familie hatte. Dieser Schock – und mit ihm eine kathartische Erkenntnis – war für mich mit der Geburt meiner Tochter verbunden. Es war Winter, ein eisiger Samstag im Januar, als wir mit dem kleinen schnaufenden Bündel, kaum eine Woche alt, aus dem Krankenhaus nach Hause kamen. Nachdem ich meine Tochter in ihr Bettchen gelegt hatte, stand ich einen Moment lang über sie gebeugt und schaute ihr dabei zu, wie sie friedlich atmete und schlief. Und dann zerriss ein schreckliches Gefühl meine Idylle: *Ich könnte dieses Kind verlieren.* Es traf mich wie ein heftiger elektrischer Schlag – es war niederschmetternd. Ich hatte gerade mein Psychologiestudium an der ELTE, der Eötvös-Loránd-Universität in Budapest, begonnen und bereits etwas darüber gehört, dass plötzliche hormonelle Veränderungen nach der Geburt bei vielen Frauen depressive Verstimmungen hervorrufen, hatte aber das lebhafte Gefühl, dass da noch mehr dahintersteckte. Ich wusste einfach, dass der größte Teil dieser Angst nicht aus mir selbst stammte; es ging dabei nicht um mich. Natürlich hatte ich zu diesem Zeitpunkt noch kein vollständiges Bild von dem, was in der Vergangenheit geschehen war, aber die Frage, was es sein könnte, ließ mich von da an nicht mehr los. Ich begann zu recherchieren, zu lesen und Fortbildungskurse zu besuchen, bis ich schließlich die intensive emotionale Reaktion verstand, die mich an der Wiege meiner neugeborenen Tochter überkommen hatte.

In meiner Familie hat das Schicksal ein Gleichheitszeichen zwischen die Liebe und den Tod gesetzt. Ein Muster von Verlust zieht sich durch meine gesamte Familiengeschichte. Meine Großmutter mütterlicherseits wurde zur Waise, bevor sie neun Jahre alt war. Sie wurde von einem Verwandten zum anderen weitergereicht, und als junge Frau verlor sie später zwei Kinder. Der frühe Tod meines Großvaters bestätigte dann die These, dass sie von allen verlassen würde. Der väterlichen Linie meiner Familie erging es in dieser Hinsicht nicht besser. Mein Urgroßvater wurde am 24. Dezember 1882 geboren, drei Tage nach dem Tod seines Vaters, während sein schon erwachsener Bruder im Sterben lag. Seine Mutter war halb wahnsinnig vor Schmerz. Es gab keine Aussicht, dass sie sich um das Kind kümmern konnte. Deshalb beschloss die Hebamme, das Neugeborene neben den kranken Bruder zu legen: Vielleicht würde es sich mit der tödlichen Krankheit anstecken und die ausweglose Situation auf diese Weise eine Lösung finden. Meine Großmutter väterlicherseits wurde durch die Scheidung ihrer Eltern über Nacht von ihren beiden Brüdern und ihrem Vater getrennt, sodass sie diese jahrelang nicht sah. Dann starb die große Liebe ihres Lebens ein halbes Jahr nach ihrer Hochzeit an einer Lungenentzündung. Aus ihrer zweiten Ehe gingen zwei Söhne hervor, von denen sie einen im Alter von eineinhalb Jahren verlor. Wo auch immer ich im Stammbaum meiner Familie nachforsche, stoße ich auf

Verluste. Aber es sind nicht nur Menschen, die auf dieser traurigen Liste stehen; auch Grundbesitz, Immobilien und erfolgreiche Unternehmen sind im Laufe der Jahre verloren gegangen.

Und was bedeutete das alles für mein Leben? Es bedeutete, dass ich Angst hatte, mich zu binden, und immer fürchtete, verletzt zu werden. Ich hatte Angst, jeden Menschen, den ich liebte, sehr bald wieder zu verlieren. Es bedurfte vieler Therapien, um den Nachhall der alten Traumata zu vertreiben und mir klarzumachen, dass ich die Ängste, die mir meine Vorfahren hinterlassen hatten, nicht weiter in mir tragen muss. Aber dazu musste ich mich erst einmal mit ihrer Geschichte auseinandersetzen.

Das Familienskript

Nehmen wir nur so viel von der Realität mit.
Einen symbolischen Moment für unsere Schwächen.
Einen schwachen, aschfahlen Ausschnitt des Lebens.
So ist alles, was ein Zeichen ist, eine Waffe gegen Zeit und Raum.

János Sziveri, »*Ein Riss*« – denke ich[2]

Um ein genaueres Bild vom Erbe unserer Vorfahren zu erhalten, lohnt es sich, ein Familiengenogramm zu erstellen. Ein Genogramm ist mehr als ein Stammbaum: Während ein Stammbaum die bloßen Fakten wie Namen sowie Geburts- und Sterbedaten enthält, offenbart ein Genogramm die verborgenen Tiefen der Vergangenheit einer Familie: Es zeigt die emotionalen Beziehungen zwischen den Familienmitgliedern auf, lässt wiederkehrende Muster erkennen und offenbart die Manifestationen des Familienunbewussten. Mit seiner Hilfe können wir erkennen, wie sich die Erfahrungen oder die Traumata sogar eines entfernten Vorfahren in unserem eigenen Schicksal widerspiegeln.

Um die Kräfte, die das Leben unserer Vorfahren geprägt haben, so gut wie möglich zu verstehen, ist es wichtig, sich auch die historischen und wirtschaftlichen Veränderungen zu vergegenwärtigen, die während ihres Lebens stattgefunden haben. Wie sie damit umgegangen sind, verrät uns viel darüber, wie wir uns verhalten, wenn wir uns selbst an plötzliche Veränderungen anpassen müssen.

Üblicherweise werden bei der Erstellung eines Genogramms die folgenden Informationen gesammelt und in das Diagramm eingetragen:

- *Nachnamen, Vornamen und Spitznamen von Familienmitgliedern (achten Sie auf Wiederholungen, die Namensbedeutungen und »bezeichnende« Spitznamen)*
- *Namensänderungen (wie kamen sie zustande und wie wirkten sie sich auf die Familie aus?)*
- *Wahl eines Partners / einer Partnerin*
- *Daten von Eheschließungen, Beginn und Ende von Lebenspartnerschaften*
- *Geburtsdaten*
- *Sterbedaten*
- *Adoptionen*
- *Emotionale Qualität der Beziehungen (eng, konfliktfrei, angespannt, zerrüttet …)*
- *Ausgegrenzte oder verstoßene Familienmitglieder*
- *Zuvor unbekannte oder verheimlichte Familienangehörige*
- *Erworbene oder vererbte Krankheiten*
- *Unfälle und ihre Folgen*
- *Fehlgeburten und Schwangerschaftsabbrüche*
- *Nationalität*
- *Wohnort*
- *Umzug oder Zwangsumsiedlung/Vertreibung*
- *Abschiebung, Deportation*
- *Auswanderung*
- *Religion, eventuelle Konfessionswechsel (wann und warum sie stattgefunden haben)*
- *Bildungsstand (und welche Erwartungen daran geknüpft waren)*
- *Berufliche Tätigkeit*
- *Wirtschaftliche, finanzielle Situation (Zeitpunkt diesbezüglicher Veränderungen und die Gründe dafür)*

- *Beschäftigung im Ausland*
- *Militärdienst*
- *Ruhestand, Beschäftigung während des Rentenbezugs*
- *Konflikte mit dem Gesetz, Vorstrafen, Gefängnisstrafen (Art der Straftat)*
- *Körperliche Misshandlung, Inzest, Vernachlässigung*
- *Rauchen, Alkohol- und Drogenabhängigkeit*
- *Derzeitiger Wohnsitz der Familienmitglieder*
- *Außenstehende Personen, die im Leben der Familie eine wichtige Rolle gespielt haben (Nachbar*innen, Freund*innen, Ärzt*innen, Lehrer*innen usw.)*
- *Wichtige Ereignisse, die sich auf das Leben der Familie ausgewirkt oder wesentliche Veränderungen bewirkt haben*

Sind die entsprechenden Daten zu ermitteln, sollten sie notiert werden. Versuchen Sie, die Gründe für die Ereignisse herauszufinden – zum Beispiel, warum ein Verwandter ausgewandert ist oder die Konfession gewechselt hat oder was die Gründe für eine Scheidung in der Familie waren.

Nachdem Sie alle Daten zusammengetragen haben, erstellen Sie das Genogramm, die visuelle Darstellung der Familiengeschichte. Beantworten Sie anschließend – am besten schriftlich – die folgenden Fragen:

- *Welche Gedanken und Gefühle haben Sie beim Erstellen des Genogramms beschäftigt?*
- *Welche Fragen sind dabei aufgekommen und bei welchen Aspekten waren Sie unsicher?*
- *Gibt es jemanden in der Familie, mit dem Sie diese Fragen besprechen konnten?*
- *Wie haben die Familienmitglieder auf Ihre Datenerhebung reagiert?*
- *Hat sich jemand negativ dazu geäußert oder sich geweigert, die Fragen zu beantworten?*

- *Wer hat Sie bei der Erstellung des Genogramms am meisten unterstützt?*
- *Gibt es blinde Flecken in der Familiengeschichte?*
- *Gibt es bei den Schwierigkeiten, die die verschiedenen Generationen erlebt haben, Gemeinsamkeiten und wiederkehrende Themen?*
- *Welche Art von Problemen taucht in der Familie immer wieder auf?*
- *Wie sind die verschiedenen Generationen der Familie mit den Schwierigkeiten, mit denen sie konfrontiert waren, umgegangen?*
- *Über welche inneren Ressourcen verfügt Ihre Familie?*
- *Welche sind die häufigsten Bewältigungsstrategien?*
- *Wie würden Sie die Botschaft oder das Motto der Familie für die nächste Generation in einem Satz zusammenfassen?*
- *Wie lautet die Botschaft, die jedes einzelne Mitglied der Familie durch sein Leben vermittelt?*
- *Welches Mitglied der Familie hat Sie mit seinem Schicksal am meisten geprägt?*
- *Welche Zusammenhänge lassen sich aus dem Genogramm ablesen?*
- *Können Sie in Ihrer Familie Wiederholungen und charakteristische Muster erkennen, sei es in Bezug auf Paarbeziehungen, Lebenswege, Berufswahl, Krankheiten oder Unfälle?*
- *Haben bestimmte Gegenstände eine wichtige Rolle im Leben der Familie gespielt (z. B. ein Haus, ein Weinberg, eine Brosche der Urgroßmutter, eine Uhr des Großvaters oder ein Gemälde)?*

Das Erstellen eines Genogramms und die Beantwortung der Fragen am Ende der Kapitel dieses Buches bilden eine solide Grundlage für einen tieferen Prozess der Selbsterkenntnis.

Lassen Sie sich nicht entmutigen, wenn die Informationen über Ihre Familiengeschichte unvollständig sind oder wenn Sie nicht viel über das Leben früherer Generationen wissen. Oft genügt ein einziger Name, ein Datum oder der Name eines Dorfes, in dem sie gelebt haben, um fehlende Details zu ergänzen. In vielen Fällen sind es nicht Familienmitglieder, sondern alte Freund*innen, Nachbar*innen und Kolleg*innen, die wertvolle Informationen liefern können. Es lohnt sich auch, auf Websites zur Genealogie und Familiengeschichte zu recherchieren: In Ungarn beispielsweise sind die historischen Aufzeichnungen der Standesämter von 1895 bis 1980 online verfügbar.

Was aber, wenn es Ihnen trotz aller Bemühungen nicht gelingt, etwas über die Vergangenheit Ihrer Familie zu erfahren? Nun, das kann an sich schon aufschlussreich sein. Lücken in der Familienhistorie sind immer ein Hinweis auf unterbrochene oder prekäre Beziehungen. Vielleicht haben Sie Ihre Eltern früh verloren oder wurden von Adoptiveltern aufgezogen. Vielleicht hat es niemand in der Familie je für wichtig gehalten, über sein Leben zu sprechen oder seine Erfahrungen mit anderen zu teilen. Wenn wir mit Beziehungsunsicherheiten und Bindungsschwierigkeiten zu kämpfen haben, können uns gerade die Lücken in unserer Familiengeschichte helfen, die Gründe dafür zu verstehen, auch wenn wir keine konkreten Daten ermitteln können. Unsere eigenen Fehlschläge, unsere typischen Reaktionen und die Muster, die sich in unserem Leben wiederholen, sagen nicht nur etwas über uns selbst aus, sondern auch über das Leben unserer Ahnen, selbst wenn wir nichts über sie in Erfahrung bringen können.

Betrachten wir als Beispiel das Leben eines weltberühmten und ziemlich außergewöhnlichen Mannes. Wir können dies bedenkenlos tun, da er selbst immer betont hat, dass es für ihn, was sein Leben betrifft, keine Tabus gebe, nichts, das man ihn nicht fragen könne, und dass er bereit sei, nach bestem Wissen auf alles zu antworten. Indem wir einen Blick auf seine Lebensgeschichte werfen, gibt uns das eine gute Gelegenheit, darüber nachzudenken, wie sich die Themen der Kapitel dieses Buches in seinem Schicksal wiederfinden lassen.

Steven Paul Jobs – der Welt als Steve Jobs bekannt – war eine der dynamischsten Persönlichkeiten der vergangenen Jahrzehnte. Der frühere CEO von Apple wurde ganz unterschiedlich bezeichnet: als infernalisches Computergenie, als brillanter Innovator, als kreativer Manager, als arrogantes Arschloch und als prinzipienloser, narzisstischer, selbstgerechter Einzelgänger, der andere ausnutzte. Aber wer war er wirklich? Woher kam er, und was sind die Wurzeln dieses Mannes, der durch seine Produkte immer noch ein Teil unseres Lebens ist?[3]

Steve Jobs' Mutter war Joanne Carol Schieble, die Tochter einer aus Deutschland stammenden katholischen Einwandererfamilie. Sein Vater, Abdulfattah »John« Jandali, war der Sohn einer wohlhabenden syrischen muslimischen Familie, der als politischer Flüchtling in die Vereinigten Staaten gekommen war. Seine Eltern lernten sich an der Universität von Wisconsin kennen und lieben, wo Jandali als Lehrbeauftragter tätig war, während sich Schieble im letzten Jahr ihres Studiums der Logopädie befand. Schiebles streng katholische Eltern waren nicht sehr glücklich über diese Verbindung. Als die 23-Jährige schwanger wurde, drohte ihr Vater, sie zu verstoßen, wenn sie Jandali heiratete – also beschloss sie, ihr zukünftiges Baby zur Adoption freizugeben. An die Adoptiveltern des Kindes stellte sie nur eine Bedingung: Sie mussten einen Hochschulabschluss besitzen. Die ursprüngliche Wahl fiel auf einen Rechtsanwalt und seine Frau, aber als diese erfuhren, dass das am 24. Februar 1955 geborene Kind ein Junge und nicht das von ihnen gewünschte Mädchen war, zogen sie sich zurück. Auch mit dem nächsten Paar auf der Warteliste gab es ein Problem, da es nicht einmal einen Highschool-Abschluss vorzuweisen hatte. Berichten zufolge überlegte Joanne Schieble wochenlang, was sie tun sollte, und schob die Unterzeichnung der offiziellen Adoptionspapiere immer wieder auf. Schließlich stimmte sie der Adoption unter der Bedingung zu, dass das Paar für die Ausbildung des Kindes aufkommt und die Studiengebühren von Anfang an auf einem Sonderkonto zurücklegt. Die Adoptiveltern hielten sich an diese Abmachung – doch Jobs beendete nicht einmal sein erstes Jahr an der Universität, weil er die meisten Kurse langweilig fand. Da seine Dozent*innen jedoch um seine herausragenden Fähigkeiten wussten, erlaubten sie ihm, frei die Kurse zu wählen, die ihn interessierten. Wie in so vielen anderen Bereichen ging Jobs auch hier seinen eigenen Weg und setzte sich über die Regeln hinweg.

Ziehen wir an dieser Stelle Bilanz, wie Steve Jobs sein Leben begann. Seine Zeugung war nicht geplant, und die Ankündigung der Geburt löste bei seinem zukünftigen Großvater eine deutliche Abneigung aus. Bei einem solchen Start können wir davon ausgehen, dass seine Mutter in den Monaten der Schwangerschaft oft verzweifelt war. Als klar wurde, dass sie sich zwischen ihrem Kind und ihrer Familie würde entscheiden müssen, nahm ihre Anspannung wahrscheinlich noch zu. Wie wir im ersten Kapitel gesehen haben, beeinflussen die Stresshormone im Körper der Mutter das sich ausbildende Nervensystem des Embryos und führen dabei zu strukturellen und funktionellen Veränderungen, die sich später auf die physische und psychische Entwicklung des Kindes auswirken werden.

Ein weiterer wichtiger Faktor: Bei seiner Geburt war Steve Jobs bereits von zwei Familien aufgegeben worden. Seine leibliche Mutter versuchte zwar, ihm die bestmögliche Zukunft zu erschließen, ließ aber seine Hand los, und das ursprünglich als Adoptiveltern ausgewählte Anwaltsehepaar zog sich wegen des »falschen« Geschlechts des Babys zurück. Natürlich erreichen diese Tatsachen ein Neugeborenes nicht – aber die Spannung, die sich um sie herum aufbaut, wird dennoch spürbar. Auch wenn solche Aussagen mit Vorsicht zu genießen sind, stimmt es doch nachdenklich, dass Jobs' spätere Freundin in einem Interview erklärte, es sei ihm nie gelungen, die Erfahrung der Ablehnung zu überwinden, die als Grundmotiv in seiner inneren Welt codiert war.

Anderen Berichten zufolge hatte Jobs bereits in der Schule Schwierigkeiten, sich einzufügen: Wie viele unerwünschte Kinder wurde er häufig Opfer von Hänseleien, Mobbing und Ausgrenzung. Wäre es denkbar, dass seine Klassenkamerad*innen die primäre Verletzung seines Lebens spürten und ihn deshalb zur Zielscheibe ihrer Schikanen machten? Ist es also möglich, dass diese Beziehungsdynamik, die wir heute bei unerwünschten Kindern häufig beobachten können, auch schon während seiner Schulzeit vorherrschte?

Interessant ist auch die Frage, ob es einen Zusammenhang zwischen einigen von Jobs' seltsamen Angewohnheiten und seinen frühen Erfahrungen mit Ablehnung gibt. Nach Berichten aus dem Freund*innen- und Kolleg*innenkreis hielt Jobs in jungen Jahren eine strenge Diät ein und ernährte sich über lange Zeiträume nur von Obst, Gemüse und Samen. Er war überzeugt davon, dass diese Diät seinem Körper so guttat, dass er es nicht für nötig hielt, sich zu waschen. Seine Kolleg*innen waren jedoch ganz anderer Meinung, und so wurde er bald gebeten, nur noch nachts zu arbeiten, um niemanden mit seinem Körpergeruch zu belästigen. Die Art und Weise, wie wir mit uns selbst, einschließlich unseres Körpers, umgehen, sagt viel aus über unsere tiefste Einstellung zu uns selbst. Ist es möglich, dass Jobs' strenge Diät und die Vernachlässigung der Körperpflege ein Zeichen für einen Mangel an Selbstliebe waren? Könnte eine unbewusste selbstzerstörerische Tendenz bei seinen Entscheidungen eine Rolle gespielt haben, wie es bei so vielen ungewollten Kindern der Fall ist? Eine weitere aufschlussreiche Episode als Beispiel für dieses exzentrische Verhalten: Jobs befand sich bereits in einem sehr schlechten gesundheitlichen Zustand, und sein Immunsystem war so geschwächt, dass er vor der kleinsten Infektion geschützt werden musste. Als sein Arzt ihn aufforderte, eine Maske zu tragen, weigerte er sich mit der Begründung, dass ihm das Design der Maske nicht gefalle …

Werfen wir nun noch einen Blick auf den berüchtigten Perfektionismus von Jobs. Der Adoptivvater des Apple-Chefs, Paul Reinhold Jobs, war ein Mann mit ausgezeichneten handwerklichen Fähigkeiten. Später sagte Jobs oft, dass er sich seine akribische Arbeitsweise und seine Liebe zum Detail bei seinem Vater abgeschaut habe, dem er als Junge oft beim Basteln in seiner Werkstatt half. Perfektionismus ist jedoch nicht nur ein erlerntes Verhalten: Die treibende Kraft hinter dem Streben nach Perfektion ist meist in einem tiefen inneren Gefühl der Unzulänglichkeit begründet. Um das damit einhergehende Schamgefühl zu beschwichtigen, setzen die Betreffenden alles daran, die Erwartungen zu erfüllen, die sie in erster Linie an sich selbst stellen. Für einen Perfektionisten ist selbst etwas Makelloses kaum akzeptabel. Könnte Jobs' berühmter Perfektionswahn ein weiteres Symptom für seine frühen Erfahrungen mit Ablehnung sein? War er vielleicht von dem unbewussten Wunsch getrieben, seinen eigenen Wert unter Beweis zu stellen und auf diese Weise seinen schwierigen Start ins Leben endgültig zu korrigieren? Natürlich gibt es hier keine endgültigen Antworten, wir können nur spekulieren.

Eines steht jedoch außer Frage: Die gesamte moderne Welt verfolgte fasziniert, wie jeder neue Mac und jedes neue iPhone auf den Markt gebracht wurde, und die meisten Apple-Kund*innen verspürten (und verspüren noch) eine besondere, fast intime Bindung an die Produkte des Unternehmens. Jobs, dessen eigene Bindungssicherheit schon in der Embryonalzeit erschüttert wurde, kettete die Menschen regelrecht an die von ihm geschaffenen Objekte. Jemand sagte einmal zu mir, als ich mich verwundert nach dieser fast magnetischen Anziehungskraft erkundigte: »Wissen Sie, einen Apple zu besitzen bedeutet mehr, als nur einen Computer zu besitzen: Es bedeutet auch, dass man zu einer Familie gehört. Wer immer einen Apple-Computer besitzt, egal wo auf der Welt, lächelt dich an wie einen Bruder oder eine Schwester.« Das gibt einem wirklich zu denken. Ein Mann, dessen leibliche Eltern ihn als Kind aufgrund des familiären Drucks nicht selbst aufziehen konnten, hat ein Produkt geschaffen, das in einer auf dem IT-Markt noch nie da gewesenen Weise in denjenigen, die es nutzen, ein tiefes, fast archaisches Gefühl der Zugehörigkeit hervorruft. Übrigens heirateten die leiblichen Eltern von Jobs nach dem Tod von Joanne Schiebles Vater, und ihr zweites Kind, Mona Simpson, wurde kurz darauf geboren. Jobs hatte also eine leibliche Schwester, von der er erst als Erwachsener erfuhr, nachdem es ihm gelungen war, seine Mutter zu finden. Mona bat Steve, auch ihren Vater ausfindig zu machen, der sie inzwischen ebenfalls verlassen hatte, aber Jobs lehnte ab: Er wollte nichts von seinem leiblichen Vater wissen.

Jobs wurde selbst Vater, mit 23 Jahren, im selben Alter wie seine Eltern. Allerdings erkannte er die Vaterschaft des Kindes erst viele Jahre später nach einem eindeutigen DNA-Test an. Ihre Beziehung war nie eng, und nach ihrer eigenen Aussage trägt seine Tochter noch immer die schmerzliche Erinnerung an die Zurückweisung in sich … als ob sich das Schicksal wiederholen würde. Jobs' Ambivalenz zeigt sich auch darin, dass er, obwohl er die Existenz seiner Tochter lange verleugnete, später seinen ersten Computer, Lisa, nach ihr benannte.

Mit seiner Arbeit hat Steve Jobs etwas Außergewöhnliches

geschaffen. Seine Kolleg*innen, die ihm immer wieder vergeblich zu erklären versuchten, warum einige seiner Ideen nicht umsetzbar waren, erinnern sich an ihn als jemanden, der ein besonderes »Realitätsverzerrungsfeld« hatte. Wenn man sich ihm näherte, wurde das Unmögliche möglich.

Sein ganzes Leben lang trotzte Jobs der Realität. Seine ikonische Gestalt hat Generationen inspiriert, aber während er vor allem in der Welt der Technologie und der Wirtschaft erfolgreich war, hat er in seinen intimsten Beziehungen Narben hinterlassen und eigene Wunden weitergegeben. Kurz vor seinem Tod sagte er das Folgende:

> Ich mag den Gedanken, dass etwas von dir überlebt, wenn du stirbst … Ich möchte wirklich glauben, dass etwas überlebt, dass möglicherweise dein Bewusstsein überdauert … Aber vielleicht ist es andererseits wie ein Ein- und Ausschaltknopf … *Klick!* Und du bist weg … Vielleicht habe ich es deshalb nie gemocht, Ein- und Ausschaltknopf in Apple-Geräten einzubauen.

***

Wann ist ein Buch abgeschlossen? Wann können wir uns zurücklehnen in dem zufriedenen Gefühl, alles gesagt zu haben, was wir zu einem bestimmten Thema sagen wollten, alles, was in diesem Zusammenhang wichtig ist? Ich glaube nicht, dass dieser Moment jemals kommt. Unser Thema ist schier unerschöpflich: Wohin wir uns auch wenden, es bietet neue Möglichkeiten und hilft, neue Zusammenhänge zu entdecken. Wie es keine fertige Selbsterkenntnis gibt, so muss ich einsehen, gibt es auch kein fertiges Buch, sondern nur einen vorläufigen Abschluss – und die Hoffnung, dass die Leserin, der Leser einen Faden findet, der sie, ihn dazu bringt, sich endlich von den Lasten der unbewältigten Vergangenheit zu befreien und das eigene Schicksal bewusst und frei zu gestalten. Ich kenne keine spannendere Reise als die der Selbstentdeckung. Wir mögen in ferne, exotische Länder reisen, wir mögen außergewöhnlichen Kulturen begegnen – aber die Entdeckungen, die uns in unserer eigenen inneren Welt erwarten, halten Offenbarungen für uns bereit, die unvergleichlich sind.

Wenn wir uns daranmachen, die bisher verborgenen Schichten unserer Persönlichkeit zu erforschen, brauchen wir vor allem eines: Geduld. So ernsthaft wir uns auch bemühen, Zusammenhänge zu verstehen, eingefahrene Gewohnheiten zu überwinden und mit uns selbst weiterzukommen – Veränderung geschieht nicht im Handumdrehen. Es bedarf einer langen, beharrlichen Anstrengung, um über die rationale Einsicht hinaus zur emotionalen Transformation zu gelangen. Während ein einziges therapeutisches Gespräch ausreichen kann, um bestimmte Ursachen und Wirkungen aufzudecken, erfordern tiefergehende Veränderungen der Persönlichkeit ein geduldiges, beharrliches Bemühen.

Anhang

Genogramm Steve Jobs

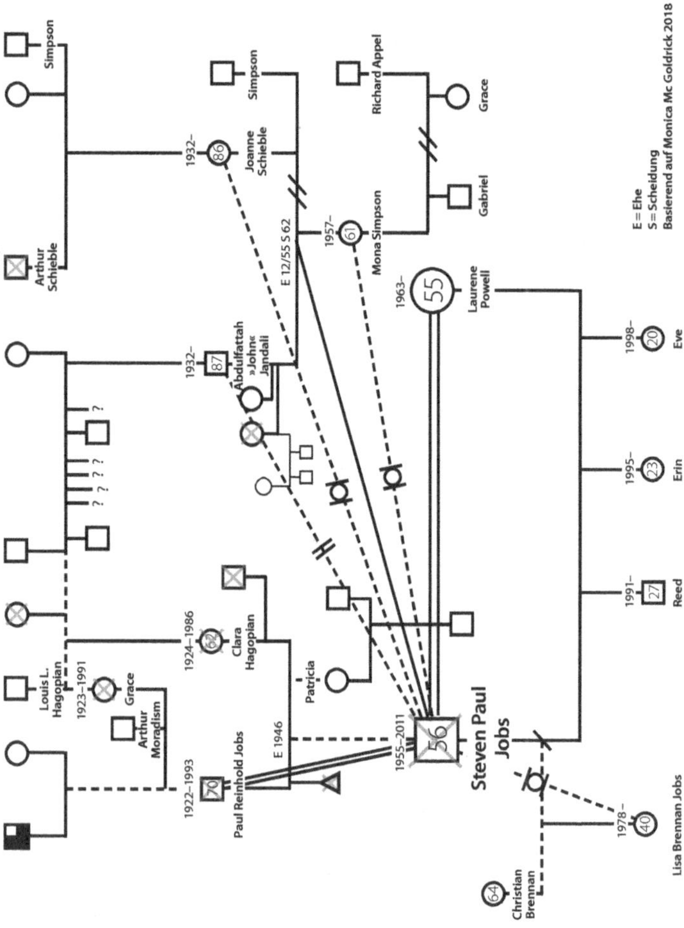

Genogramm-Symbole

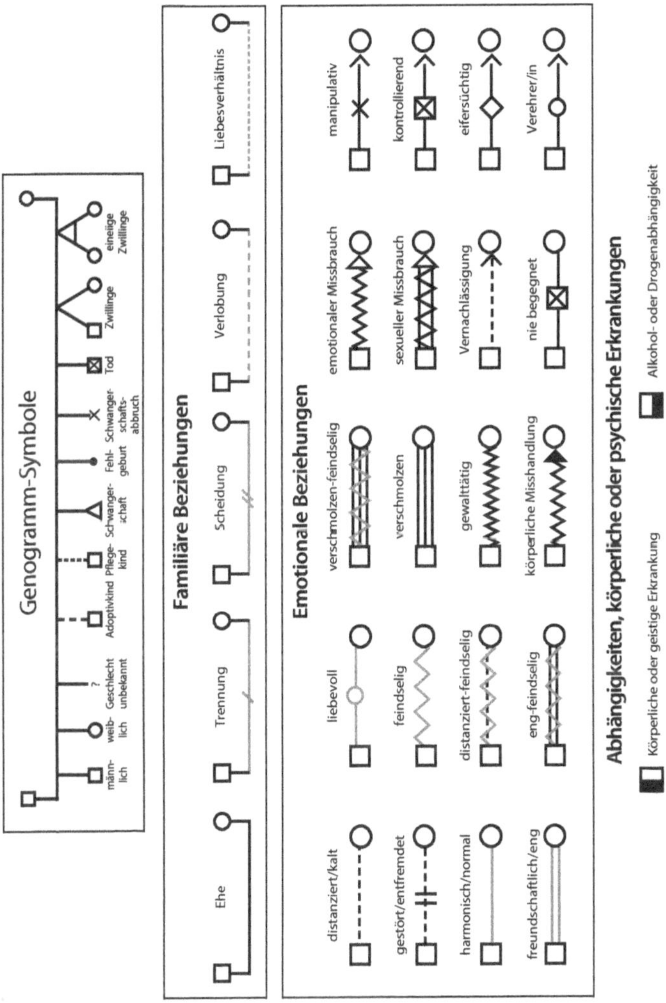

Anmerkungen

Kapitel 1: Wie alles begann

1 Attila József: *Ein wilder Apfelbaum will ich werden – Gedichte 1916–1937*. Ammann Verlag, Zürich 2005. Für die deutsche Übersetzung: Áttila József, *Ein wilder Apfelbaum will ich werden*. Aus dem Ungarischen von Daniel Muth © Ammann Verlag, Zürich 2005. Alle Rechte vorbehalten. S. Fischer Verlag GmbH, Frankfurt am Main 2006.

2 Péter Iván (»Sziámi«) Müller; ungarischer Dichter, Liedermacher, Sänger und Filmregisseur. Originaltitel des Liedtextes: »Ha előrelátó csecsemő lettél volna«.

3 Péter Popper: *Lélekrágcsálók – válogatás Popper Péter legjobb előadásaiból* (Das Nagen an der Seele – Eine Auswahl der besten Vorträge von Péter Popper). Kulcslyuk Kiadó, Budapest 2010.

4 »Das unwillkommene Kind und sein Todestrieb«. *Internationale Zeitschrift für Psychoanalyse*, 15: 149–153, 1929.

5 Helga Häsing und Ludwig Janus: *Ungewollte Kinder – Annäherungen, Beispiele, Hilfen*. Wiesbaden 1999.

6 Andrew Feldmár: *A tudatállapotok szivárványa*. Budapest 2010 (nicht in deutscher Sprache erschienen).

7 Henry P. David, Zdenek Dytrych und Zdenek Matějček: »Born Unwanted: Observations From the Prague Study«. *American Psychologist*, 58(3): 224–229, 2003.

8 György Petri: *Egyszerű, dalszerű*. (Gedicht; nicht in deutscher Sprache erschienen)

9 Péter Popper: *Lélekrágcsálók – válogatás Popper Péter legjobb*

előadásaiból (Das Nagen an der Seele – Eine Auswahl der besten Vorträge von Péter Popper). Kulcslyuk Kiadó, Budapest 2010.

10 *The Secret Life of Salvador Dalí.* The Dial Press, New York 1942. Deutsch: *Das geheime Leben des Salvador Dalí.* München 1984.

11 *Peter Pan ou l'enfant triste.* Paris 2005; *Peter Pan, the Lost Child.* Manila 2022 (bisher nicht in deutscher Sprache erschienen).

12 Kevin Leman: *Geschwisterkonstellationen: Wie die Familie Ihr Leben bestimmt.* München 2020.

Kapitel 2: Trauma

1 Aristoteles: *Über die Seele.* In der Übersetzung von Dr. Adolf Busse, Verlag von Felix Meiner, Leipzig 1911, S. 5.

2 Ljudmila Ulitzkaja: *Daniel Stein – Roman.* dtv Verlag, München 2011. Aus dem Russischen von Ganna-Maria Braungardt © 2009 Carl Hanser Verlag GmbH & Co. KG, München.

3 Judith Herman: *Die Narben der Gewalt: Traumatische Erfahrungen verstehen und überwinden.* Paderborn 2018.

4 Bruno Bettelheim: *Erziehung zum Überleben: Zur Psychologie der Extremsituation.* dtv, München 1992.

5 Hanscarl Leuner: *Katathym Imaginative Psychotherapie: Grundstufe – Mittelstufe – Oberstufe.* Göttingen 2012.

6 https://docplayer.hu/159349-Epigenetika-a-biologiai-mu-kodes-szoftvere-falus-andras-osszefoglalas.html

7 Éva Péterfy-Novák: *Apád előtt ne vetkőzz.* Budapest 2019 (Roman; nicht in deutscher Sprache erschienen).

8 Alice Miller: *Am Anfang war Erziehung.* Suhrkamp, Frankfurt am Main 1980.

9 Szilárd Borbély: *Die Mittellosen.* Suhrkamp, Frankfurt am Main 2016. Textauszug aus: Szilárd Borbély, *Die Mittellosen.* Aus dem Ungarischen von Heike Flemming und Lacy Kornitzer. © Borbély Szilárd 2013. © der deutschen Ausgabe Suhrkamp Verlag Berlin 2014

10 Gabor Maté: *Wenn der Körper nein sagt: Wie chronischer Stress krank macht – und was Sie dagegen tun können*. Kandern 2020. Mit freundlicher Genehmigung des Narayana Verlags, www.narayana-verlag.de, Kandern 2020.

11 Alaine Polcz: *Frau an der Front: Ein Bericht*. Suhrkamp, Frankfurt am Main 2012.

12 Andrea Pető: *Das Unsagbare erzählen: Sexuelle Gewalt in Ungarn im Zweiten Weltkrieg*. Wallstein Verlag, Göttingen 2021.

13 Originaltitel: *Aurora Borealis: Északi Fény*. Film aus dem Jahr 2017 (deutsche Erstaufführung 2019). Anhand einer Familiengeschichte werden die langfristigen traumatischen Folgen des Zweiten Weltkrieges und des Stalinismus in Ungarn, Österreich und Russland dargestellt.

14 M.W. Baldwin und B. Fehr (1995): »On the Instability of Attachment Style Ratings«. *Personal Relationships*, 2 (3): 247–261; E. Waters, S. Merrick, D. Treboux, J. Crowell und L. Albersheim (2000): »Attachment security in infancy and early adulthood: a twenty-year longitudinal study«. *Child Development*, 71 (3): 684–689; L. Kirkpatrick und C. Hazen (1994): »Attachment styles and close relationships: A four year prospective study«. *Personal Relationships*, 1 (2): 123–142; Péter Fónagy (2003): »A kötődés generációs átvitele: Egy új elmélet«. *Thalassa*, 2–3: 83–106.

15 Marinus H. Van IJzendoorn (1995): »Adult attachment representations, parental responsiveness, and infant attachment: a meta-analysis on the predictive validity of the Adult Attachment Interview«. *Psychological Bulletin*, 117. 3: 387.

16 József Kármán: *Fanni hagyományai*. Budapest 1978 (nicht in deutscher Sprache erschienen). Roman aus dem Jahr 1794, das bekannteste Werk der ungarischen Gefühlsprosa. Erzählt wird die Geschichte einer »schönen Seele und eines sensiblen Herzens« in Form eines Ich-Romans. Die Ereignisse und Stimmungen werden anhand des Tagebuchs und der Briefe der Protagonistin geschildert.

Kapitel 3: Familiengeheimnisse

1 Haruki Murakami: *Sputnik Sweetheart.* Dumont, Köln 2022. Auszug aus: Haruki Murakami, *Sputnik Sweetheart.* Aus dem Japanischen von Ursula Gräfe © 2002 für die deutsche Ausgabe: DuMont Buchverlag, Köln.
2 Ádám Bodor: *Az értelmezés útvesztői.* Budapest 2021 (Interviews mit dem Autor; nicht in deutscher Sprache erschienen).
3 András Cserna-Szabó: *Az abbé a fejével játszik.* Budapest 2018 (Roman; nicht in deutscher Sprache erschienen).

Kapitel 4: Die Formung des Familienschicksals

1 Thomas Nagel: *Das letzte Wort.* Reclam, Ditzingen 1999.
2 Mihaly Csikszentmihalyi: *Flow. Das Geheimnis des Glücks.* Klett-Cotta, Stuttgart 2023. Mihaly Csikszentmihalyi. *Flow. Das Geheimnis des Glücks.* Aus dem Amerik. von Annette Charpentier. © 1990 by Mihaly Csikszentmihalyi. Klett-Cotta, Stuttgart 1992/2017.
3 Bruno Bettelheim: *Ein Leben für die Kinder – Erziehung in unserer Zeit.* Frankfurt am Main 1987.
4 Salvador Minuchin: *Familie und Familientherapie: Theorie und Praxis struktureller Familientherapie.* Freiburg im Breisgau 2015.
5 Annamária Kádár: *Mesepszichológia a gyakorlatban.* Kulcslyuk Publishing, Budapest 2017 (nicht in deutscher Sprache erschienen).

Kapitel 5: Im Sog des Erbes

1 Ferenc Birtalan: *Örökség*. Nicht in deutscher Sprache erschienenes Gedicht.

2 János Sziveri: *»Rés« – gondolom*. Nicht in deutscher Sprache erschienenes Gedicht.

3 Im Folgenden beziehe ich mich auf das Buch von Walter Isaacson: *Steve Jobs – Die autorisierte Biografie des Apple-Gründers*. Bertelsmann Verlag, München 2011. Neben Walter Isaacsons Biografie habe ich mehrere Onlinequellen zur Darstellung seiner Lebensgeschichte verwendet, die ich durch meine eigene subjektive Analyse ergänzt habe.